균형의 시대

균형의 시대

초판인쇄 2020년 8월 30일
초판발행 2020년 8월 30일

지은이 서상목
펴낸이 채종준
기획 · 편집 이강임
디자인 홍은표
마케팅 문선영 · 전예리

펴낸곳 한국학술정보(주)
주 소 경기도 파주시 회동길 230(문발동)
전 화 031-908-3181(대표)
팩 스 031-908-3189
홈페이지 http://ebook.kstudy.com
E-mail 출판사업부 publish@kstudy.com
등 록 제일산-115호(2000. 6. 19)

ISBN 979-11-6603-016-1 03330

책에 대한 더 나은 생각, 끊임없는 고민, 독자를 생각하는 마음으로 보다 좋은 책을 만들어갑니다.

THE AGE OF BALANCE

균형의 시대

포스트 코로나19 시대의 새로운 경제 · 복지 패러다임

서상목 지음

이담 Books

서 徐
상 相
목 穆

저자 서상목은 지난 50년간 경제와 복지 분야에서 연구 활동과 정책 만들기에 앞장선 정책 전문가이다. 1974년 미국 스탠퍼드대학원에서 경제학 박사학위를 받고, 세계은행(World Bank)과 한국개발연구원(KDI)에서 연구와 정책 자문 활동을 했다. 세계은행에서는 방글라데시 등 남아시아 국가들의 경제 정책 자문에 전념했고, 한국개발연구원에서는 경기종합지수 개발, 국민연금 도입에 관한 연구 등을 수행하면서 부원장, 부총리 경제자문관, 『타임(TIME)』 경제고문 등을 지냈다.

1988년 정계에 입문해 제13, 14, 15대 국회의원과 1994년 초대 보건복지부 장관 등을 역임하면서 입법부와 행정부에서 정책 전문가로 활동했다. 당시 집권당의 정책조정실장, 정책위의장 등의 직책을 맡아 정치권에서 합리적이며 균형감 있는 정책 만들기에 앞장섰다. 보건복지부 장관 시절에는 범정부 차원의 '선진복지한국 청사진'을 최초로 설계했고, 오송 생명과학단지 조성 사업 추진 등을 통해 바이오산업 발전의 기반을 마련했다. 또한 UN사무총장 지속가능발전 고위자문위원과 아시아태평양환경개발의원회의(APPCED) 의장 등을 지내면서 국제사회에서 경제개발과 사회개발을 접목하는 일에도 힘썼다.

2000년 정계를 은퇴하면서 명지대, 인제대, 동아대 등에서 후진 양성에 힘썼다. 도산안창호기념사업회 회장직을 맡아 청소년을 위한 인성교육 확산에도 진력했다. 또한 2009년부터 2011년까지 경기복지재단 이사장 직을 맡아 '복지경영' 개념을 사회복지계에 전파하고 민 · 관 협치의 사회복지 전달체계인 '무한돌봄센터'를 경기도 전역에 구축하였다. 현재 민간 사회복지계를 대표하는 한국사회복지협의회 회장직을 맡아 '모두 함께 만들고 누리는 복지사회' 건설을 위해 노력하고 있다.

주요 저서로는 『빈곤의 실태와 영세민대책』(1981), 『국민연금제도의 기본구상과 경제사회적 파급효과』(1986), 『한국자본주의의 위기』(1989), 『시장을 이길 정부는 없다』(2003), 『도산 안창호의 애기애타 리더십』(2010), 『웰페어노믹스』(2013) 등이 있다.

머리말

우리나라 자본주의의 역사는 1948년 대한민국 정부가 수립됨으로써 시작되었다. 오랜 왕정과 35년간의 일제강점기에서 벗어나 자유민주주의 정치 체제와 시장경제 체제를 헌법에 명시하고 이를 실천하려고 노력했다는 사실은 역사적인 일이 아닐 수 없다. 비록 경제 성과 측면에서는 1960년대 초까지 저성장과 빈곤의 악순환을 벗어나지 못했지만, 높은 교육열로 인해 경제발전에 필요한 인적 자원이 지속적으로 축적되었다는 측면에서 1948년부터 1961년까지는 그 후 시작된 고도 경제성장의 밑거름이 되었다고 할 수 있다. 이에 더해, 1949년부터 1950년 사이에 추진된 농지 개혁은 우리나라 소득분배가 다른 개발도상국에 비해 상대적으로 양호하게 된 결정적 요인으로 작용하였다.

1960년대 초 시작된 수출산업의 급신장과 고도 경제성장은 시장원리가 지배하는 수출 시장에서의 창의적 기업 활동과 정치적 권위주의에 기반한 강력한 정부 지원이 합작한 결과였다. 특히, 1960년대에는 세계 시장에서 한국의 비교우위가 노동집약적 산업에 있었기 때문에, 연 40%의 높은 수출 신장세는 고용 기회의 획기적 증가와 실질임금의 꾸준한 상승으로 이어졌다. 따라서 이 기간은 우리가 고도성장과 소득분배 개선이라는 두 마리 토끼를 동시에 잡은 시기이기도 하다. 1970년대 추진된 중화학공업 육성 전략은 우리의 산업 구조를 고도화시켰으나,

임금 격차가 확대되고 경제력 집중이 심화되는 부작용도 초래하였다. 그러나 1980년대에 추진된 경제 안정화 정책은 물가상승률이 한자리로 낮아지고 국제수지가 적자에서 흑자로 전환되는 계기가 되었다.

1987년 6 · 29 선언을 기점으로 급속히 진행된 민주화는 권위주의적 정치 체제와 시장경제의 교묘한 조합의 산물이라고 할 수 있는 '한강의 기적'을 흔들어 놓았다. 잦은 노사분규와 생산성을 상회하는 명목임금의 상승은 한국 경제의 국제경쟁력을 약화시키는 원인으로 작용하였고, 이는 1997년 말 외환위기로 이어졌다. 필자는 당시 상황을 한국 자본주의가 민주화 이후 전개되는 새로운 정치적 상황에 부합하는 경제 운용 패러다임을 찾지 못하고 헤맨 결과라고 진단했다. 이를 극복하기 위한 방안으로 '성장', '형평'과 '공정'이라는 세 가지 정책 목표를 동시에 달성할 수 있는 경제 운용 방식의 대전환을 촉구하는 책[1]을 출간한 바 있다. 그러나 이러한 정책 건의는 채택되지 않았고 한국 경제의 어려움은 지속되었다.

1997년 말 발발한 외환위기는 우리 정부가 금융과 경제력 집중 분야에서 신(新)자유주의 철학에 입각한 과감한 개혁 정책을 추진케 하는

---

1 서상목(1989), 『한국 자본주의의 위기: 어떻게 극복할 것인가』, 법문사.

계기가 되었다. 이 과정에서 상당수 재벌 기업과 금융기관이 해체 또는 합병되었고, 400%에 이르던 재벌 기업의 부채 비율도 100% 수준으로 떨어졌다. 기업은 물론 금융기관의 경영 관행 역시 과거의 '문어발식' 확대지향형에서 '돌다리도 두드려보고 가는' 보수지향형으로 전환되었다. 그 결과 기업과 국가 경제 운용에서 '거품'이 빠지고 '지속가능성'은 증가했으나 성장 속도는 크게 하락했다. 또한 구조 개혁을 한 대기업과 그러지 못한 중소기업 간 생산성과 수익성 격차가 커지고 비정규직 비중이 높아지면서 임금 및 소득 격차가 확대되었다. 그 결과 양극화와 빈부 격차 문제가 우리 사회의 새로운 사회문제로 부상하고 있다.

결과적으로 외환위기는 '고도성장과 양호한 소득분배'라는 한국 경제의 상징이 '저성장과 양극화'로 바뀌는 계기가 되었다. 고용 여건의 악화로 젊은이들이 결혼을 미루거나 결혼하더라도 아이를 적게 낳을 수밖에 없게 돼 저출산 추세가 급속히 진전되었다. 이에 더해, 양극화와 고용 기회 감소는 젊은 세대로 하여금 우리 사회와 미래에 대해 부정적 시각을 갖게 하는 원인으로 작용하여 '2040의 분노'로 이어졌다.

이러한 사회적 분위기를 반영하여 필자는 2013년 '지속가능한 자본주의와 복지국가의 길'을 제시하는 차원에서 복지와 경제의 융합을 의미하는 '웰페어노믹스' 개념을 창안해 새로운 저서[2]로 출간했다. 그러나 이 제안 역시 정부 정책으로 채택되지 않았고, 우리 경제의 저성장과 사회 양극화 현상은 현재 진행형이다.

1960년대 초 이후 우리 정부는 사회개발보다는 경제개발을 우선시하는 전략을 채택하여 고도성장을 이루었다. 이러한 경제발전으로 민주화는 물론 복지 및 환경에 대한 국민적 욕구가 높아지고 정부의 재정능력 역시 향상되었다. 그 결과 1970년대 후반부터는 경제개발과 동시에 사회개발에 역점을 두게 되었다. 이를 위해 당시 경제기획원에 '사회개발과'를, 한국개발원(KDI)에 '사회개발부'를 설치하여 관련 정책을 개발 · 추진하기 시작하였다. 스탠퍼드대학원에서 경제학 공부를 마치고 세계은행에서 5년간 근무하다가 1978년 귀국한 필자는 KDI 사회개발부 연구위원, 그리고 부원장으로 근무하면서 경기종합지수 개발, 영세민 대책 수립, 국민연금 설계 등의 분야에서 정책 만들기를 주도했다.

1977년 국민건강보험제도가 실시되었고, 1988년 국민연금제도가 도입되었다. 1995년 고용보험제도가 추진되었으며, 2008년 장기요양보험제도가 실시됨으로써 우리나라 사회보험제도는 완성 단계로 진입했

---

2 서상목(2013), 『웰페어노믹스: 지속가능한 자본주의와 복지국가의 길』, 북코리아.

다. 공공부조사업 역시 1981년 KDI 연구 결과를 토대로 생활보호법이 개정되었고, 1999년 사회권에 근거한 국민기초생활보장제도로 발전하였다. 또한 사회복지서비스 분야도 1989년부터 종합사회복지관을 설립하는 등 정부 차원의 지원이 크게 강화됨으로써 점차 '경쟁력 갖춘 사회서비스산업'으로 변모되기 시작했다.

이와 같이 한국자본주의는 사회개발이 경제개발의 뒤를 바짝 쫓는 형태로 진화하였으나, 1990년대 후반 발생한 외환위기 이후 새로운 문제점이 나타나고 있다. 첫째, 경제성장 속도가 둔화되고 성장잠재력이 크게 약화되고 있다. 둘째, 양극화가 심화되고 이로 인한 사회적 갈등이 고조되고 있다. 셋째, 초저출산 시대와 더불어 인구 고령화가 빠르게 진전되면서 복지재정 위기가 앞당겨지고 있다. 특히 2010년 지자체 선거 이후 복지가 선거의 득표 수단이 되면서 '복지 포퓰리즘'에 대한 우려마저 높아지고 있다. 넷째, 분배 정의 차원에서 정치권이 경제 정책에 빈번히 개입해 경제 활력이 저하되고 국가경쟁력이 약화되는 원인이 되고 있다. 다섯째, 대북 정책에서 보수와 진보 세력 간 의견 차이가 많아 사회적 갈등이 심화되고 국론이 분열되는 요인으로 작용하고 있다.

이러한 상황에서 필자가 본서를 집필한 목적은 4차 산업혁명 시대를 맞아 '지속가능한 자본주의와 복지국가'로 갈 수 있는 새로운 경제 · 복지 발전 패러다임을 모색하고 이의 구현을 위한 분야별 대책을 제시하는 데 있다.

1장 '불균형의 시대를 넘어 균형의 시대로'는 2040의 분노, 노인 빈곤, 좌우 갈등, 코로나19 사태 등 우리 사회가 위기에 처한 현상을 설명하고, 이의 해법으로 '웰페어노믹스'로 요약되는 새로운 발전 패러다임을 제시하고 있다. 또한 4차 산업혁명의 키워드로 '창조융합'과 '상생발전'을 꼽으면서, 기술혁신에 더해 사회혁신의 필요성도 강조하고 있다.

2장 '시장을 이길 정부는 없다'는 경제는 시장원리에 의해 작동되어야 한다는 원칙을 강조하면서, 최근 쟁점이 되고 있는 부동산 정책도 시장원리를 활용해야 한다는 점을 지적하고 있다. 또한 성장과 분배 문제를 동시에 해결하는 해법으로 일자리 창출을 제시하고 있다. 특히 일자리의 보고(寶庫)라고 할 수 있는 사회복지서비스산업의 중요성을 언급하면서 고령 친화 산업과 국민연금기금도 일자리 창출의 수단으로 활용될 수 있음을 제안하고 있다.

3장 '지속가능한 복지국가의 길'은 사회복지의 핵심은 촘촘한 사회안전망을 만드는 것인데, 이는 기본적으로 정부의 몫이라는 점을 지적하고 있다. 경제를 시장원리에 맡기기 위해서도 촘촘한 사회안전망을 확고히 구축해야 하는데, 이를 위한 복지 전달체계의 중요성을 강조하고 있다. 그리고 4차 산업혁명 시대의 사회안전망을 기본소득제를 중심으로 새로 설계할 것을 건의하고 있다.

4장 '사회적 가치가 우선인 시대'는 경제적 가치 창출에 더해 사회적 가치 창출이 부각되는 새로운 '균형의 시대'를 맞아, 이를 위한 구체적 정책을 제안하고 있다. 특히, 정부의 역할만 강조되는 '복지국가'에서 개인 및 기업 모두가 함께 만들어가는 '복지사회'로의 진화 필요성을 강조하고 있다. 사회공헌은 개인을 행복하게 하고 기업에 이익이 된다는 점을 지적하면서, 이의 구현을 위한 새로운 리더십의 확립과 동시에 지역복지공동체 구축에 필요한 민관 협치의 사회복지 전달 체계 구축 방안도 제시하고 있다.

이 책은 지난 몇 년간 필자가 언론에 기고한 글을 현 상황에 맞도록 수정 집필한 것이다. 이 과정에서 편집을 도맡아준 허정회 님 그리고 자료 정리를 도와준 윤혜원 님께 깊은 감사의 뜻을 전한다. 아울러 이 글들을 한 권의 책으로 출판하신 한국학술정보(주) 채종준 대표님과 이강임 편집장 님을 비롯한 직원 여러분 노고에 감사 드린다.

우리 사회는 지금 진보와 보수 간 국론 분열 상태가 해방 직후와 같은 수준으로 심각하다. 그러나 국제무대에서는 1980년대 말 소련의 붕괴로 이념의 시대가 종식되고 '제3의 길', '공유가치 창출', '이해당사자

이론', '협력적 경쟁' 등 새로운 개념이 등장하면서 융합과 협력, 그리고 균형의 시대가 열리고 있다. 또한 2000년을 전후해 국제사회에서 경제발전의 패러다임이 경제개발과 사회개발에 더해 환경보전을 동시에 추구하는 '지속가능발전'을 중시하는 방향으로 전환되고 있다.

본서에서 제시한 정책 제안들이 우리 사회의 진보와 보수를 아우르고, 세계화 기반이 흔들리는 포스트 코로나19 시대에 새로운 국가 발전 패러다임을 짜는 데 도움이 되길 바란다. 그로 인해 국민적 합의를 바탕으로 우리 경제가 새로운 활력을 찾고, 우리 사회가 통합과 균형의 길을 가게 되기를 기대해 본다.

2020년 8월

저자 서상목

차례

2 시장을 이길 정부는 없다

3 지속가능한 복지국가의 길

4 사회적 가치가 우선인 시대

1

The Age of Balance

불균형의 시대를 넘어 균형의 시대로

『분노의 포도(The Grapes of Wrath)』는 소설가이자 언론인이었던 존 스타인벡(John Steinbeck)이 1930년대 미국의 대공황을 배경으로 가난한 소작인 조드(Jod) 일가의 이야기를 소설화한 작품이다. 세계 금융위기 이후 가장 대표적인 '분노 표출' 활동은 2011년 5월 스페인 마드리드에서 시작된 '월가 점령(Occupy Wall Street)' 운동이다. "우리는 99%이다."라는 구호를 내세운 이 운동은 세계의 부(富)가 상위 1%에 집중되어있다는 사실을 집중적으로 부각시키면서 이들에 대한 비판과 더불어 사회적 통제를 강조하고 있다. 매일경제신문은 '대한민국은 지금 분노의 시대'라는 특집 기사에서 한국 사회의 분노 수준을 다음과 같이 언급하고 있다.

> 한국인이 분노하고 있다. 빈곤층이나 일부 사회 불만 세력에 국한된 얘기가 아니다. 부유층이나 기득권층도 그들대로 분노를 표출한다. 젊은층이건 중년층이건 혹은 노년층이건 세대 간 차이도 없다. 한국인에게는 일반적인 정서가 돼버렸다. 분노라는 파괴적 에너지가 확산되면서 경제성장으로 지탱되어왔던 한국자본주의는 뿌리부터 흔들리고 있다.[3]

– 서상목(2013), 『웰페어노믹스: 지속가능한 자본주의와 복지국가의 길』, 북코리아.

3 매일경제신문, "대한민국은 지금 분노의 시대", 2011. 9. 22.

불균형의 시대를 넘어 균형의 시대로

산업혁명은 인류 역사상 처음으로 1인당 국민소득 증가와 생활 수준 향상을 가능케 함으로써 '경제적 가치 시대'를 여는데 결정적으로 기여했다. 그러나 경쟁과 효율이 강조되는 경제적 가치 시대는 개인 간 그리고 국가 간 빈부 격차 문제를 야기함으로써 화합과 형평을 중시여기는 '사회적 가치 시대'의 도래를 앞당기고 있다. 국제사회의 '지속가능발전' 노력 그리고 기업의 '사회적 책임경영' 관행 등은 사회적 가치 시대를 여는 토양을 조성하고 있다. 개인 차원에서도 건전한 시민정신과 이타심에 기초한 나눔 활동이 공동체의식을 함양함은 물론 행복감 제고에도 기여한다는 사실은 사회적 가치 시대의 순항을 예고하고 있다. 경제적 가치 시대가 기술혁신에 따른 빈부 격차 확대와 물질주의적 사고로 인한 인간성 상실 등 '불균형의 사회' 분위기를 조성한 반면, 다가오는 사회적 가치 시대는 사회혁신과 공동체의식에 기반한 '균형의 사회' 분위기를 이끌 수 있을 것이다.

산업혁명과 경제적 가치 시대

19세기와 20세기는 경제적 가치 창출 과정에서 대혁신이 일어난 시기라고 할 수 있다. 7만 년 전 인지혁명으로 시작된 인류 역사는 1만 2천 년 전 한 곳에 정착하여 농사를 짓고 가축을 기르게 된 농업혁명 이후 점차 도시와 국가 모습을 갖추게 되었다. 그러나 농지를 지키고 빼앗기 위한 전쟁이 빈번히 발생함으로써 인구의 20~30%가 전쟁에서 사망했고[4] 전쟁에서 진 부족은 노예로 전락했다. 그 결과 농업사회는 왕과 귀족으로 구성된 지배계급, 농민 그리고 노예로 이어지는 계급사회로 형성되었다. 농민의 노동으로 만들어진 잉여농산물은 농지를 소유한 지배계급의 몫이 됨으로써 농민의 생활 수준은 별로 개선되지 못하였다. 또한 생활이 안정됨으로써 인구증가율이 높아져 1인당 소득이나 소비는 오랜 농업혁명 기간 내내 별로 증가하지 못했다.

18세기 말 영국에서 시작된 산업혁명으로 인해 1인당 소득 및 소비 증가가 가능해진 이른바 '경제적 가치 시대'가 본격적으로 열리게 되었다. 산업혁명이 급속히 진행되면서 실질 소득의 증가 속도도 빨라졌

---

4 Yuval Harari(2014), 『Sapiens: A Brief History of Humankind』, London: Harvill Secker.

다. 예를 들어, 산업혁명 이전 영국의 1인당 소득은 연 1천 파운드 수준에 그쳤으나, 지난 2백 년 동안 산업혁명에 힘입어 1인당 소득이 30배나 증가해 지금은 연 3만 파운드 수준에 이르게 되었다.[5]

산업혁명 이후 경제성장률이 인구증가율을 상회할 수 있었던 이유는 기술혁신과 경영혁신에 따른 생산성 증가 때문이었다. 기술혁신이 가능해진 원인으로는 아이작 뉴턴(Isaac Newton)으로 상징되는 현대과학의 출현을 지적할 수 있다. 과거와 다른 점은 첫째, 무지(ignorance)를 인정하는 의지, 둘째, 관찰과 수학을 활용한 새로운 지식의 축적 그리고 셋째, 새로운 기술 및 비즈니스 창출을 위해 과학적 연구를 활용했다는 사실이다. 1687년 뉴턴의 『자연철학의 수학적 원리』는 아인슈타인의 '상대성 원리'가 나올 때까지 물리학의 기본을 이루었다.

이로부터 1세기 후인 1776년 엔지니어 출신 제임스 와트(James Watt)와 기업가 출신 매슈 볼턴(Matthew Boulton)은 과학 원리를 실생활에 적용하여 '스팀엔진'이라는 새로운 기술을 창안하고, 이를 이용해 사업을 일으킨 1차 산업혁명을 대표하는 인물이라고 할 수 있다. 이와 같이 수학에 근거한 현대과학의 출현, 과학에 기반한 기술개발, 그리고 개발된 기술을 활용한 사업화는 영국에서 산업혁명을 촉발시키고 그 결과 인류 역사를 새로 쓰는 원동력이 되었다.

애덤 스미스(Adam Smith)의 『국부론』으로 상징되는 자유시장경제 이론과 이를 뒷받침하는 자유주의 사상 역시 산업혁명을 가속화시킨

5 Max Roser(2020), "Economic Growth", in 『Our World in Data』, Oxford Martin School.

또 하나의 원천이다. 이런 관점에서 1776년은 인류 역사에서 큰 전환점이 된 해였다고 할 수 있다. 와트와 볼턴이 설립한 합작회사가 개량된 증기기관을 처음으로 생산하였고, 애덤 스미스가 『국부론』을 출간했으며, 미국 독립으로 민주주의가 전 세계로 확산된 해가 모두 1776년이었기 때문이다.

자유무역과 이로 인한 세계화 역시 영국에서 시작된 산업혁명의 불씨를 전 세계로 확산시키는 계기가 되었다. 산업혁명의 주역인 영국은 신흥시장에 엄청난 규모의 자본을 투자했고, 유럽 제국과 미국이 그 뒤를 이었다. 당시에는 국가 간 자본은 물론 사람의 이동도 매우 자유로웠다. 예를 들어, 1914년까지는 여권도 없이 해외여행을 했고, 허가받지 않고 미국으로 이민이 가능했다. 이 과정에서 철도, 증기선 등의 운송수단은 물론 전보, 전화 등 통신수단의 혁명이 세계화를 촉진하였다. 또한 영국, 유럽 대륙, 미국 간 금융자산 이동도 자유로워 세계화는 더욱 가속화되었다.

이와 같이 진행된 1차 세계화는 두 차례의 세계대전, 러시아 혁명, 그리고 경제 대공황으로 제동이 걸리게 된다. 그러나 1945년 2차 세계대전이 연합국의 승리로 마무리되고, 많은 개발도상국이 독립하게 됨으로써 2차 세계화가 시작되었다. 소련의 붕괴로 세계경제 체제가 자유자본주의 체제로 일원화되고, 정보화 기술혁명이 급진전되면서 1990년 이후 금융 부문을 중심으로 3차 세계화가 급속도로 진행되었다.

산업혁명의 중심이 영국에서 시장 규모가 큰 미국으로 이동하면서 생산 방식과 기업경영의 효율성을 중시하는 경영학이 새로운 학문 분야로 발전하게 되었다. 1911년 프레더릭 테일러(Frederic Taylor)의 『과학적 경영 원칙(The Principles of Scientific Management)』은 합리적 경영 방식을 통해 생산성을 크게 제고할 수 있다는 새로운 인식을 경영자들에게 심어주었다. 1903년 헨리 포드(Henry Ford)의 '조립라인(assembly line)' 생산 방식은 경영혁신으로 작업 효율을 거의 4배나 증가시킬 수 있음을 실제로 보여주었다. 그 결과 1차 산업혁명으로 시작된 경제적 가치 시대는 2, 3차 산업혁명 과정을 거치면서 다양한 경영혁신 노력에 힘입어 눈부신 발전을 거듭하게 되었다. 경제성장률은 물론 1인당 국민소득이 큰 폭으로 증가함으로써 경제적 가치 시대는 최고의 전성기를 누리게 된 것이다.

왜 사회적 가치인가?

심리학자인 매슬로(Maslow)의 '동기 이론(motivation theory)'[6]은 인간의 욕구를 단계별로 생리적 욕구, 안전 욕구, 소속감 및 애정 욕구, 자존 욕구와 자아실현 욕구 등 다섯 단계로 구분한다. 이는 인간이 경제발전으로 물질적 욕구가 어느 정도 충족되면 자기만족을 위해 한층 높은 차원의 욕구를 필요로 하게 된다는 것을 의미한다. 결국 인류 역사는 물질적 욕구 충족을 의미하는 '경제적 가치 시대'를 넘어 물질적 욕구에 추가하여 소속감, 자존감, 자아실현 등 다양한 욕구 충족이 필요한 '사

6 Abraham Maslow(1943), "A Theory of Human Motivation", Psychological Review Vol. 50 #4.

회적 가치 시대'로 이동하게 된다는 것이다.

유엔은 매년 '행복보고서(Happiness Report)'를 발표하고 있다.[7] 우리나라 국가 행복 순위는 2019년 현재 세계 153개국 중 61위로 중위권에 머물러 있다. 문제는 우리의 행복도 순위가 최근 지속적으로 하락하고 있다는 사실이다. 행복 지표를 부문별로 살펴보면 건강 수명은 최상위권이고 1인당 국민소득 역시 상위권에 있으나, '사회적 지지', '삶을 선택할 수 있는 자유' 등 삶에 대한 주관적 지표가 하위권에 머물러 있다는 사실을 알 수 있다. 또한 세계가치관 조사(World Value Survey)[8]에 의하면, 한국인의 가치관은 프랑스, 영국, 스웨덴 등 유럽 선진국에 비해 지나치게 물질주의적인 것으로 나타나고 있다.

이러한 통계 자료를 종합해 볼 때, 우리나라는 비교적 짧은 기간에 경제발전에 성공했으나 유럽 선진국과 같은 수준의 인본주의적 가치관을 확립하는 단계에는 아직 이르지 못하고 있다는 결론에 도달하게 된다. 그 결과 경제적 업적에도 불구하고 우리 한국인의 행복감은 여전히 낮은 수준에 머물러 있다. 한국인 가치관의 또 다른 특징은 사회적 신뢰도가 매우 낮다는 것이다. 이는 우리 사회가 경제적 가치 시대를 넘어 사회적 가치 시대로 도약해야 하는 또 하나의 당위성이 되고 있다.

---

7 Helliwell, Layard, Sachs & De Neve(2020), 『World Happiness Report 2020』, UN.

8 세계가치관 조사(WVS: World Value Survey)는 1981년 유럽 국가들이 중심이 되어 시작되었으나, 지금은 세계 100여 개 국가가 참여하고 있다. 다양한 분야에 대한 설문 조사가 실시되며 자료가 공개되기 때문에 누구나 이를 이용 · 분석할 수 있다. WVS 본부는 현재 스웨덴 스톡홀름에 있고, 조사 비용은 참여국이 개별적으로 조달하는 형태로 운영되고 있다.

사람은 의미 있는 일을 하고 있다고 생각할 때 행복해진다고 한다. 그리고 사람은 남을 도우면서 삶의 의미를 느낀다고 한다.[9] 이는 지역사회에서의 나눔 활동이 구성원의 행복 수준을 높이는 수단이 될 수 있음을 의미한다. 이러한 논리는 최근 '사랑 호르몬'이라고 하는 옥시토신을 활용한 실험을 통해 입증되고 있다.[10] 봉사활동 등 나눔 사업에 참여한 사람은 혈액 검사 결과 옥시토신 수치가 증가한다는 것이 실증적 실험의 공통된 결과이기 때문이다.

1990년대부터 본격적으로 시작된 정보혁명 이후 빈부 격차가 확대되고 있고, 이는 사회적 갈등을 심화시키는 원인으로 작용하고 있다. 이처럼 빈부 격차가 늘어난 이유는 기술혁신 속도가 빨라지면서 이에 적응하는 사람과 그렇지 못한 사람 간 임금과 소득 격차가 확대되고 있기 때문이다. IT기술이 바이오, 기계공학 등 여타 분야의 기술과 융합하여 시너지 효과를 발휘하는 4차 산업혁명 시대로 진입하면서 빈부 격차는 더욱 심해지고 있다. 또한 기술 수준이 고도화되면서 이를 습득하기 위해서는 높은 수준의 교육과 훈련이 필요하기 때문에 학력 수준에 따른 '사회계급화 현상(meritocracy phenomenon)'마저 발생하고 있다는 것이 전문가들의 의견[11]이다.

---

9 Victor Frankl(2006), 『Man's Search for Meaning』, Beacon Press.

10 Kerstin Morberg(2011), 『The Oxytocin Factor: Tapping the Hormone of Calm, Love and Healing』, Da Capo Press.

11 Daniel Markovits(2019), 『The Meritocracy Trap』, Penguin.

최근 프랑스 경제학자 토마 피케티(Thomas Piketty)[12]는 18세기 이후 유럽과 미국의 소득 및 재산 분배 추이를 분석한 결과, 자본수익률이 경제성장률을 상회함으로써 부(富)의 분배가 악화되었다고 지적하고 있다. 이로 인한 사회경제적 불안 요인을 해소하기 위해 최고세율 80% 수준의 누진적 소득세와 연 2%의 재산세 부과를 주장하고 있다.

또한 브랑코 밀라노비치(Branco Milanovic)[13]는 1988년 베를린 장벽 붕괴부터 2008년 세계 금융위기까지 20년간 세계화가 급속히 진전되었으나 그 혜택은 불균등했다고 지적하고 있다. 이 과정에서 가장 큰 혜택을 본 그룹은 세계 각국의 최고 부유층으로 상위 1%에 해당하는 사람들이다. 이들의 절반은 미국인이며, 이들은 '글로벌 금권집단(global plutocrat)'을 형성하고 있다. 반면 미국, 일본 등 전통적인 부자 나라에서 하위 절반에 해당하는 계층은 이 기간 중 실질 소득이 전혀 증가하지 않았다. 이와 같은 선진국 내 빈부 격차 확대는 2011년 스페인에서 시작된 '월가 점령(Occupy Wall Street)' 운동이 발생하게 된 근본 원인으로 작용하였다.

3차 세계화가 진행되면서 국가 간 격차 역시 확대되고 있다. 세계화 과정에 참여하게 된 한국, 중국, 인도, 베트남 등 아시아 국가들은 이제까지의 역사적 흐름과는 반대로 지구적 차원의 빈부 격차를 완화하는 데 크게 기여하고 있다. 그러나 아프리카 최빈국 등 세계화 도정에서 소

---

12 Thomas Piketty(2014), 『Capital in the 21st Century』, Harvard Press.

13 Branco Milanovic(2016), 『Global Inequality: A New Approach for the Age of Globalization』, Harvard Press.

외된 개발도상국은 소득이 거의 증가하지 않아 지구촌 내 최빈곤층을 형성하고 있다.

우리나라는 해방 직후 시행된 농지 개혁과 국민의 높은 교육열에 의한 교육 수준의 전반적 향상에 힘입어 소득분배 구조가 매우 양호한 상태에서 경제개발이 시작되었다. 1960년대 초 시작된 수출산업 육성 정책으로 노동집약적 상품 수출이 급격히 증가하였고, 이는 실업률 하락과 실질임금 상승으로 이어졌다. 결과적으로 우리는 1960년대 말까지 경제개발 기간 중 고도성장과 소득분배 개선이라는 두 마리 토끼를 모두 잡을 수 있었다. 그러나 1970년대부터 자본 및 기술 집약도가 높은 중화학공업이 핵심 수출산업으로 부상하면서 임금 격차가 확대되고 소득분배가 악화되는 현상을 보였다. 특히 1997년 외환위기 이후 경제성장률이 하락하고 노동시장에서 비정규직 비중이 증가하면서 그동안 비교적 양호한 상태를 유지하던 소득분배 구조가 서서히 나빠지고 있다. 이에 더해, 미국 등 선진국과 같이 자산 정도와 학력 수준에 따른 사회계급화(meritocracy) 현상마저 나타남으로써 우리 사회 불균형 문제는 매우 우려스러운 상황으로 전개되고 있다.

균형의 시대로의 전환

국제사회에서 불균형의 시대를 균형의 시대로 전환하려는 노력은 유엔에 의해 시작되었다. 유엔은 1992년 브라질 리우에서 세계환경회의를 개최하면서 '지속가능발전(sustainable development)'을 주제로 채택했다. 이 회의는 국가 운영의 목표를 경제개발과 환경보전을 동시에 추구하는 전환점이 됐으며, 국제무대에서 '균형의 시대'를 여는 촉진제가 되었다. 이후 1995년 덴마크 코펜하겐에서 열린 '사회개발정상회의'에서는 사회개발의 역할이 강조되었는데, 이제까지 경제개발 중심의 국가 운영을 경제개발과 사회개발 간 균형을 잡는 것으로 전환함으로써 본격적인 '균형의 시대' 출발을 선언하는 계기가 되었다. 2000년 유엔에서 개최된 새천년정상회의(Millennium Summit)에서 8개 분야의 '새천년발전목표(MDGs)'를 정하고 이를 2015년까지 이룰 것을 약속했다. 유엔은 2015년 이를 더욱 발전시켜 17개 분야 169개 '지속가능발전목표(SDGs)'를 설정하고 이를 2030년까지 달성할 것을 결의했다.

이러한 유엔의 '균형의 시대'를 열려는 노력은 기업경영 분야에서는 이미 실천되고 있었다. 하워드 보웬(Howard Bowen)이 1953년 『기업인의 사회적 책임』을 출간한 이후 기업의 사회적 책임(CSR)은 이론적 그리고 실천적 차원에서 지속적으로 발전해왔다. 1984년 에드워드 프리먼(Edward Freeman)[14]은 기업이 이해당사자 모두를 아우르는 경영을 하는 것이 중장기적 차원에서 기업에 이득이 된다는 '이해당사자 이론'을 제시했다. 2011년 포터(Porter)와 크레이머(Kramer)[15]는 기업이 경제적 가치와 사회적 가치를 동시에 창출하는 사업을 개발 · 추진할 것을 주장하는 '공유가치 창출(CSV) 이론'을 전개하여 학계는 물론 재계로부

---

14 Edward Freeman(1984), 『Strategic Management: A Stakeholder Approach』, Pitman.

15 Michael Porter & Mark Kramer(2011), "Creating Shared Value: A Wave of Innovation and Growth", HBR Jan-Feb.

터도 큰 호응을 얻은 바 있다.

결론적으로, 인류 역사는 19세기와 20세기에 있었던 경제적 가치 창출 과정에서 대혁신을 이루어 큰 성과를 거두었다. 그러나 빈부 격차, 물질주의적 가치관으로 인한 인간성 상실 등의 심각한 사회 문제를 야기했다. 이러한 인식을 바탕으로 1990년대 이후 국제사회에서 새로운 바람이 불고 있는 것이다. 국가 운영의 목표를 설정함에 있어서 경제발전에 더해 사회발전과 환경보전을 추가하고, 기업경영에서도 경제적 가치와 함께 사회적 가치를 동시에 창출하는 것을 시도하며, 개인의 삶에서도 건전한 시민정신과 이타적 가치관에 기반한 나눔 활동의 소중함이 강조되는 새로운 사회 분위기가 조성되고 있는 것이다. 이는 경제발전으로 기본적인 욕구가 충족되면 한 단계 높은 차원의 욕구를 추구하는 것이 인간의 심리적 본능이라는 매슬로의 가설과 맥을 같이 한다. 이에 더해, 경제적 가치 창출 과정에서 기술혁신과 경영혁신이 중요했듯이, 사회적 가치 시대를 여는 과정에서는 사회혁신과 지역공동체가 중요한 역할을 할 것으로 전망된다.

시계추나 그네의 움직임을 살펴보면 뉴턴의 '작용과 반작용의 법칙'을 피부로 느낄 수 있다. 한 방향으로 가고 나면 반드시 반대 방향으로 가려는 힘에 의해 시계추나 그네가 움직이기 때문이다. 산업혁명 이후 세계사의 흐름을 보면 뉴턴의 법칙이 인류 역사에도 적용된다는 생각을 하게 된다. 1차 산업혁명의 불씨를 당긴 애덤 스미스의 자유주의 경제 논리는 세계화 과정을 통해 경제적 가치 시대를 활짝 여는 역할을 했다. 그러나 두 차례의 세계대전과 경제 대공황을 거치면서 세계화 추세는 위축되었고 정부의 역할은 강화되었다.

2차 세계대전 이후 서방 선진국 정부는 복지국가를 만드는 경쟁에 돌입하여 성장과 복지를 동시에 이루는 업적을 이루었다. 그러나 뉴턴 법칙에 의한 역사의 시계추는 1970년대 두 차례 석유파동과 인구 고령화 등을 겪으면서 비대한 정부의 비효율을 축소하는 방향으로 가게 되었고, 우리는 이를 신(新)자유주의라고 부른다. 신자유주의는 금융 산업의 세계화로 급진전하였고, IT혁명의 물결을 타면서 가속화되었다. 그러나 세계화는 2008년 세계 금융위기로 다시 위축되는 모습을 보이고 있다. 이에 더해, 최근의 코로나19 사태로 인한 방역위기와 경제위기 상황은 세계화의 흐름에 브레이크를 밟는 또 하나의 요인으로 작용할 것으로 전망되고 있다.

18세기 말 이후 2백여 년간 지속된 산업혁명과 세계화 시대는 시장 원리가 지배하는 '경제적 가치 시대'였으나, 개인 간은 물론 국가 간 빈부 격차라는 불균형 문제를 낳았다. 경쟁과 효율 중심의 경제적 가치 시대는 필연적으로 협력과 형평을 중시하는 사회적 가치 시대를 잉태한다는 것이 뉴턴의 작용과 반작용 법칙이다. 이러한 움직임은 1990년대 유엔을 중심으로 시작되었고 새천년 시대가 되면서 새천년개발목표(MDGs)와 지속가능개발목표(SDGs) 형태로 발전하고 있다. 기업경영 분야에서도 사회 공헌과 사회적 가치를 중시하는 새로운 분위기가 조성되고 있다. 또 행복학이라는 새로운 학문 분야가 생기면서 나눔 활동이 개인의 행복을 증진시킨다는 이론이 등장하고 있다. 이에 더해, 21세기는 사회 구성원 모두의 공감 능력이 높아지는 '공감 문명(empathic civilization)' 시대가 열리게 될 것이라는 전망[16]도 나오고 있다.

이와 같이 불균형의 시대를 넘어 균형의 시대로 가려는 경향이 국제사회 대세임에도 불구하고 이와는 반대 방향으로 가는 움직임 역시 존재한다. 특히 그간 산업혁명과 세계화 과정을 선도해온 미국과 영국에서 이런 일이 일어나고 있다는 사실에 놀라지 않을 수 없다. 미국 트럼프 대통령의 '미국 우선주의' 그리고 영국 존슨 내각의 브렉시트(Brexit) 정책이 대표적인 사례이다. 최근 발생한 코로나19 사태로 인해 이러한 움직임은 더욱 가속화될 것으로 보인다.

우리도 문재인 정부 정책 노선이 좌파적 이념 성향을 분명히 함으로써 보수와 진보 세력 간 대립과 갈등이 날로 거세지고 있다. 그러나 시계추의 움직임이 시간이 갈수록 진폭이 작아지듯, 이러한 갈등과 대립 역시 시간이 갈수록 그 정도가 약화되는 것이 역사적 순리라는 생각을 하게 된다. '불균형의 시대'를 넘어 '균형의 시대'로 갈 수 있도록 개인과 국가 그리고 국제사회 모두가 노력하는 것이야말로 우리가 당면한 시대적 과제이자 사명인 것이다.

---

16 Jeremy Rifkin(2009), 『The Empathic Civilization: The Race to Global Consciousness in a World in Crisis』, Penguin.

'2040 분노'에 대한 해법 찾기[17]

이른바 '2040세대'의 분노는 소통 부족보다는 취업난, 아파트 가격 급등, 높은 사교육비 등 경제적 요인에 기인하는 바가 크다. 이를 해소하기 위해서는 경제 정책의 중심을 일자리 만들기에 두어야 한다. 그리고 기업경영 방식도 사회적 가치를 함께 추구하는 방향으로 전환되어야 할 것이다.

최근 이른바 '2040 분노'에 대한 정치 · 사회적 관심이 집중되고 있다. 그런데 각종 여론조사는 이들 젊은 세대가 가진 불만의 근본적인 원인이 소통 부족보다는 취업난 등 매우 현실적 민생 현안에 기인한다는 의외의 결과를 보여주고 있다. 노무현 정부의 경제 실정에 대한 반사

17 중앙일보 기고문(2012. 9. 22.)

이익으로 집권에 성공한 이명박 정부의 경제 성적표 역시 매우 실망스러웠던 것이 사실이다. 경제성장 측면에서 '747 경제 공약'이 의미하는 7%의 경제성장률은 그 절반 수준인 3.5%에도 못 미쳤다. 이러한 상황은 그 후 집권한 박근혜 정부에서도 지속되었고, 문재인 정부에서는 최저임금의 급속한 인상, 주 52시간 근무 의무제 실시 등으로 오히려 악화일로에 있다. 건설 경기는 시장원리를 도외시한 부동산 가격 억제 정책을 강행함으로써 장기적인 침체기에 들었고, 수도권 지역의 아파트 매매가격과 전세 가격이 급등하는 기현상이 지속되고 있다. 이러한 상황에서 20대의 취업난, 30대의 자녀교육비 부담, 40대의 노후불안 현상은 더욱 심화되고 있다.

이처럼 정부가 경제 및 민생 문제를 풀지 못하고 있는 것은 1997년 외환위기 이후 심화되고 있는 양극화 현상을 1970년대 박정희 패러다임으로 해결하려 한 데 그 원인이 있다. 대통령이 재벌 총수들을 청와대로 불러 일자리를 많이 만들라고 지시하고, 공정거래위원장이 경제력 집중 완화를 위해 행정조치를 남발하는 것이 대표적인 사례다. 양극화 해결의 첫 번째 과제인 내수 진작을 위해 건설 경기 정상화가 급선무인데도 정부는 부동산 가격 상승을 우려하여 건설 경기 침체를 방관하면서 오히려 아파트 분양가 상한제를 실시하고 있다. 또한 시장경제 활성화에 필요한 과감한 규제 완화를 하지 못하면서, 노동시장 유연화의 전제 조건인 사회안전망 구축에 대한 종합 청사진도 제시하지 못하고 있다.

그렇다면 경제 활성화와 양극화 해소를 위한 새로운 국정 운용 패러다임은 무엇이 되어야 하는가. 그것은 경제, 경영 그리고 복지가 상호

보완적 관계를 이루면서 새로운 시너지 효과를 내는 '함께 가는 자본주의'를 구축하는 것이다. 이제까지 정부는 효율성만을 고려해 경제를 운용하고, 이 과정에서 발생하는 여유 재원을 복지 부문에 사용하며, 기업은 오로지 이윤을 극대화하는 방향으로 경영한 후 이익의 일부를 사회공헌에 사용했다.

새로운 세계화 과정에서 발생하는 양극화 문제는 종전 방식만으로는 해결하기 어렵다는 것이 최근 여러 선진국의 경험이다. 무엇보다 우선순위를 경제성장률보다는 일자리 창출에 두어야 한다. 이는 고용유발효과가 상대적으로 큰 건설과 서비스 부문의 활성화에 우선순위를 두어야 한다는 것을 의미한다. 그러나 정부는 부동산투기 재연을 걱정해 일자리 만들기에 필요한 건설 경기 정상화 노력에 미온적이며, 서비스 산업 활성화를 위한 각종 규제 완화 노력도 저항 세력의 눈치를 보느라 큰 진전을 이루지 못하고 있다.

기업 행태도 답답하기는 마찬가지다. 지금은 기업이 사회문제 해결에도 기여하고 동시에 기업 활동의 수익성도 도모하는 '공유가치 창출'이 대세이다. 기업경영 전략의 대가인 마이클 포터(Michael Porter) 하버드대 교수[18]는 기업의 공유가치 창출은 한층 진화된 자본주의의 새로운 기업경영 패러다임임을 강조하고 있다. 그러나 우리나라 대기업은 아직도 자체 수익만 생각하는 경영에 주력하면서 사회 공헌 활동을 대외홍보 전략의 일환 정도로 생각하고 있다.

---

18 Porter & Kramer(2013) 전게서 참조.

'무상복지'로 요약되는 정치권의 복지 포퓰리즘 경쟁 역시 시대착오적 발상이다. 이제 복지가 국민에게 '공짜 돈'을 나누어주는 시혜적 대책이 아니라 사람에 대한 생산적 투자라는 인식을 가져야 한다. '복지국가'의 폐해를 경험한 유럽 선진국이 앞다투어 '일자리 복지'를 위한 개혁을 서두르는 것도 이러한 인식 변화에 기초하고 있다. 이를 위해서는 무엇보다도 복지 부서와 고용 부서의 통합이 필요하다. 또한 복지는 돈을 나누어주는 것이 아니라 사랑과 정성을 공유하는 것이라는 인식을 국민 모두가 가져야 할 것이다.

노인 빈곤과 자살을 방치하는 한국 사회[19]

우리나라는 OECD 국가 중 노인 빈곤율과 노인 자살률이 가장 높다. 이는 선진국에 비해 공적연금제도가 늦게 도입되었기 때문이다. 이제라도 정부와 정치권은 종합적인 개선 방안을 만들어 국민연금 등 기존 제도의 개혁을 추진해야 할 것이다.

우리나라의 가장 대표적인 복지 사각지대는 노인 빈곤과 노인 자살 문제이다. OECD 국가 평균 13.5%의 세 배 이상 되는 43.8%의 노인 빈곤율, 그리고 55세가 넘으면 연령이 높아질수록 급상승하는 자살률은 이미 널리 알려진 사실이다. 젊어서 열심히 일해 '한강의 기적'을 이룬

19 중앙일보 기고문(2015. 9. 15.)

주역들이 나이가 들어 생계 걱정 때문에 스스로 목숨을 끊는 것이 오늘날 우리 사회의 현주소다. 정말로 안타까운 일이 아닐 수 없다.

이러한 비극적인 현실이 언론 보도를 통해 널리 알려졌음에도 불구하고, 정부나 정치권은 이를 근본적으로 해결하기 위한 노력을 하고 있지 않다. 예를 들어, 여야 정치권은 몇 년 전 공무원연금법 개정안을 처리하면서 국회에 '공적연금 강화와 노후 빈곤 해소를 위한 특별위원회'를 설치하고, 각계 대표로 '사회적 기구'의 구성 · 운영에 필요한 조례까지 통과시켰다. 그러나 이러한 정치권의 약속은 지금까지 실천되지 않고 있다. 결국 노후 빈곤 문제를 해결해보겠다는 의지보다는 공무원연금법 개정에 대한 비판을 잠재우기 위한 미봉책에 불과했던 것이다. 특별위원회와 사회적 기구의 구성이 심각한 노인 빈곤과 자살 문제를 해결할 수 있는 계기가 될 수 있을 것으로 기대했던 필자와 같은 전문가는 크게 실망했다.

1990년대 중반 이미 선진국 대열에 합류했고, 지금은 세계 10대 경제 대국으로 부상한 우리나라가 선진국 중 노인 빈곤 문제가 가장 심각한 이유는 공적연금의 역사가 일천하기 때문이다. 대다수 선진국과 심지어 남미 국가들도 이미 20세기 초 공적연금제도를 도입했기 때문에 지금은 거의 모든 노인이 연금 혜택을 받고 있다. 그러나 우리나라 공적연금은 이들 국가에 비해 상대적으로 늦게 시작됐다. 1960년 공무원연금이 가장 먼저 시작됐고, 이어 1963년 군인연금이, 그리고 1973년 사립학교 교원연금이 만들어졌으나 일반 국민을 대상으로 하는 국민연금은 1988년이 돼서야 처음으로 실시됐다. 우선 직장인을 대상으로 시작된 국민연금은 1995년 농어민으로, 1999년 도시 자영업자로 확대됐다. 이렇게 늦게 공적연금 체계가 구축되다 보니 2019년 11월 기준 65세 이상 인구 중 노령연금 수급자 비중은 37.5%에 불과하고 평균 수급액도 월 42만 원에 그치고 있다.

노인 빈곤 문제를 직접 해결하기 위해 도입된 제도가 기초연금이다. 2008년 도입된 후 2014년 개편된 기초연금은 그 대상이 만 65세 이상 노인의 70%로 너무 넓은 반면, 연금액은 월 10~30만 원으로 낮기 때문에 노인 빈곤 문제를 근본적으로 해결하지 못하고 있다. 이외에도 국민기초생활보장제도가 있는데, 2018년 기준 65세 이상 노인 중 7.4%만이 혜택을 보고 있다. 이렇게 수급율이 낮은 이유는 어느 선진국에도 존재하지 않는 부양의무자 조항 때문인데, 최근 정부는 이 기준을 단계적으로 완화하는 조치를 취하고 있다.

노인 빈곤 문제 해결을 위한 제도가 국민연금, 기초연금, 국민기초생활보장제도 등 3개나 있음에도 불구하고 노인 빈곤 문제가 날이 갈수록 심각해지는 것은 이들 모두가 부실하기 때문이다. 기존 노후소득보장제도의 문제점은 이미 많은 연구를 통해 잘 알려져 있기 때문에 이에 대한 해결책을 찾는 것 역시 어려운 일이 아니다. 예를 들어, 65세 이상 노인 대상 국민기초생활보장제도와 기초연금제도를 통합해 노인 대상 공공부조 제도를 신설하고, 지원 대상을 빈곤층으로 한정시키며, 최저 생활이 보장되는 수준으로 연금액을 차등 지급한다면 노인 빈곤 문제를 일거에 해소할 수 있다. 제도 변경 초기에는 추가적 예산 부담이 있겠지만 시간이 지날수록 국민연금 수급자의 증가와 더불어 기초연금 수급자는 점차 감소될 것이다.

또 '반쪽 연금'이란 비판을 받는 국민연금 역시 1998년 이래 9%로 묶여 있는 보험료율 인상에 대한 국민적 합의만 이뤄진다면 근본적인 개선책을 마련할 수 있다. 이와 함께 국민연금과 기존의 특수직역연금을 통합해 공적연금 부문에서 양극화 문제를 일거에 해결하는 방안 역시 반드시 논의돼야 할 과제다. 개혁에 보수적인 이웃 일본도 이 문제를 오랜 논의 과정을 통해 해결했다. 위기 때마다 어려운 개혁을 성공적으로 해온 우리가 공적연금 개혁 하나 못해 낼 이유가 없다고 생각한다.

그러나 정부와 여야 정치권은 공적연금 개혁이 골치 아프다고 생각해 문제만 제기하고 제대로 된 논의는 시작도 하지 않고 있다. 그러면서 여당은 재벌 개혁, 야당은 노동 개혁을 하겠다고 기회가 있을 때마다 주장하고 있다. 많은 노인이 생활고로 스스로 목숨을 끊는 상황을 방치하고 있는 정치권과 정부가 새로운 개혁을 하겠다고 한들 누가 믿을 것인가 하는 의구심을 갖지 않을 수 없다.

노인 빈곤 문제의 해법[20]

우리나라 노인 자살률은 OECD 평균의 4~5배에 이른다. 노인 자살은 경제적 빈곤이 가장 중요한 원인이기 때문에, 노후소득보장제도를 대폭 개선해야 한다. 개편의 기본 방향은 선진국과 같이 1층 기초연금, 2층 국민연금, 3층 개인연금과 퇴직연금 세 단계로 하는 것이다.

선진국의 연령대별 삶의 만족도는 45세를 바닥으로 U자형을 그리고 있으나 우리는 나이가 들수록 낮아지는 특이한 현상을 보이고 있다. 이는 연령별 자살률 추이에도 그대로 반영되고 있다. 2018년 통계청 자료에 따르면 연령대별 10만 명 당 자살자는 20대 17.6명, 30대 27.5명,

20 중앙일보 기고문(2012. 9. 19.)

40대 31.5명, 50대 33.4명, 60대 32.9명, 70대 48.9명으로 점진적으로 증가하다가 80대 69.8명으로 급속히 높아지고 있다. 이렇듯 우리의 노인 자살률은 세계 최고 수준이다. 2019년 OECD 자료에 따르면, 2016년 기준 OECD 평균의 약 4배(60대)에서 7배(80대)까지 이르고 있다.

노인 자살은 경제적 빈곤이 가장 중요한 원인으로 지적되고 있어 대책 마련은 충분히 가능하다. OECD는 한국의 65세 이상 노인의 빈곤 비율을 OECD 국가 중 최고 수준인 44%로 추계하고 있다. 이와 같이 우리나라 복지의 대표적 사각지대가 노인 빈곤 문제인데도 선거를 앞둔 정치권의 복지 논쟁은 30~40대 연령층의 관심사인 무상급식, 무상보육, 반값 대학 등록금 등에 쏠려 있다. 그 이유는 여야 모두 선거에서 부동층의 표심을 얻으려는 정치공학적 계산이 앞서고 있기 때문이다.

노인 빈곤 문제를 해결하기 위해서는 기존의 기초생활보장제도, 기초연금과 국민연금제도를 개선해야 한다. 먼저, 국민기초생활보장법은 기존 생활보호법의 한계를 넘어서는 최종적인 사회안전망으로서 1999년 제정, 2000년 도입되었다. 그간 이 법은 제정 이후 재산의 소득환산제 개선, 2015년 맞춤형 개별급여제 도입, 2019년 주거급여 부양의무자 기준 폐지 및 생계 · 의료급여의 부양의무자 기준 일부 완화 등 꾸준한 제도 개선이 있었다. 그러나 여전히 사각지대와 급여 충분성 등의 문제가 남아 있다. 선진국의 관행대로 직계존속에 대한 부양의무 조항을 기초생활보장 대상자 선정에서 완전 철폐하는 방안을 적극 검토해야 한다.

2014년부터는 빈곤 노인층에 대한 공공부조 제도인 기초연금제도가 시행되고 있다. 기초연금은 2008년 도입된 기초노령연금제도를 보완 · 발전시킨 것이다. 기초노령연금은 당시 국민연금 개혁안에 대한 논의가 진행되는 과정에서 노인 빈곤과 국민연금 사각지대 문제가 제기됨에 따라 이를 해소하기 위한 대책으로 나온 것이다. 현재 기초연금제도는 소득인정액 기준 하위 70%의 노인을 수급 대상으로 가구 유형, 소득 역전 여부를 고려해 월 10~30만 원이 지급되고 있다.

여기서 문제는 국민기초생활보장법과의 연계에 있다. 현재 65세 이상 생계급여 수급자 중 기초연금을 수급하는 노인은 기초연금 인상 혜택을 누리지 못한다. 정부는 2019년 4월 소득 하위 20%에 해당하는 노인의 기준 연금액을 기존 25만 원에서 30만 원으로 상향 조정함에 따라 기초연금이 인상되었다. 그러나 65세 이상 생계급여 수급자는 생계급여에서 기초연금 인상액에 해당하는 5만 원이 차감되어 실제로 기초연금 인상 대상에서 제외된다. 이는 생계급여의 소득인정액 산정 시 기초연금이 소득에 포함되기 때문이다. 그러나 장애수당, 양육수당, 국가유공자 생활보조수당 등이 소득인정액 산정 시 소득에서 제외되고 있는 점을 고려할 때, 무기여 보편적 수당 방식의 기초연금을 소득인정액에 포함시키는 현 기준은 개선되어야 한다.

한편, 국민연금은 1988년 설계 당시에는 소득대체율(퇴직 전 평균 임금대비 연금 수급액)을 70%로 시작했으나 그 후 연금재정 안정을 이유로 점차 낮춰 현재 40%이기 때문에 '반쪽 연금'이라는 비판을 받고 있다. 2020년 이후에는 노령화가 급진전할 전망이기 때문에 그 이전에 연금제도를 대대적으로 개편해야 한다.

개편의 기본 방향은 노후소득보장제도를 선진국의 경우와 같이 3층

구조로 하는 것이다. 1층은 기초연금으로 모든 노인에게 최소한의 소득을 보장하는 것인데 현재의 기초노령연금을 확대 · 개선하면 된다. 2층은 소득비례 국민연금으로 국민연금의 소득재분배 기능을 배제하고 가입자의 기여에 비례해 연금을 지급하는 것이다. 3층은 개인연금과 퇴직연금으로 연금의 소득대체율을 실질적으로 노후생활을 보장하는 수준까지 높이는 역할을 하게 된다.

대한민국을 선진국으로 만든 주역인 노인 대다수가 빈곤으로 어려움을 겪고 있고 이들의 상당수가 생활고로 자살이라는 극단적 선택을 한다는 사실은 매우 부끄러운 현실이 아닐 수 없다. 따라서 여야 정치권이 현재의 최대 복지 사각지대인 노인 빈곤과 자살 문제에 대한 심각성을 인식하고 해결에 앞장서야 한다.

보수주의와 진보주의, 역사적 교훈[21]

우리 사회는 일제 강점기와 한국전쟁을 거치면서 우파와 좌파로 양분되었고, 오늘날 좌우 갈등은 매우 심각한 상황에 이르게 되었다. 이젠 좌파와 우파 간 소모적 갈등 관계를 생산적 경쟁 관계로 승화 · 발전시켜야 한다. 이를 위해서는 소통과 대화를 통해 '두 개의 시선'을 '하나의 공감'으로 모으는 노력을 경주해야 한다.

좌파와 우파 또는 진보와 보수라는 구분이 생기게 된 계기는 프랑스 혁명이었다. 혁명으로 절대 왕정이 붕괴되고 소집된 첫 국민회의에서 의장석을 중심으로 좌측에는 급격한 개혁을 주장하는 자코뱅(Jacobins)

21 백세시대 기고문(2019. 8. 30.)

파가, 우측에는 입헌군주제를 추구하는 온건한 성향의 지롱드(Gironde) 파가 앉았다. 이러한 역사적 사실에 기반 해 급격한 사회변혁을 추구하는 것은 좌파의 특징이 되었고, 상대적으로 온건하고 점진적 개혁을 지향하는 세력을 우파로 부르게 되었다.

프랑스혁명은 잘못된 관행을 시정하는 차원을 넘어 새로운 사상을 바탕으로 한 새로운 정치 체제를 의미했으며 이 과정에서 진보주의가 싹트기 시작했다. 진보주의자들은 새로운 정치 체제 수립 과정에서 폭력 사용이 불가피하다고 생각했다. 사실상 프랑스혁명 과정은 폭력의 연속이었으며 단두대에서 처형된 사람들만 4천 명이 넘었고 수많은 사람이 거리에서 희생됐다.

보수주의는 이러한 프랑스혁명의 폭력성과 비연속성에 대한 반발로 영국에서 시작됐다. 보수주의의 태두라고 할 수 있는 영국인 버크(Burke)[22]는 프랑스혁명의 실패 원인을 분석하면서 "사회는 이성의 힘에 의해서 뭉쳐지는 것이 아니라 전통적 도의와 관습의 힘에 의해 뭉쳐진다."라고 주장하였다. 진보주의가 이상적인 목표를 향해 급격한 변화를 추구하는 반면, 보수주의는 인간 능력의 한계와 전통을 존중하면서 점진적 변화를 모색하는 특징이 있다.

유럽에서 자유민주주의가 보편적 정치 · 경제 체제로 자리 잡게 되면서 진보주의는 전혀 다른 형태로 발전했다. 마르크스(Marx) 공산주

22 Edmund Burke(1790), 『Reflections on the Revolution in France』.

의 이론[23]은 1917년 러시아 볼셰비키혁명을 통해 현실화되기 시작해 동유럽 등 세계 각처로 확산되었다. 공산주의 실험이 지속되는 동안 서구 진보사상은 자본주의와의 타협을 통해 복지국가 형태로 진화했다. 서구 선진국에서 진보주의는 형평을 핵심 가치로 내세우면서 이를 위한 정부 차원의 개입을 정당화하고 복지재정 확대를 주장하는 반면, 보수주의는 효율을 핵심 가치로 삼고 정부의 비대화와 복지재정의 비효율성을 지적하면서 '작은 정부'를 추구한다.

조선 시대 붕당정치는 당파 간 이념 차이가 거의 없었기에 이를 보수와 진보로 나누는 것은 불가능하다. 그러나 조선왕조가 멸망하면서 개화파 인사들의 상당수는 중국, 미국 등지로 망명하여 독립운동을 하면서 자유민주주의를 신봉하는 우파 세력을 형성했다. 반면, 공산주의에 심취한 인사 대다수는 만주 등지에서 독립군 활동을 했고, 일부는 국내 산업계에 침투하여 노동운동과 더불어 공산당을 창당하는 등 좌파 정치 활동을 했다. 따라서 한국 사회는 보수와 진보라기보다는 우파와 좌파로 나뉘게 되었다.

1945년 해방 이후 우리 사회는 좌우 세력 간 힘겨루기가 극렬하게 전개됐다. 그러다 북한에 공산당 정권이 들어섰고, 남한에는 미군정의 도움으로 우파 세력이 정국의 주도권을 잡게 됐다. 특히 한국전쟁은 공산주의에 대한 전면 부정을 한국 보수주의의 절대적 가치관으로 각인시키는 계기가 됐다. 서구의 복지국가 단계를 거치지 않은 우리나라에

---

23 Karl Marx(1867), 『Das Capital』.

서는 신보수주의자들이 주장하는 '작은 정부'는 어색한 반면, 반공은 국민 대다수가 공감하는 보수적 가치관으로 자리 잡게 되었다.

1997년 대선에서 김대중 후보의 대통령 당선은 사상 초유의 여야 간 정권교체 차원을 넘어 그간 정치 · 사회적으로 소외되었던 호남과 진보 세력이 권력을 장악했다는 점에서 큰 의미가 있다. 특히 햇볕 정책의 추진은 우리 사회에서 우파 세력과 좌파 세력 간 이념 논쟁과 갈등을 불러일으키는 계기가 되었다. 2002년 대선에서 노무현 후보의 승리 역시 우리 정치 · 사회에서 진보화 추세를 가속시켰다. 1990년 '3당 통합'으로 위기의식을 느낀 진보 진영의 대반전이 이루어진 것이다. 그러나 2007년 대선에 이어 2012년 대선에서도 보수 진영이 승리함으로써 한국 우파와 좌파 세력은 상호 견제를 통해 나름대로 균형을 이루어왔다고 할 수 있다.

하지만 2017년 대선에서는 최순실 사건과 이로 인한 촛불시위 여파로 진보 진영의 문재인 후보가 압승했다. 적어도 경제 부문에서는 보수적 가치관을 수용한 김대중, 노무현 정권과는 달리 문재인 정권은 대북관계는 물론 경제 및 외교 분야에서도 좌파적 정책 기조를 견지함으로써 우리 사회에서 좌파와 우파 간 갈등이 더욱 격화되는 상황에 이르게 되었다. 따라서 우리의 당면 과제는 최근 좌파와 우파 간 소모적 갈등 관계를 서구 선진국에서와 같이 진보와 보수 세력 간 생산적 경쟁 관계로 승화 · 발전시키는 것이다. 이를 위해서는 좌파와 우파 진영 모두 소통과 대화를 통해 '두 개의 시선'을 '하나의 공감'[24]으로 모으는 노력을 경주해야 할 것이다.

---

24 사회통합위원회(2011), 『두 개의 시선, 하나의 공감』, 중앙북스.

좌파와 우파를 넘어서[25]

요즈음 대내외 여건은 매우 위중하다. 국민 다수가 위기의식을 느끼는 것은 국정 운영 과정에서 정치권은 물론 진보와 보수 세력 간 견해차가 너무 크기 때문이다. 당면 난국을 극복하기 위해서는 경직된 이념보다는 냉엄한 현실에 입각해서 좌파와 우파가 중지를 모아야 한다. 그 주체는 당연히 대통령과 여당이 되어야 한다.

오늘날 대내외 여건은 한국전쟁 이후 가장 어렵다고 할 정도로 위중하다. 수출이 감소세로 접어들었고 고용 상황도 나빠지는 상태에서 오랜 기간 상생발전을 도모한 한국과 일본이 본격적으로 '경제 전쟁'에 돌

25 서울경제 기고문(2019. 8. 12.)

입하고 있다. 또 해방 이후 우리의 생명줄이었던 한미동맹이 흔들리는 가운데 중국과 러시아가 합동 항공 훈련을 핑계로 우리 영공을 침범하는 사태마저 발생했다. 이에 더해, 문재인 정부의 우호적 대북 자세와 몇 차례 남북 정상회담에도 불구하고 북한은 사흘이 멀다 하고 미사일을 발사하며 대한민국 정부에 대한 모욕적 언행을 서슴지 않고 있다.

이러한 상황에서 국민 다수가 더 큰 위기의식을 느끼는 이유는 경제 · 대북 · 외교 정책 등 핵심 분야에서 여야 정치권은 물론 우리 사회 진보와 보수 세력 간 견해차가 너무 크기 때문이다. 좌파와 우파는 역사적 그리고 이념적 이유로 생각을 달리할 수밖에 없다. 그러나 국가 위기 상황에서 감정보다는 이성을 바탕으로 조금씩 양보한다면, 위기극복 해법을 마련하는 과정에서 진보와 보수가 서로 공유할 수 있는 새로운 국정 운용의 틀을 마련하는 기회가 될 수 있다.

『좌파와 우파를 넘어서(Beyond Left and Right)』[26]는 신자유주의로 무장한 영국의 대처(Thatcher) 보수당 정부가 장기 집권할 때 복지국가의 위기를 느낀 좌파 사회학자 앤서니 기든스(Anthony Giddens)가 1994년 집필했다. 기든스는 이 책에서 세계화와 정보혁명이 급속히 진행되는 새로운 시대를 맞아 복지국가의 확대만을 무조건 주장하는 것은 좌파의 몰락을 가속화할 것이라고 주장했다. 그 대안으로 그는 좌파와 우파가 모두 공감할 수 있는 '사회투자 국가(Social Investment State)'

---

26 Anthony Giddens(1994), 『Beyond Left and Right: The Future of Radical Politics』, Cambridge Press.

개념을 바탕으로 하는 『제3의 길(The Third Way)』[27]을 제시했다. 1994년 노동당 당수가 된 토니 블레어(Tony Blair)는 기든스의 주장을 당론으로 채택했고, 그 결과 1997년 선거를 승리로 이끌 수 있었다.

블레어는 총리에 취임하자마자 복지와 일자리를 연계하는 '일자리 복지(Welfare to Work)' 정책을 의욕적으로 추진했다. 또 2000년부터 '사회금융위원회'를 10년간 가동하면서 사회적 기업 활동 지원에 필요한 사회금융 시장을 적극적으로 육성하기 시작했다. 이러한 영국의 '제3의 길' 정책은 재정 위기를 겪고 있는 모든 복지 선진국은 물론 외환위기 상황에서도 복지 정책을 확대하려고 한 우리나라까지 전파됐다.

1997년 외환위기 과정에서 DJP연합으로 집권한 김대중 정부는 김영삼 정부가 마련한 '국민복지기획단' 정책 건의를 거의 그대로 받아 집행하였다. 1999년 '국민기초생활보장법'을 제정해 우파 성격의 '일자리 복지' 정책과 저소득층 지원을 국민의 사회권 보장으로 인식하는 좌파 정책을 동시에 도입한 것이다. 복지 분야에서 좌우를 아우르는 이런 전통은 노무현 진보 정권은 물론 이명박, 박근혜로 이어지는 보수 정권도 계승해 복지 정책에 관한 이념 논쟁이 상대적으로 수그러들었다.

경제 정책에서도 김대중 정부는 신자유주의적 사고에 기초한 국제통화기금(IMF) 구조조정 정책을 그대로 수용 · 시행함으로써 불과 1년 만에 외환위기에서 벗어나는 '기적'을 일으켰다. 노무현 정부에서도 우파 경제 정책 기조는 계속 이어졌으며, 2006년 체결한 한미 자유무역협

27 Anthony Giddens(1998), 『The Third Way: The Renewal of Social Democracy』, Cambridge Press.

정(FTA)이 그 대표적인 예다. 외교 · 안보도 마찬가지다. 김대중 정부는 우선순위를 한미동맹과 한미일 협조 체제에 둠으로써 좌파와 우파 간 이견이 있을 수밖에 없는 '햇볕 정책' 추진에도 불구하고 한미동맹은 굳건했고 한일 관계 역시 최상의 상태를 유지했다.

'복합 위기' 상황에 직면한 문재인 정부가 당면 난국을 슬기롭게 극복하기 위해서는 멀리는 블레어 정부, 가깝게는 김대중 정부로부터 좌우가 공감하는 국정 운영의 틀을 새로 만들어가는 지혜를 배워야 한다. 정책은 경직된 이념보다는 냉엄한 현실에 바탕을 두고 균형 있고 유연하게 추진해야 성공 가능성이 높아진다. 지금 우리에게 필요한 것은 좌파와 우파 간 중지를 모으는 일이고 그 주체는 당연히 대통령과 여당이 돼야 할 것이다.

중산층 살리고 이념 갈등 풀 열쇠, '휴먼 뉴딜'[28]

보수 정권인 이명박 정부의 '휴먼 뉴딜'은 '성장과 환경의 조화'와 '성장과 복지의 조화'를 중시하는 균형적 국정 운영 철학의 표출이었다고 판단된다. '휴먼 뉴딜'이 '성장'과 '복지'라는 두 마리 토끼를 잡는 경제적 효과 외에도 보수와 진보 간 반목과 대립을 완화시키는 정치 · 사회적 목적이 있었을 것이다.

역사적으로 사회복지 정책의 발전은 경제위기와 긴밀한 관계가 있다. 16세기 후반 영국의 식량 가격 폭등과 모직공업 불황은 복지제도의 효시라 할 수 있는 구빈법(救貧法)을 탄생시켰다. 산업화에 따른 노동

28 중앙일보 기고문(2009. 4. 18.)

자계급의 급신장과 진보 정당의 약진은 1900년 전후로 독일과 영국 등 당시 선진 공업국들이 사회보험제도를 앞다투어 도입하는 계기가 됐다. 미국에서도 1929년 경제 대공황 이후 '뉴딜'이라는 이름으로 노령연금(Social Security) 등 사회보장제도가 도입됐다. 우리도 1960년대 이래 산업화가 급진전 되면서 사회보장제도가 꾸준히 발전하였다. 특히, 1997년 말 발생한 외환위기로 실업자를 위한 고용보험 범위가 확대되고 지원 내용도 크게 강화되었다.

2008년 있었던 세계 금융위기도 우리 복지 정책이 한 단계 올라가는 계기가 되었다. 당시 대통령 직속 미래기획위원회는 경제위기로 붕괴 조짐을 보이는 중산층을 살리기 위한 '휴먼 뉴딜' 정책을 대통령에게 보고했다. '휴먼 뉴딜'은 이미 추진 중인 '녹색 성장'과 함께 국정 운영의 양대 축이 되었다. 이명박 정권이 '녹색 성장'과 '휴먼 뉴딜'을 새로운 국정 목표로 제시한 것은 큰 의미가 있었다고 생각한다. 이는 정부의 국정 기조가 '작은 정부'와 '경제 효율'을 강조하는 전형적인 보수주의적 입장에서 '성장과 환경의 조화' 그리고 '성장과 복지의 조화'를 중시하는 한층 균형적인 방향으로 선회하였음을 의미한다.

경제위기는 역사적으로 경제 정책을 추진함에 있어 효율과 형평 간 균형을 잡는 역할을 했다. 산업화의 급진전은 새로운 사회적 문제를 야기했고, 대안으로 '형평'을 의식한 사회복지제도가 발전했다. 이러한 사회복지 시책들은 진보 정권에 의해 주도되기도 했지만, 대부분 보수 정권 스스로 국민의 지지를 얻기 위한 수단으로 활용했다. 보수 가치를 높이 들고 출범한 이명박 정권이 '휴먼 뉴딜'을 국정 목표로 제시한 것도 같은 맥락이었다.

1987년 민주화 이후 우리 사회는 보수와 진보간 갈등이 매우 심각했다. 특히 외환위기가 진정된 후 출범한 노무현 정권은 정책 추진에 있어 확실한 진보 성향을 보였고, 이는 보수 세력의 강력한 반발을 초래했다. 노무현 정권의 인기 하락에 힘입어 집권에 성공한 이명박 정권 역시 집권 초 미국 쇠고기 수입 등의 과정에서 진보 세력의 극렬한 반대로 국정 운영에 많은 차질을 빚었다. 이런 관점에서 이명박 정부 '휴먼뉴딜'로 상징되는 균형 잡힌 국정 목표의 설정은 '성장'과 '복지'라는 두 마리 토끼를 잡는 경제적 효과 외에도 보수와 진보 간의 반목과 대립을 완화시키는 정치 · 사회적 목적이 있었다고 판단된다.

위기관리의 세 가지 성공 조건[29]

코로나19 사태로 위기관리에 대한 관심이 높아지고 있다. 외환위기는 모범적 성공 사례인 반면, 세월호 사건은 대표적 실패 사례였다. 코로나19 발생 초기에는 전문가에게 사태 수습 지휘를 맡기는 위기관리의 첫 번째 성공 조건이 잘 지켜지지 않았다. 그러나 두 번째 조건인 헌신적 리더십은 현장 의료인들에 의해 실천되었다. 또한 충분한 조치를 적기에 취하는 세 번째 조건 역시 잘 지켜지지 않았다.

신종 '코로나바이러스 감염증(COVID-19)'[30]으로 인한 비상상황이

29 서울경제 기고문(2020. 3. 8.)

27 WHO는 2020년 2월 신종 '코로나바이러스 감염증(Corona Virus Disease)'의 공식 명칭을 'COVID-19'로 정하였으나, 우리는 이를 줄여 '코로나19'로 부른다.

지속되면서 위기관리에 대한 관심이 높아지고 있다. 이와 관련해 우리는 지난 1997년 외환위기 극복 성공 사례와 2014년 세월호 실패 사례를 동시에 경험했다. 따라서 두 사례의 성공과 실패 요인을 복기함으로써 당면한 위기에 대한 해법을 찾을 수 있을 것이다.

외환위기는 1997년 10월 말 갑자기 발생했다. 국제 금융시장에서 한국 금융기관의 단기 채무에 대한 상환 연장이 전면 거절되면서 우리 경제는 부도 위기에 직면했다. 정부는 국제통화기금(IMF)에 도움을 요청했고 IMF는 큰 폭의 환율 평가절하, 긴축재정, 급격한 금리 인상 등 거시경제적 조건에 더해 금융 및 재벌 개혁과 노동 및 공공부문의 대대적 혁신을 요구했다. 우리 정부는 이를 모두 수용하고 개혁안을 신속히 집행함으로써 1년 만에 경제가 정상화되어 IMF 프로그램으로부터 조기에 졸업하였다. 이 과정에서 대통령은 IMF라는 전문의의 처방을 과감히 수용함은 물론 경제부총리와 금융위원장 등 경제전문가에게 개혁 추진에 필요한 전권을 줬다. 이는 2008년 경제위기를 겪은 그리스가 전문가 의견을 무시하고 정치적으로 대응함으로써 아직도 경제난국에서 벗어나지 못하고 있는 것과 큰 대조를 이룬다.

2014년 4월 발생한 세월호 사건은 위기관리의 대표적 실패 사례다. 당시 476명을 태운 세월호가 균형을 잃고 침몰하기 시작하자 선장과 핵심 승무원은 해경 구조선을 이용해 제일 먼저 탈출했다. 이 사고로 안산 단원고 학생 250명을 포함한 탑승객 304명이 사망했다. 세월호의 비극은 선박 소유주인 유병언 회장의 이윤만 추구하는 무책임한 경영과 이준석 선장의 철저히 자기중심적 리더십의 결과라고 할 수 있다.

하버드 경영대학의 위기관리 리더십 프로그램은 성공적인 위기관리의 첫 번째 조건으로 현장을 가장 잘 알고 전문성이 있는 사람에게 지휘를 맡겨야 한다는 점을 강조하고 있다. 예를 들어, 2001년 9월 11일 미국 뉴욕에서 발생한 9 · 11테러 사건 당시 펜타곤 상황을 국방부 장관이 아니라 미국 국방부가 소재한 알링턴(Arlington)시의 소방서장이 지휘해 사태를 수습했다. 그러나 이러한 원칙은 최근 코로나19 위기의 초기 상황에서 잘 지켜지지 않았다. 의사협회 · 감염학회 등 전문가 건의가 무시됐고 실무 책임자인 질병관리본부장에게 사태 수습에 필요한 충분한 권한이 주어지지 않았다.

위기관리의 두 번째 조건은 상황이 발생하면 "리더는 가장 먼저 들어가고 가장 마지막으로 나온다."라는 원칙을 지키는 것이다. 2009년 US 항공 비행기가 뉴욕 허드슨(Hudson) 강에 불시착했을 때 설렌버거(Sullenberger) 기장이 모든 승객과 승무원을 먼저 내리게 하고 기내에 남은 사람이 있는지 두 번이나 직접 확인한 후 비행기에서 나왔다는 사실은 위기관리 리더십의 모범사례로 꼽힌다. 이는 세월호 이준석 선장의 행태와 큰 대조를 보이고 있다. 최근 코로나19 사태에서 질병관리본부와 보건복지부 직원은 물론 의사와 간호사 등 관련 전문가 및 공무원이 어려운 가운데 최선을 다해 국민의 한 사람으로서 진심으로 격려를 보낸다.

위기관리의 세 번째 조건은 위기일수록 당황하지 말고 실현 가능한 전략과 목표를 세우고 이를 적기에 집행하는 것이다. 여기서 중요한 것은 타이밍을 놓치지 않음은 물론 대책이 사태를 수습하는 데 충분할 정도로 강해야 한다는 점이다. 외환위기를 조기에 수습할 수 있었던 것은 사상 유례없는 강력한 개혁을 발생 초기부터 신속하게 집행했기 때문이다. 그러나 코로나19 사태에 있어서는 초기에 중국 입국자를 막지 않았고, 위기 경보를 '심각' 상태로 상향 조정하는 시기도 늦었음은 물론, 마스크 수급 대책도 적기에 마련하지 못했기 때문에 상황이 악화되었다. 지금이라도 부족한 부분을 보완해 이 위기를 조기에 수습한 후 『코로나19 백서』 발간과 함께 앞으로 발생할 유사 사례의 위기 대응 방안 마련에 박차를 가하기 바란다.

코로나19 사태의 교훈[31]

코로나19 사태로 알게 된 소중한 것 다섯 가지: ① 공동체의 소중함, ② 세계화의 중요성, ③ 시장경제의 우월성, ④ 한국 의료 인력과 산업의 높은 경쟁력, ⑤ 높은 시민의식. 그러나 초기에 중국으로부터의 입국을 차단하지 않아 결과적으로 큰 대가를 치르게 된 것은 아쉬운 점이다.

우리는 정전이 되어 냉장고가 꺼지고 엘리베이터가 서야 비로소 전기의 고마움을 알게 된다. 마찬가지로 국민 모두가 이번 코로나19라는 큰 시련을 겪으면서 한국 사회와 한국인의 강점이 무엇인지를 깨닫는 계기가 되었다. 그중 중요한 것 다섯 가지만 살펴보고자 한다.

---

31 백세시대 기고문(2020. 4. 10.)

첫째, 공동체의 중요성을 피부로 느끼게 되었다. 코로나19 확산을 막기 위한 기본 대책은 이른바 '사회적 거리 두기'이다. 언제나 마스크를 착용해야 하고, 만나는 사람과 악수도 하지 말아야 하며, 친구, 친지와 모임도 가급적 피해야 한다. 이러한 일상을 하루 이틀도 아니고 벌써 몇 달째 지속하니, 우리가 평소 고마움을 모르고 있던 '공동체의 소중함'을 새삼 느끼게 된다. 일찍이 미국 심리학자 매슬로(Maslow)는 의식주 등 생존에 필요한 기본적 욕구가 해결된 다음 단계에서 가장 중요한 것으로 '소속감(belonging)'과 '사랑'을 꼽았다. 우리가 속해있는 공동체에서 사람들과 자유롭게 만나고 어울리는 일상생활을 정상적으로 즐길 수 있는 날이 하루속히 오기를 고대한다.

둘째, 국경 폐쇄와 교류 단절로 야기된 글로벌 경제위기를 지켜보면서 세계화가 오늘날 경제발전의 핵심 원동력이라는 사실을 새삼 실감하게 된다. 특히 지금처럼 국가 간 교류가 원활치 못할 때, 우리와 같이 경제에서 무역이 차지하는 비중이 높은 나라는 동맥경화증으로 혈액순환이 어려운 환자와 같은 처지라고 할 수 있다. 또한 코로나19 사태는 우리 경제의 개방성은 유지하되 거래처를 다변화함으로써 해외에서 발생하는 위험을 분산시키는 전략을 적극적으로 구사해야 함을 시사하고 있다.

셋째, 최근 발생한 마스크 대란 사태는 계획경제의 한계와 시장경제의 상대적 우월성을 깨닫는 기회가 되었다. 마스크는 일상생활에 필요한 수많은 품목 중 하나에 불과한데, 정부가 공급을 주관하면서 불과 마스크 두 장을 사기 위해 장시간 줄을 서는 한심한 일이 벌어졌다. 시장

기능이 붕괴되면서, 평소 같으면 생필품도 아닌 마스크의 수급이 원활치 못하게 된 것이다. 이번 일로 모든 재화의 수급을 정부가 직접 관장하는 계획경제는 비효율로 인해 결국 실패할 수밖에 없다는 사실을 피부로 느끼게 됐다.

넷째, 코로나19 사태를 통해 우리 의료진과 의료산업의 뛰어난 국제경쟁력을 확인하게 되었다. 특히 의료 시스템이 부실한 이란, 스페인, 이탈리아는 물론 세계 최고의 의술을 자랑하는 미국도 코로나19 환자 급증에 큰 혼선을 빚고 있다. 반면, 우리는 환자가 집단으로 발생한 대구시에서도 중국 후베이시와 같은 봉쇄 조치를 취하지 않고 사태를 조기 수습한 것은 의료진의 뛰어난 능력과 헌신의 결과라고 판단된다. 이에 더해, 발 빠르게 코로나19 진단키트를 개발하여 대량 생산에 성공한 의료장비 회사의 높은 기업가정신에 우리는 물론 미국을 포함한 전 세계가 찬사를 보내고 있다. 이번 사태는 4차 산업혁명 시대를 맞아 성장 잠재력이 가장 높은 것으로 알려진 바이오산업 부문에서 우리의 발전 역량이 매우 크다는 사실을 실감케 하는 계기가 되었다.

끝으로, 이번 코로나19 사태는 우리 한국인의 높은 시민의식을 확인하는 계기가 되었다. 심각한 상황에서도 대구 시민은 동요하지 않고 당국 지시에 협조하면서 서로 돕고 견디는 협동심과 인내심으로 위험 국면에서 조기에 벗어날 수 있었다. 다른 지역으로 탈출 행동은 물론 한 건의 폭력 사건도 발생하지 않음으로써 정부 차원의 봉쇄 조치나 긴급 명령권 발동 없이 상황을 수습할 수 있었다. 또한 미국과 같은 선진국에서도 휴지 등 생필품 사재기 현상이 빈번히 발생하고 있는데, 우리는 전국 어디에서도 이러한 일이 없는 것을 보면서 우리 국민의 높은 시민의식에 새삼 감탄하지 않을 수 없었다.

이와 같이 성숙된 시민의식 그리고 의료진과 관련 산업의 높은 경쟁력에도 불구하고 정부 대응은 아쉬운 점이 많았다. 위기관리의 핵심은 사태 수습에 '충분한' 조치를 '적시에' 취하는 것이다. 그러나 우리 정부는 코로나19 발생 초기에 발원지인 중국으로부터의 입국을 금지하지 않음으로써 이런 조치를 단행한 대만, 베트남보다 발병자가 많았고 그 대가를 호되게 치렀다. 또한 코로나19가 유럽과 미국 등지로 확산되는 상황에서도 이들 나라로부터 입국을 차단하지 않음으로써 방역 체계에 과부하를 줌은 물론 코로나19가 다시 창궐할 수 있는 새로운 위험을 안게 되었다. 이는 정책 결정 과정에서 전문가의 과학적 견해보다는 비전문가의 정치 · 외교적 판단이 우선시된 결과라고 생각되는바, 이에 대한 개선 방안이 시급히 마련되어야 할 것이다.

재난 극복 경제 정책, 국민적 합의 이끌어내야[32]

재난 극복 대책의 기본 요소: ① 방역 대책과 경제 대책으로 구분하고, 이를 다시 단기, 중기, 장기로 나누어 정책을 수립한다. ② 두 대책이 상충하면 방역 대책이 우선한다. ③ '긴급사태 대책'을 우선 세운다. ④ '일부러 반대의견을 내는 팀'을 구성한다. ⑤ 전문가팀을 구성하여 정보를 수집 · 분석하고 대책을 마련한다. ⑥ 각계 대표로 '코로나19 대책위원회'를 총리실에 설치 · 운영한다. ⑦ 단기 경제 대책은 케인즈적 접근을 그리고 중장기 경제 대책은 시장경제 원리에 따른다는 원칙에 국민적 합의를 도출한다.

32 서울경제 기고문(2020. 4. 12.)

코로나19 사태는 한국전쟁 이후 우리가 겪은 위기 중 가장 심각한 것임에 틀림없다. 방역위기와 경제위기라는 정반대 방향으로 달리는 두 마리 토끼를 모두 잡아야 하기 때문이다. 발생 초기 중국에서 시작된 불씨를 잡지 못한 아쉬움에도 불구하고 지금까지 우리는 비교적 성공적으로 대처했다는 것이 국내외 전문가의 공통된 평가다. 특히 최근 코로나19가 선진국인 유럽 각국과 미국으로 급속히 확산되어 방역 체계가 붕괴되는 조짐까지 보이면서, 우리 의료진의 뛰어난 능력과 헌신적 태도에 새삼 경의를 표하지 않을 수 없다.

지금까지 코로나19 사태 경과를 지켜본 필자는 다음과 같은 조언을 정책 당국에 하고자 한다. 우선 방역 대책과 경제 대책으로 구분하고 이를 다시 단기, 중기, 장기로 나누어 정책을 수립 · 집행해야 한다. 그리고 두 대책이 서로 상충할 경우에는 방역 대책이 우선한다는 원칙도 확실히 해야 할 것이다. 코로나19와 같은 팬데믹(pandemic)은 흔치 않게 겪는 것이라서 불확실 요인이 많다는 점을 고려해, '긴급사태 대책(contingency plan)'을 우선적으로 세우고, 대책반 내에 '일부러 반대의견을 내는 팀(devil's advocate team)'을 만들어 운영할 것을 건의한다.

새로운 상황에 효율적으로 대처하기 위해서는 아는 것이 힘이기 때문에 코로나 사태의 전 과정 데이터와 각국과 국제기구의 대응 정보를 수집하고 분석하는 팀을 관련 전문가로 구성 · 운영해야 할 것이다. 이 팀에는 방역과 경제 전문가가 함께 참여하여 의견을 개진하고 토론해야 한다. 또한 코로나19 사태의 장기화에 대비하고 대책 수립의 기술적 그리고 정치적 어려움을 감안하여 각계 대표로 구성되는 국무총리 직속의 '코로나19 대책위원회'를 설치 · 운영할 것을 건의한다.

현 코로나19 사태를 지켜보면서, 우리가 슬기롭게 대처한다면 이로 인한 위기 상황을 전화위복의 기회로 활용할 수 있다는 생각을 하게 된다. 무엇보다도 코로나 위기는 현재 난마같이 얽혀 있는 경제 정책 쟁점에 대해 여야 정치권 더 나아가 진보와 보수 세력 간 합의를 도출할 수 있는 계기가 될 수 있을 것이다. 특히, 현재 단기 경제 대책인 재난지원금 관련 논란은 정치적 고려도 있겠으나, 이보다 더 근본적인 것은 경제철학의 차이에 기인하는 바가 크다. 우리 사회의 보수 세력은 경제 운용에 있어 시장원리를 강조하는 신자유주의적 사고를 갖고 있고, 이는 기획재정부, 한국은행 등 경제 정책 실무자들도 공유하는 경제철학으로 자리 잡은 지 오래다. 반면, 진보 세력은 정부 개입을 강조하는 케인즈적 시각, 더 나아가 사회주의적 경제관을 갖고 있기에 경제 정책에 관한 논의가 시작되면 사사건건 진보와 보수가 충돌하는 것이다.

그러나 1929년 경제 대공황은 물론 2008년 세계 금융위기를 겪으면서 코로나19 사태와 같은 비상시에는 신자유주의적 사고보다는 케인즈적 시각에서 재정 및 통화 정책을 구사해야 한다는 것이 국제사회의 공통된 의견이다. 따라서 필자는 현재 쟁점이 되고 있는 재난지원금에 대해서는 보수 세력이 입장을 바꿔야 한다고 생각한다. 다만 지급 기준은 재산보다는 소득이 되어야 하고, 일단 모든 가구에 현금을 은행계좌로 지급하되, 일정 수준 이상 소득 가구에는 국세청이 소득세 정산 과정에서 다시 환수하는 방안을 강구할 수 있을 것이다.

우리 경제는 코로나19 사태 발생 이전부터 심각한 난조를 보인 것이 사실이다. 이는 대외 요인보다는 높은 최저임금, 주 52시간제의 무리한 추진, 경제성을 무시한 탈원전 정책 등 현 정부의 이념 지향적 경제 정책에 기인하기 때문에, 코로나19 경제 대책 수립 과정은 이에 대한 전면적인 수정 작업이 이루어지는 기회가 되어야 한다. 반시장, 반기업 경제 정책으로 성공한 사례는 일찍이 없었다는 역사적 사실을 인지하고, 현 위기 상황을 계기로 잘못된 경제 정책 방향을 바로잡는 지혜를 발휘해야 할 것이다.

평생 좌파 노동운동을 하다 집권한 브라질 룰라 정권도 집권 후에는 우파 경제 정책을 추진해 성공했다. 중국, 베트남 등 공산주의를 표방하는 국가 역시 경제 정책은 친기업, 친시장 노선을 취해 경제 도약의 기반을 닦았다는 사실을 우리는 명심해야 한다.

4차 산업혁명과 ‘사회혁신 4.0[31]

역사적으로 사회복지는 산업혁명 과정에서 사회혁신의 핵심 수단으로 활용됐다. 사회혁신을 위해서는 혁신과 혁신가의 중요성을 인식하고 이를 지원하는 생태계가 조성되어야 한다. 사회복지계는 사회혁신가 정신으로 무장하고, 정책 역시 정부주도형에서 사회금융 시장을 통한 생태계 조성형으로 전환되어야 한다.

산업혁명이 경제는 물론 사회 발전으로 이어진 것은 기술 발전과 함께 산업화가 있었고 이 과정에서 발생한 사회문제를 새로운 방식으로 해결하는 이른바 ‘사회혁신’이 동시에 이루어졌기 때문이다. 역사적으

33 경인일보 기고문(2015. 11. 6.)

로 사회복지는 산업혁명 과정에서 사회혁신의 핵심 수단으로 활용됐다.

정보기술(IT)이 생물학 · 기계공학 등 다른 학문 분야와 융합해 시너지 효과를 내는 것이 특징인 4차 산업혁명은 3차 산업혁명의 연장선상에서 진행되고 있다. 4차 산업혁명 시대 사회문제로는 첫째 양극화 심화, 둘째 고용 불안, 셋째 사생활 침해와 인간성 상실 등이 예상된다. 이러한 문제를 해결하기 위해 혁신적 아이디어를 개발하고 실천하는 것이 '사회혁신 4.0'이라 할 수 있다.[34] 우리나라의 경우 지난 2006년부터 12년간 약 152조 원의 막대한 예산을 투입하고도 전혀 개선의 기미를 보이지 않는 저출산 문제와 세계 1위를 달리고 있는 자살 문제 역시 혁신적 접근이 필요하다.

사회혁신이 성공하기 위해서는 무엇보다도 혁신과 혁신가의 중요성을 인식하고 이를 지원하는 생태계가 조성돼야 한다. 이를 위해서 사회복지계는 물론 정치권과 경제계에 사회혁신 친화적 리더십이 필요하다. 이런 관점에서 현재 우리 상황은 아쉬운 점이 한 두 가지가 아니기에 분위기 쇄신을 위해 지금이 국민적 역량을 집중시켜야 할 때라고 판단된다.

우선 사회혁신의 주체가 돼야 할 사회복지계는 민간 사회복지 재정이 자립형에서 정부 의존형이 되면서 '사회혁신가 정신'이 점차 퇴색하고 있다. 우리 민간 사회복지계는 한국전쟁 와중에 고아와 전쟁미망인의 발생으로 급증한 사회복지서비스 수요를 충족시키는 역할을 정부

34 서상목 외(2018), 『사회복지 4.0: 사회혁신과 지역복지공동체』, 한국사회복지협의회.

대신해오면서 그간 많은 발전을 거듭해왔다. 이 중 일부 민간 사회복지 법인은 활동 범위를 해외로 확장하는 등 변신에 성공했으나, 상당수 사회복지법인은 새로운 돌파구를 찾지 못하고 정부 재정에 전적으로 의존하면서 제자리걸음을 하고 있다. 따라서 사회복지계에 새로운 사회혁신 바람을 일으키기 위해서는 능력의 한계에 도달한 법인에 퇴로를 열어주고 그 빈자리를 새로운 피로 수혈하는 방향으로 관계법과 제도를 개선해야 한다.

사회혁신에 대한 정부의 철학과 정책 역시 대대적인 수술이 필요하기는 마찬가지다. 오랫동안 정부주도 경제 운용을 해온 우리 정부는 사회혁신 분야도 정부가 직접 관장해야 한다고 생각하고 있다. 그 대표적인 사례가 정부가 인위적 기준을 정해 사회적 기업을 지정하고 지정된 기업에 대해 다양한 혜택을 제공하는 '정부주도형' 사회적 기업 육성 정책이다. 이를 개선하기 위해 정부는 사회금융 시장 활성화 등 사회혁신 생태계 조성에 주력하고 이를 통해 능력 있는 사회혁신가에게 필요한 자금이 시장 기능을 통해 지원되는 방향으로 기존의 정부주도형 사회혁신 정책을 대폭 수정해야 한다.

또한 사회혁신 분야에서 재계의 역할이 확대되고 활성화돼야 한다. 기업가는 경제 활동 혁신의 주체다. 경제학자 슘페터는 이러한 과정을 '창조적 파괴'로 표현했다. 사회혁신 분야에서도 같은 방식이 적용돼야 한다. 기술혁신은 혁신 과정에서의 이득이 혁신을 주도한 개인이나 조직에 돌아가는 데 반해, 사회혁신은 혁신의 이득이 사회 전체로 귀속되는 이른바 '사회적 성과(social impact)'로 나타난다. 이 분야에서 기업의 역할은 두 가지다. 첫째는 기업 활동을 통해 직접 사회혁신을 촉진하는 것이고, 둘째는 자금 지원을 통해 사회혁신을 간접적으로 후원하는 것이다. 전자는 '공유가치 창출(CSV)' 형태로 현재 전 세계 많은 기업이 경제적 가치와 동시에 사회적 가치를 추구하고 있다. 후자는 기업이 '사회 공헌 활동(CSR)'을 통해 비정부기구(NGO)의 사회혁신 활동을 지원하는 것이다. 이는 정부의 사회혁신 지원 정책과 비슷하지만, 이 분야는 정부보다는 기업이 더 잘할 수 있기 때문에 기업의 역할이 중요하다.

그러나 우리나라에서는 아직 기업의 CSR이나 CSV 활동이 기업 전체 차원의 핵심 경영 전략이기보다는 기업홍보 전략 정도로 인식되고 있다. 기술혁신 못지않게 사회혁신 분야에서도 기업의 역할이 중요하다는 인식을 바탕으로 재계 리더들이 사회혁신 활성화에 필요한 생태계 구축에 앞장설 것을 촉구한다.

창조융합과 상생발전의 생태계를 만들자[35]

4차 산업혁명 시대의 키워드는 '창조융합'과 '상생발전'이다. '모방 전략' 시대에는 수직적 문화였으나, '혁신 전략'시대에는 수평적 문화가 필요하다. 따라서 우리의 당면 과제는 성장과 분배가 선순환할 수 있는 새로운 국가 운용 패러다임을 개발하고 이를 실천하는 것이다.

21세기 4차 산업혁명 시대의 키워드이자 우리가 당면한 핵심 과제 두 가지는 단연 '창조융합'과 '상생발전'이다. 전자는 2016년 초 다보스 포럼에서 첨단기술의 융합을 의미하는 4차 산업혁명이 부각되면서 그 중요성이 새롭게 인식되고 있다. 후자는 IT혁명 이후 나타나고 있는 양

---

35 경인일보 기고문(2016. 12. 27.)

극화 현상이 4차 산업혁명 시대를 맞아 더욱 악화될 것이라는 전망 때문에 대처방안 마련이 더 시급하다.

우리나라는 1960년대 이후 산업 분야에서 선진국을 따라가는 '모방 전략(Fast Follower Strategy)'을 성공적으로 구사함으로써 '한강의 기적'을 이루었다. 이제부터는 우리 스스로 새로운 것을 만들어가는 '혁신 전략(First Mover Strategy)'을 펼쳐야 국제경쟁에서 살아남을 수 있는 단계에 이르렀다. 이를 위해서는 창조와 융합을 통한 혁신 생태계를 구축해야 하는 시대적 과제를 해결해야 한다. 최근 해운, 조선, 철강, 석유화학과 같은 기간산업들이 중국의 추격으로 경쟁력을 상실하고 있는 것도 우리가 '혁신 전략'을 효과적으로 구사하지 못한 결과라고 할 수 있다.

모방 전략과 혁신 전략은 발상의 전환이 필요할 정도로 내용상 차이가 크다. 전자가 확실한 목표를 추구한다고 하면, 후자는 목표 자체가 불확실하다. 따라서 주입식보다는 토론식 교육 방식이 요구되고, 성실과 근면에 더해 창의와 협력이 필요하다. 국가 중심의 지원과 규제보다는 민간주도의 자율과 경쟁이 요구된다. 더 나아가, 모방 전략에서는 정부와 대기업 중심의 '수직적 문화'가 지배하였으나, 혁신 전략에서는 복합적 생태계에서의 '수평적 문화'가 요구되고 있다. 그러나 우리나라 경제·사회 생태계는 아직도 혁신 전략보다는 모방 전략의 구태에서 벗어나지 못하고 있다. 이것이 바로 우리 경제가 성장 동력을 상실하여 2%대 낮은 경제성장률에서 벗어나지 못하고 있는 근본적인 원인이다.

우리 사회 양극화 문제 역시 1997년 외환위기 이후 지속적으로 나빠지고 있다. 대기업과 중소기업 간 생산성 격차는 커지고 있고, 노동시장에서 임금 격차 역시 계속 벌어지고 있다. 그 결과 한국인의 사회적 스트레스는 세계 최고 수준이다. 자살률 세계 최고, 노인 빈곤율 세계 최고, 그리고 출산율 세계 최저가 그 증거라고 할 수 있다.

그러면 어떻게 창조융합과 상생발전의 생태계를 구축할 수 있을까? 이를 위해서는 무엇보다도 성장과 분배가 선순환할 수 있는 정치 · 경제 · 사회적 패러다임을 만들고 이를 정착시켜야 할 것이다. 필자는 경제와 복지의 선순환을 위해 '웰페어노믹스(Welfarenomics)'라는 해법을 제시한 바 있다.[36] 이는 크게 두 가지 전략으로 나누어진다. 하나는 기업활동의 사회적 가치를 제고하고, 정부의 전략 수립 및 집행 기능을 강화하며, 시민사회의 지역공동체 형성 능력을 확대하여 '지속가능한 자본주의' 패러다임을 정착시키는 것이다. 다른 하나는 복지를 일자리와 연계시키고, 복지에도 기업가정신과 금융시장 개념을 도입하여 사회혁신을 촉진시키며, 복지에 경영 개념을 적용하여 효율성을 증대시켜 '지속가능한 복지국가'의 기반을 구축하는 것이다.

이제 남은 것은 정치와 경제 · 복지가 상생발전을 이루어 선순환 구조를 완성하는 것이다. 이를 위해, 권한 집중과 수직적 행정문화를 초래하는 대통령제에서, 권한 분산과 수평적 행정문화를 촉진할 수 있는 내각제로의 개헌도 동시에 이루어지는 날이 오기를 기대한다.

---

36 서상목(2013), 『웰페어노믹스』, 전게서 참조.

'한국자본주의 4.0'의 실천 전략[37]

서구자본주의는 물론 한국자본주의도 지속적으로 진화하고 있다. '한국자본주의 4.0'의 핵심은 보수적 가치관인 '자유주의와 시장경제'에 진보적 가치관인 '사회적 연대의식'을 접목시키는 것이다. 한국자본주의의 실천 전략은 '지속가능 경제', '지속가능 경영', 그리고 '지속가능 복지'의 동시 추진이다. 이를 위해서는 무엇보다도 '대화와 타협' 그리고 '사랑과 나눔'의 사회문화가 형성되어야 한다.

무상급식, 대학 반값 등록금 등 포퓰리즘 성격을 띤 복지 담론이 끊이지 않고 있다. 무상복지 주장의 이론적 근거인 보편주의는 모든 사람

37 조선일보 기고문(2011. 8. 4.)

에게 똑같은 혜택이 돌아가는 복지가 과연 효과를 극대화하는지에 대한 의문을 갖게 한다. 또 무상복지 담론은 복지재원 조달에 있어 수익자보다는 일반 조세에 의존하기 때문에 상대적으로 더 많은 조세 저항을 불러일으킨다는 문제점이 있다. 하지만 최근 일고 있는 복지 담론을 망국적 포퓰리즘이라고 일축해서는 안 된다. 이는 지금의 혼란이 세계 금융위기 이후 양극화라는 도전에 직면한 한국자본주의가 새 모습으로 거듭나기 위한 몸부림에서 비롯됐기 때문이다.

경제 평론가 칼레츠키(Kaletsky)는 『자본주의 4.0』[38]에서 서구자본주의의 진화 과정을 네 단계로 설명하면서 2008년 세계 금융위기 이후 '자본주의 4.0' 시대가 시작되었다고 주장하고 있다. 한국자본주의 역시 네 단계의 진화 과정을 밟아왔다. '한국자본주의 1.0'은 자유민주주의와 시장경제를 표방했으나 이를 구현하지는 못했다. '빈곤으로부터의 탈출'을 목표로 했던 '한국자본주의 2.0'은 강한 정부와 시장경제의 절묘한 조합을 기반으로 '한강의 기적'을 이루는 데 성공했다. 정치 민주화로 시작된 '한국자본주의 3.0'은 우리나라 최초로 자유민주주의와 시장경제의 기반을 닦는 계기가 됐으며, IT 강국은 물론 G20 의장국이라는 성과를 거두었다. 하지만 이 과정에서 양극화 현상이 심화됐고, 지금은 '한국자본주의 4.0'의 새 틀을 짜는 시대적 과제를 안고 있다.

서구자본주의와 마찬가지로 한국자본주의 역시 진화할 때마다 전환기 징후가 있었다. 1960년을 전후해 1.0에서 2.0으로 갈 때는 "못 살겠

38 Anatole Kaletsky(2010), 『Capitalism 4.0: The Birth of New Economy』, Bloomsbury Publishing.

다, 갈아보자."라는 선거 구호에서 보듯이 빈곤의 악순환을 벗어나고자 하는 욕구가 분출됐다. 1980년대 후반 2.0에서 3.0으로 바뀔 때는 민주화 시위와 노사분규의 시련을 겪었고, 3.0에서 4.0으로 변환되는 오늘날 복지 포퓰리즘 경쟁과 재벌기업 비판 등이 일고 있다.

'한국자본주의 4.0'의 핵심은 보수적 가치관인 '자유주의와 시장경제 원리'에 진보 성향의 '사회적 연대의식'을 접목시키는 것이다. '자본주의 2.0'에서는 정부의 역할이 강조됐지만, '자본주의 4.0'에서는 기업의 역할이 부각되는 것도 큰 차이점이다. '한국자본주의 4.0'의 실천 전략은 '지속가능 경제', '지속가능 경영', '지속가능 복지'의 동시 추진이다. 그리고 '지속가능 경제'의 핵심은 수출과 내수의 균형 유지이다. 이를 위해서는 일자리 창출 효과가 큰 건설 경기의 연착륙 유도와 서비스 산업의 활성화를 위한 종합적이고 구체적인 대책 마련이 급선무다. 환율 정책 역시 수출과 내수가 균형을 유지하는 방향으로 운용되어야 한다. '지속가능 경영'의 핵심은 기업과 사회 간 상생 체제의 구축이다. 이를 위해서는 경영의 투명성 제고, 이사회의 감시 기능 강화, 의사소통 구조의 개선과 자유경쟁적 경영권 승계 과정의 정착 등이 이루어져야 한다. '지속가능 복지'를 위해서는 복지 사각지대 해소와 더불어 일자리 복지의 기반을 다지는 전달 체계가 구축돼야 한다.

끝으로, '한국자본주의 4.0'에 필요한 새로운 패러다임을 정착시키기 위해서는 무엇보다 대화와 타협, '사랑과 나눔'의 사회문화가 형성돼야 한다. 최근의 복지 담론이 소모적 정쟁을 넘어 한국자본주의의 새 틀을 마련하는 계기가 되기를 기대한다.

'복지적 경제' 하고, '경제적 복지' 하자[39]

'한국자본주의 4.0'의 특징은 '다 같이 행복한 성장'이다. 경제와 복지의 융합은 1997년 영국에서 일자리와 복지를 연결하는 '워크페어(Workfare)' 정책을 통해 처음으로 실현되었다. 포터 교수의 '공유가치 창출' 개념 역시 경제와 복지의 융합이다. 우리나라에서도 경제 활력 제고와 양극화 해소가 동시에 달성될 수 있는 '웰페어노믹스'의 제도적 틀이 조속히 마련되기 바란다.

1980년대 서구 복지국가 모델이 위기에 처하자 대안으로 제시된 것이 신자유주의적 자본주의 모델이었다. 그러나 이 역시 2008년 세계 금

39 조선일보 기고문(2012. 11. 28.)

융위기와 심화되는 양극화 현상에 직면하면서 어려움에 놓인다. 이러한 상황을 영국 시사평론가 칼레츠키는 '자본주의 4.0 시대'라 불렀다.

'한국자본주의 4.0'의 특징은 '다 같이 행복한 성장'이다. 그러면 '다 같이 행복한 성장'은 어떻게 달성할 수 있는가? 21세기는 융합의 시대이고 융합 현상은 자연과학에서 이미 현실화되고 있다. 이를 사회과학에 적용하여 복지와 경제가 융합된 '웰페어노믹스(Welfarenomics)'[40]가 구현될 수 있다면 경제 활력을 유지하면서 양극화 문제를 동시에 해결할 수 있는 새로운 해법이 될 수 있다.

복지와 경제의 융합은 1997년 영국에서 일자리와 복지를 연결하는 '워크페어(workfare)' 정책의 추진으로 현실화된 바 있다. 그 후 워크페어는 거의 모든 선진국에서 복지 개혁 과제로 부상하였고, 이의 구현을 위해 사회복지 부서와 고용 부서의 통합이 추진되고 있다. 우리도 1999년 기초생활보장사업에서 워크페어 개념이 부분적으로 도입되었지만, 복지와 고용 관련 행정의 이원화로 아직 큰 실효를 거두지 못하고 있다.

복지와 경제의 융합이 이루어질 수 있는 또 다른 분야는 '복지경영' 개념이다. 이와 관련하여 미국 경영학자 포터 교수는 기업이 경제적 가치와 사회적 가치가 만나는 부문에서 사업을 적극 전개함으로써 기업의 이윤 증대와 사회적 가치의 실현이 동시에 달성될 수 있다는 '공유가치 창출' 개념을 제시하였고, 이는 기업경영의 새로운 패러다임으로 빠르게 확산되고 있다. 우리도 많은 대기업이 '기업의 사회적 책임' 차

40 서상목(2013), 『웰페어노믹스』, 전게서 참조.

원을 넘어 '공유가치 창출' 경영을 통해 기업의 사회적 가치를 극대화하는 노력에 동참하기를 기대한다.

동시에 복지경영 개념을 복지 분야에 적용하여 투입되는 자원의 효율성을 극대화하고 '지속가능한 복지'를 구현해야 한다. 이를 위해서는 우선 각종 복지사업 추진 과정에서 경영 기법을 적극 활용해야 한다. 복지시설에 대한 경영평가 제도가 이미 시행되고 있지만 중앙정부 차원의 경영평가가 기초자치단체가 관할하는 복지시설의 실제 경영 과정에 잘 반영되지 않는 등의 문제점이 있다. 따라서 복지시설 경영자를 대상으로 하는 복지경영 교육을 더욱 활성화하여 확산시킬 필요가 있다.

그리고 복지 분야에서 경쟁 풍토를 조성하고 새로운 혁신을 주도할 사회적 기업가를 육성함으로써 혁신이 지속적으로 이루어지는 분위기를 조성해야 한다. 아직도 대다수 사회복지 사업은 사회적 기업보다는 정부로부터 업무 수탁을 받은 사회복지법인에 의해 추진되고 있다. 이를 개선하기 위해서는 2010년 영국에서 처음 시도된 '사회성과채권(social impact bond)' 제도[41]를 도입하여 공공 성격의 사회복지 사업을 '가장 잘하는 자에게 맡기는' 새로운 생태계를 만들어가야 한다. 수익 창출보다는 사회적 성과를 강조하는 사회성과채권 제도가 도입된다면 좀 더 많은 사회적 기업과 기업가가 육성되어 '혁신복지'의 꿈이 실현될 수 있을 것이다.

또한 복지 분야에서 경쟁과 혁신을 촉진하기 위해서는 이를 재정

---

41 서상목(2013), 『자본주의 모델의 진화와 성과연동채권(SIB)』, 21세기교육문화포럼.

적 · 경영적으로 뒷받침하는 사회금융 기반이 확고히 구축되어야 한다. 영국은 2007년 사회성과채권 제도 도입을 선도할 기관으로 '사회금융(Social Finance)'을 설립한 데 이어, 2012년 자본금 6억 파운드의 '큰사회캐피털(Big Society Capital)'을 발족시켰다. 우리나라에서도 사회성과채권 제도의 도입과 사회금융의 적극적인 육성을 통해 경제 활력 제고와 양극화 해소가 동시에 달성될 수 있는 웰페어노믹스의 제도적 틀이 하루속히 마련되기 바란다.

'웰페어노믹스'로 복지국가의 딜레마를 해결하자[42]

'웰페어노믹스'는 복지와 경제가 서로 대립하는 개념이 아니라 상호보완적인 개념이라는 인식에 기초한다. 우선 웰페어노믹스는 ① 정부의 국가 전략 수립 기능을 강화하고, ② 공유가치 창출 경영으로 기업의 사회적 가치를 제고하며, ③ 시민사회의 활성화로 공생 발전의 생태계를 조성함으로써, '함께 성장하는 자본주의'를 구현시켜 보자는 의지이다. 동시에 웰페어노믹스는 ① 일자리가 최선의 복지라는 생각을 바탕으로 일자리 복지 기반을 더욱 확고히 하고, ② 복지 분야에서도 기업가정신의 함양을 통해 혁신복지를 구현하며, ③ 각종 경영 기법을 복지 분야에 적용하여 복지경영 전통

42 월간조선 기고문(2013. 1.)

을 확립함으로써, '지속가능한 복지국가'를 만들어보자는 시도이기도 하다.

융합과 협력의 새로운 사고: '웰페어노믹스'

2010년 지방자치 선거를 전환점으로 복지에 대한 욕구가 폭발적으로 분출하고 있다. 주요 정당과 후보는 무상급식에서 시작해 무상보육, 반값 대학 등록금 등 막대한 규모의 추가 재정을 필요로 하는 사업을 공약으로 내걸었다.

지금 우리는 복지와 경제라는 두 마리 토끼를 동시에 잡아야 하는 어려운 과제를 안게 되었다. 복지와 경제의 융합인 '웰페어노믹스(welfarenomics)'는 경제 활력을 유지하면서 급증하는 복지 수요에 대처하는 해법이 될 수 있을 것이다. 21세기는 여러 전문 분야가 접목돼 새로운 시너지 효과를 만들어내는 '융합의 시대'이다. 기계공학에 전자공학을 접목시킨 메카트로닉스(mechatronics)는 첨단 제품을 디자인하고 생산하는 과정에서 핵심 역할을 하고 있다. 생물학에 컴퓨터공학을 접목시킨 생명공학은 생명체의 신비를 과학적으로 분석하는 첨단기술 학문이다.

역사적으로 사회복지는 경제발전과 산업화 과정에서 발생한 빈곤 문제를 해결하기 위한 수단으로 태동되었기 때문에 복지와 경제는 사실상 동전의 양면이라고 할 수 있다. 산업혁명 이후 '세계의 공장' 역할을 한 영국이 19세기 후반 심각한 불황에 직면하여 실업과 도시 빈곤 문제가 생기면서 민간 차원의 활발한 사회복지사업을 전개한 것이 현대적 의미의 사회복지 활동의 시작이다. 1870년경 독일에서 시작된 강력한 사회주의 운동에 대처하기 위해 비스마르크는 세계 최초로 사회보험제도를 실시하였다. 미국에서는 1929년 대공황으로 발생한 대량 실업 문제에 대한 해법으로 루즈벨트 행정부가 '사회보장법'을 제정하고 대규모 일자리 사업인 뉴딜 정책을 추진하였다.

2차 세계대전 이후 선진국 경제가 사상 최고의 호황을 누리면서 영국을 비롯해 유럽 전체에서 현대적 의미의 복지국가가 발전하였다. 그러나 1970년 이후 선진국 경제가 나빠지고, 노령화의 급진전으로 복지 지출이 급속히 증가하면서 복지국가 모델에 대한 비판과 동시에 수정 작업이 시작되었다. 그 내용과 정도는 나라마다 조금씩 다르지만, 개혁의 공통된 방향은 복지제도를 한층 합리적으로 수정하고 복지 혜택 수준을 조금씩 하향 조정하는 것이었다. 이러한 추세는 2008년 세계 금융위기 이후에도 지속되고 있다.

반면 IT기술의 발달과 세계화는 전 세계적으로 양극화가 심화되는 원인이 되고 있다. 특히, 경제에서 수출이 차지하는 비중이 매우 큰 우리나라에서 양극화 현상이 심각하게 나타나고 있다. 이러한 상황은 기존의 신자유주의적 경제 정책 기조에 대한 수정을 불가피하게 하고 있다. 그러나 유럽의 경제위기가 장기화되고 있는 상황에서 종전 복지국가 모델로의 회귀 역시 현실적으로 어려운 것이 사실이다. 따라서 지금은 경제성장과 양극화를 동시에 해결할 수 있는 새로운 패러다임의 모색이 절실히 필요한 시점이다.

대다수 선진국의 경우 복지는 복지국가가 진화하는 과정에서 보수와 진보를 가르는 기준이 되었다. 특히 1980년 이후 영국과 미국에서 정부 개입의 최소화를 주장하는 신자유주의가 보수의 가치관으로 정착되면서 복지 정책을 둘러싼 이념 논쟁은 더욱 치열해졌다. 우리나라도 1997년 외환위기 수습 과정에서 IMF가 제시한 신자유주의적 경제 개혁 조치가 그대로 추진됨으로써 경제 정책과 복지 정책을 둘러싼 보수와 진보 간 이념적 갈등이 고조되고 있다.

이런 관점에서 웰페어노믹스는 경제와 복지 정책에 관한 이념적 논쟁을 지양하고, 더욱 현실적이며 실용적인 차원에서 경제와 복지의 장점을 활용하여 이를 융합함으로써 경제와 복지라는 두 마리 토끼를 다 잡아보겠다는 모델이다. 웰페어노믹스는 기존의 신자유주의 시장경제 모델과 복지국가 모델을 다음과 같이 각각 여섯 가지 측면에서 수정하여 이들의 한계를 극복하자는 것이다.

정부의 전략 수립 기능 강화

홀(Hall)과 소스키스(Soskice)[43]는 시장경제 체제를 크게 자유시장경제와 조정시장경제로 구분한다. 미국, 영국 등 '자유시장경제(liberal market economy)'에서는 시장에서 자유경쟁을 통해 소득분배가 결정되

43 Hall & Suskice(2001), 『Varieties of Capitalism: The Institutional Foundation of Comparative Advantage』, Oxford Press.

고 구성원들이 결과에 대해 납득함으로써 사회통합이 이루어진다. 한편 독일, 일본 등 '조정시장경제(coordinated market economy)'에서는 기업과 근로자가 대표 기구를 통해 소득분배를 사전에 결정하여 사회통합을 이루어내는 특징이 있다.

우리는 1960년대 초부터 정부가 관치금융을 통해 자원 배분 과정에 간여하는 '정부주도 시장경제(government-led market economy)' 체제를 유지하였다. 그러나 1987년 민주화로 노조 활동이 자유롭게 되고 1997년 외환위기 수습 과정에서 금융자율화가 이루어짐으로써 우리도 '자유시장경제'로의 전환이 시도되고 있다.

'정부주도 시장경제'에서는 정부의 개입으로 대기업과 중소기업 간 그리고 금융기관과 금융수요자 간 상생발전 체계가 나름대로 작동되었다. 그러나 '자유시장경제'로 전환되기 시작하면서 대기업 경영이 성장보다는 수익성 위주로 전환되었다. 금융기관 역시 신용대출보다는 담보 위주의 소극적 운영을 강조하면서 우리 경제가 저성장과 양극화의 함정에 빠져들게 된 것이다.[44]

비용 절감 위주의 기업경영은 비정규직 확대로 이어졌고, 금융기관의 보수적 운영 행태로 인해 서민과 영세 상공인은 대출을 받기가 더욱 힘들어졌다. 그리고 대기업 근로자는 강한 노조 덕에 높은 임금 및 양호한 근로 조건 체계를 고수함으로써 노동시장은 점차 유연성을 잃어갔다. 이는 금융시장이 성숙되지 못하고 노동시장이 매우 경직적인 상황

44 김성빈(2009), 『상생의 경제학』, 삼성경제연구원.

에서 '자유시장경제'로의 신자유주의적 개혁이 한국자본주의의 상생발전 체계를 무너뜨린 결과라고 할 수 있다.

우리 경제가 저성장과 양극화의 악순환에서 벗어나기 위해서는 우리 고유의 시장경제 패러다임을 새롭게 정립해야 하는데, 그 방향은 자유시장경제 체제와 정부주도경제 체제의 혼합형이 되어야 할 것이다. 다시 말해, 국가 전략 수립에 있어서는 정부의 역할을 강화하되 그 집행 과정에서는 자유시장경제의 원칙과 수단을 최대한 활용하는 것이다. 이른바 '한강의 기적'은 경제개발계획 수립 과정을 통해 시대 상황에 적합한 국가 전략을 수립하고 이를 착실히 추진한 결과라 할 수 있다. 그러나 1990년대 중반 경제개발계획 수립 정책이 중단되면서 경제와 복지 부문에서 이렇다 할 국가 차원의 전략이 없었고, 기존의 주요 정책마저도 제대로 시행되지 못하는 경우가 많았다.

기업의 사회적 가치 제고

'기업의 유일한 임무는 이윤을 올려 주주의 이익을 대변하는 것'이라는 프리드먼(Friedman)의 신자유주의적 기업관[45]은 2008년 세계 금융위기를 겪으면서 자유시장경제의 본거지인 미국에서도 근본적으로 바뀌어가고 있다. 예를 들어, 기업경영 전략 전문가인 포터(Porter)는 기

45 Milton Friedman(1970), "The Social Responsibility of Business is to Increase It's Income", New York Times Magazine, Sep. 13.

업 활동이 환경 파괴 등 사회문제를 야기하는 원인으로 인식되면서 자본주의 체제가 위기에 봉착했음을 경고했다. 이에 대한 해결책으로 기업이 가치 창출을 목표를 단기적 수익 극대화 차원을 넘어 장기적 시각에서 기업의 사회적 가치를 극대화하는 방향으로 전환할 것을 제시하고 있다.

공생발전의 생태계 조성

공생 발전의 이론적 근거로는 네트워크 이론과 자연생태계적 공생 이론이 있다. 전자는 정보화 시대를 맞아 전 세계가 국경을 넘어 새로운 네트워크로 연결되면서, 다양한 사회 구성원이 네트워크 속에서 새로운 공생 발전 전략을 세워야 한다는 것이다. 반면 후자는 약자의 소멸이 생태계의 파멸을 가져와 강자의 공멸까지 초래할 수 있기 때문에, 각기 다른 두 개 이상의 종(種)이 관계를 맺으며 서로 간에 이익을 추구하는 상리공생(相利共生) 개념에 기초한다.

공생 발전을 강조하는 이론이 시장경제와 상치되는 개념이라고 인지하는 경향이 있으나 사실은 그렇지 않다. 시장경제의 기본 철학은 자유주의이며, 시장에서의 자유로운 경제 행위를 통해 시장 참가자 모두의 이익이 증대될 수 있다는 측면에서, 시장경제는 생태학의 상리공생 개념과 사실상 일치한다고 할 수 있다. 자신의 이익 추구에 의한 거래가 궁극적으로 경제 전체의 효율을 극대화한다는 시장경제 원리는 이기적 유전자의 활동이 생물의 생존과 진화를 보장하면서 자연생태계의 균형과 발전을 이룬다는 진화론과 맥락을 같이 하기 때문이다. 또한 시장경제에서의 거래 당사자는 네트워크의 구성원인 노드(node)와 같은 개념이며, 네트워크 참여자가 많을수록 네트워크의 가치가 높아지듯 세계화로 시장 범위가 넓어지고 참여자 수가 확대될수록 시장경제의 가치는 더욱 커지게 된다.

이와 같이 시장경제가 공생 발전의 생태계를 만들어가는 데 많은 기여를 하고 있기 때문에, 공생 발전 자체를 존재 이유로 삼는 시민사회의 역할 역시 매우 중요하다. 역사적으로 자본주의와 복지국가의 진화를 선도한 영국에서 최근 정권의 이념적 차이와 관계없이 시민사회의 역할을 강조하고 있다는 사실은 우리에게 시사하는 바 크다. 1997년 집권한 블레어(Blair) 사회당 정부는 '제3 섹터'의 중요성을 강조했다. 2010년 집권한 캐머런(Cameron) 보수당 정부 역시 '큰 사회'를 표방하면서 시민사회 활성화를 위해 사회금융 시장의 발전을 선도할 자본금 6억 파운드 규모의 '큰사회캐피털(Big Society Capital)'을 설립한 바 있다.

우리도 시민사회의 중요성을 인식해 김대중 정부는 NGO에 대한 재정 지원을 시작했다. 노무현 정부는 사회적 기업에 대한 종합지원시스템을 구축했으며, 이명박 정부도 협동조합 활동을 체계적으로 지원하기 위한 '협동조합기본법'을 제정했다. 그러나 이제까지 시민사회에 대한 지원은 정부의 직접 개입과 재정 지원을 중심으로 이루어지고 있는데, 이는 시민사회의 정부 의존도를 높이고 활동의 자율성을 저해할 수 있다. 따라서 정부의 직접 지원을 사회금융 활성화 등을 통해 간접 지원 형태로 전환할 필요가 있다.

일자리 복지 기반 구축

일자리 복지의 이론적 기반은 1997년 영국 사회학자 기든스(Giddens)에 의해 마련되었으며, 블레어 사회당 정부가 워크페어(workfare) 사업을 추진하면서 구체화되었다. 외환위기 와중에 집권한 김대중 정부는 기든스가 제시한 '제3의 길'을 경제위기를 극복할 수 있는 유일한 전략으로 인식했다. 이를 바탕으로 종전의 '생활보호사업'을 '기초생활보장사업'으로 전환하고, 근로 능력이 있는 수급자의 구직 노력을 의무화함으로써 우리나라 최초로 워크페어 개념을 복지사업에 적용했다.

이러한 일자리 복지의 구현을 위해서는 일본, 네덜란드 등 선진국에서와 같이 일자리 행정과 복지 행정을 우선적으로 통합해야 한다. 이에 못지않게 중요한 것은 수요자에게 맞춤형 통합서비스를 제공할 수 있는 전국적인 전달 체계를 구축하는 것이다. 이제까지 우리는 '작은 정부' 이념에 매몰되어 제대로 된 공공서비스 전달 체계를 만들지 못하고 있다. 이는 각종 복지 혜택의 중복 지원 문제와 복지 사각지대 문제가 동시에 발생하는 등 복지사업의 효율성이 크게 떨어지는 원인이 되고 있다. 최근 각종 복지서비스 사업의 증가 추세를 감안할 때 하루속히 제대로 된 공공서비스 전달 체계가 확립되어야 할 것이다.

자본주의는 기술혁신과 이의 산업화를 통해 새로운 도약과 진화의 길을 걸었다. 복지국가 역사 역시 사회보험제도의 도입, 일자리 복지사업의 추진, 사회적 기업 및 사회금융의 도입 등으로 새로운 발전과 진화의 길을 가고 있다. 특히, 사회복지서비스, 보건, 교육 등의 사회 서비스 분야는 새로운 일자리를 만들어내는 보고(寶庫)로 인식되고 있다. 이 분야는 앞으로 새로운 일자리 창출을 통해 사회발전은 물론 경제발전에도 크게 기여할 수 있을 것이다.

혁신복지 생태계 조성

디지털 혁명의 산실인 실리콘밸리가 있기까지는 실패를 두려워하지 않고 새로운 기술과 아이디어로 승부하는 벤처기업가, 이를 재정적으로 뒷받침해주는 벤처캐피털, 그리고 실패를 경험으로 인정해 동업자간 활발한 교류와 협력이 이루어지는 열린 기업문화 등의 '혁신생태계'가 존재했다. 마찬가지로 '사회혁신의 실리콘밸리'를 만들기 위해서는 사회혁신을 주도하는 사회적 기업가, 이들의 활동을 재정적 · 경영적으로 돕는 사회금융 기관, 그리고 사회혁신을 장려하고 이러한 기회가 많은 사람에게 주어지는 열린 사회 분위기 등이 갖추어져야 한다.

일찍이 슘페터(Schumpeter)는 혁신을 '창조적 파괴'로 설명하면서 혁신의 주체로 기업가를 지목했다. 모든 조직에 리더가 있듯이 사회혁신 과정에서 리더는 바로 사회적 기업가 또는 사회적 혁신가이다. 가난한 사람들이 스스로 빈곤을 극복하는 방법을 제시한 유누스(Yunus), 사회적 기업가를 육성하는 아쇼카 재단을 창설한 드레이턴(Drayton) 등이 사회혁신을 주도하는 이 시대의 대표적인 사회혁신가이다. 우리 사회에도 동네사랑방 같은 병원을 운영하는 안성의료생협, 재사용 문화를 만들어가는 아름다운 가게, 새로운 놀이문화를 만들어가는 노리단, 중증장애인에게 미래 희망을 키워주는 위캔과 오리농법으로 환경농업을 이끌어가는 홍동문당마을 등이 사회혁신을 선도하고 있다.

복지경영 전통 확립

복지경영 문화가 사회복지 분야 전반으로 확산되기 위해서는 무엇보다도 이 개념을 더욱 체계적으로 정리하여 이를 사회복지 분야 종사자 모두에게 각종 교육을 통해 주지시키는 것이 중요하다. 대내외 경제여건이 악화되고 있고 복지 혜택 확대에 대한 국민의 욕구가 급증하는 상황에서 사회복지의 공생 정신과 시장경제의 경쟁 원리를 융합하는 웰페어노믹스는 복지와 경제가 양립할 수 있는 자본주의의 새로운 패러다임이 될 수 있을 것이다.

2

The Age of Balance

시장을 이길 정부는 없다

전 세계의 정보화 그리고 세계화 과정을 지배하는 보편적인 규칙은 시장원리다. … 시장경쟁에 대한 제약이 없어진 상태에서 시장원리는 더욱 힘을 발휘하게 되었고 이념 갈등이 사라진 새로운 세계를 지배하는 가장 보편적인 규칙이 되어버린 것이다.

시장경제 운용의 10가지 성공 조건

1. 대통령의 경제철학을 바로 세워라
2. 경제부총리에게 힘을 실어주자
3. 중장기 경제발전 전략을 세워라
4. 국민적인 공감대를 이루어라
5. 조기경보 시스템을 구축하라
6. 연동계획(rolling plan) 제도를 확립하라
7. 자유시장경제의 전통을 지켜라
8. 글로벌리스트(globalist)가 되어라
9. e-비즈니스 경영마인드(thinking outside the box)를 가져라
10. 뜨거운 가슴(warm heart)을 지녀라

– 서상목(2003), 『시장을 이길 정부는 없다』, 매일경제신문사.

시장을 이길 정부는 없다[46]

시장과 싸우겠다는 식의 정책은 반드시 실패한다는 것이 역사의 교훈이다. 특목고 폐지로 인해 8학군이 부활할 것이라는 기대로 뛰기 시작한 강남 집값은 재건축 규제 등 땜질 처방으론 잡을 수 없다. 수도권 다른 지역에 대한 교통 및 교육 환경 개선 등 시장에 부합하는 해결책을 내놔야 해결할 수 있다. 마치 노련한 서핑 선수가 파도를 타듯 시장의 흐름을 활용하는 지혜가 필요하다.

프랑스혁명 때 로베스피에르가 집권했다. 그는 치솟는 우윳값을 강제로 반으로 내리면서 이를 어기는 사람은 단두대에서 처형했다. 손해

46 서울경제 기고문(2018. 2. 4.)

를 본 많은 목축업자는 죽느니 사업을 포기했고 그 결과 공급 부족으로 우윳값은 급등했다. 그러자 로베스피에르 정권은 젖소의 사료 가격을 강제로 내리게 했고 이를 어기는 사람 역시 사형장의 이슬로 사라졌다. 많은 사료업자가 죽느니 사료 생산을 중단하자 사료 가격은 폭등했고 결국 우윳값은 처음보다 열 배나 뛰었다. 이는 시민 폭동의 기폭제가 됐고 이로 인해 로베스피에르 자신이 단두대에서 처형되고 말았다. 이 일화는 정부 경제 정책이 시장원리에 어긋났을 때 어떤 결과를 초래하는지 잘 일깨워 준다.

『시장을 이길 정부는 없다』는 필자가 지난 2003년 당시 노무현 정부의 반시장적 부동산 정책을 지켜보면서 출간한 책[47]이었는데 지금 똑같은 상황이 펼쳐지고 있다. 그때와 마찬가지로 이번에도 부동산 가격 상승은 서울 강남 지역에서 시작됐다. 문재인 정부는 이를 잡기 위해 다양한 투기 억제책을 내놓고 있으나 강남 아파트 가격은 계속 올라가고 지방 아파트 가격은 떨어지고 있어 부동산시장 양극화는 오히려 심해지고 있다.

최근 일고 있는 강남 아파트 가격 상승은 정부의 특목고 폐지 정책 발표를 계기로 '강남 8학군'이 부활할 것이라는 전망 때문에 촉발됐다. 그 근본 원인은 그대로 둔 채 재건축 규제 강화 등 공급을 오히려 축소하는 대책을 내놓은 것이다. 강남 아파트 가격 상승은 강남 지역 생활 여건이 우수하기 때문이다. 따라서 이를 해결하기 위해서는 '투기 억제'

47 서상목(2003), 『시장을 이길 정부는 없다: e코리아 시대, 성공적인 경제 운용의 길』, 매일경제신문사.

차원의 단기적 행정조치 남발보다 강남 이외 지역의 생활환경을 개선하는 중장기 대책이 필요하다. 예를 들어, 강북 지역 재건축사업 활성화와 더불어 수도권광역급행철도(GTX) 같은 서울 위성도시 교통 여건을 개선하는 데 정부 역량을 집중해야 할 것이다.

시장원리에 역행하는 사례는 일자리 부문에서도 발생하고 있다. 일자리는 문재인 정부 제1의 국정 과제였고 필자를 포함한 많은 경제 전문가는 일자리가 성장과 분배라는 두 마리 토끼를 동시에 잡을 수 있는 묘책이라는 점에서 크게 환영했다. 대통령이 집무실에 '일자리 상황판'까지 걸어놓고 진도를 직접 점검한다고 했으나 후속 정책은 '소득주도 성장론'에 입각한 최저임금의 급격한 인상이었다. 노동생산성이 낮은 '재래산업' 비중이 높은 현실에서 급격한 최저임금 상승은 영세기업의 경영 악화와 일자리 감소로 이어지고 있다. 이에 놀란 정부는 이들 소상공인에게 재정을 지원하고 임대료 인상을 억제하는 등 인위적이며 행정적으로 복잡한 보완책을 추진하고 있다. 그러나 영세기업에는 이들 실정에 맞는 별도의 최저임금을 적용하는 방향으로 정책을 재조정하는 것이 훨씬 효과적일 것이다.

똑같은 상황이 교육 부문에서도 펼쳐지고 있다. 천차만별인 학생의 수학(修學) 능력을 감안하지 않은 무리한 평준화와 특목고 폐지 정책은 당연히 교육 여건이 상대적으로 좋은 지역의 집값을 올리게 된다. 특히 교육열이 높은 우리 사회에서 이러한 현상이 더욱 두드러질 것이라는 점은 누구나 쉽게 예측할 수 있는 일이었다. 최근 논란이 된 방과 후 영어 수업 금지 조치 역시 같은 맥락에서 이해해야 한다. 세계화 시대를 맞아 조기 영어교육 수요가 많은 현실에서 방과 후 영어교육 금지는 사교육 시장을 부추겨 영어교육 양극화를 초래하게 되는 것은 당연하다.

시장이 언제나 바람직한 결과를 가져오지는 않기 때문에 정부 개입이 필요한 경우가 종종 발생한다. 그러나 문제는 정부의 개입 방법과 시기이다. 시장과 싸우겠다는 식의 정책은 반드시 실패한다는 것이 역사가 남긴 교훈이다. 따라서 시장의 기능과 역할에 대한 정확한 이해를 바탕으로 마치 노련한 서핑 선수가 파도를 타듯 시장의 흐름을 슬기롭게 활용하는 지혜를 발휘할 것을 정책 당국에 호소한다. 이 과정에서 정책의 일관성을 유지하는 것 역시 잊지 말기를 아울러 주문한다.

부동산 정책, 시장원리에 따라야 한다[48]

반복되는 정부의 부동산 정책 발표에도 불구하고 시장 안정 효과는 없다. 이는 정부 정책이 시장원리에 반하기 때문이다. 아파트 분양가 상한제는 아파트 공급을 위축시키고 새 아파트에 대한 가수요를 유발해 오히려 가격 상승을 부채질하고 있다. 재건축 · 재개발에 관한 규제 역시 장기적으로 공급 감소와 가격 상승을 유발할 것이다. 시장원리를 잘 활용하는 부동산 대책만이 효과를 거둘 수 있다.

2019년 12월 16일 문재인 정부가 열여덟 번째 부동산 정책을 발표했다. 이번 대책은 이제까지 발표된 것 중 가장 강도가 센 것이라고 한

48 서울경제 기고문(2019. 12. 29.)

다. 서울 대부분 지역을 민간택지 분양가 상한제 대상으로 지정했고, 서울 등 이른바 투기지역 내 시가 15억 원 초과 아파트를 구입하기 위한 주택담보대출을 전면 금지했다. 그러나 시장 반응은 긍정적이지 않다. 분양가 상한제 지역의 확대로 주택 공급이 줄어들 것이고, 시세보다 낮은 청약제도의 매력이 커져 아파트 분양시장은 더 뜨거워질 것으로 전망된다. 이에 더해, 15억 원 이상 아파트에 대한 대출 금지로 서울 강남지역 고가 아파트는 현금 부자들의 먹잇감이 될 것이다.

최근 정부의 부동산 정책은 마치 한국전쟁 당시 백마고지를 점령하기 위해 국군과 중공군이 치열한 전투를 벌이는 상황을 연상케 한다. 부동산은 국민 거의 모두가 참여하는 시장이기 때문에 시장원리에 입각해 신중하면서도 점진적인 접근이 필요하다. 그러나 정부는 이를 마치 '군사 작전'의 대상으로 삼고 무차별적이고 급진적인 정책을 남발하고 있다. 그 결과 지금까지 수많은 정책을 내놓았음에도 불구하고 서울 아파트값은 지난 2년 반 동안 45%나 상승했다. 반면 지방 아파트는 미분양과 깡통 전세가 속출하는 등 주택시장 양극화 현상은 갈수록 심해지고 있다. 이유는 지나친 정부 개입으로 인해 부동산 정책이 시장원리에 반하기 때문이다.

아파트 분양가 상한제가 좋은 예다. 정부가 인위적으로 아파트 분양가를 규제하니 시세 차익을 노리는 가수요가 생겨 서울 지역 주택청약 경쟁률은 평균 18:1에서 61:1로 급등하는 광풍이 불고 있다. 이러한 현상은 주변의 기존 아파트 가격 상승을 불러오고 있다. 또 낮은 분양가로 인해 아파트 건설 유인과 재건축 사업의 경제성이 낮아져 공급이 줄어들 것이라는 전망 역시 아파트 가격 상승 요인으로 작용하고 있다. 결국 정부의 가격규제 정책이 아파트 가격을 올리는 촉매제가 되고 있는 것이다. 최근 교육부의 자율형 사립고 및 외국어고 폐지 정책도 강남 8학군의 집값을 부추기는 결과를 초래하고 있다.

문재인 정부의 부동산 정책은 노무현 정부의 실패를 그대로 답습하고 있는 것 같아 안타깝다. 가격이 오르면 공급을 늘리는 정책을 펼쳐야 가격이 안정된다는 것은 상식이다. 15억 원 초과 아파트에 대한 주택담보대출 금지 조치 역시 지나친 재산권 침해라는 이유로 위헌 소송이 제기돼있고, 또 이는 15억 원 미만 아파트 가격을 올리고 전세 대란을 일으킬 가능성이 크다. 부동산시장에 대한 규제 중심의 정책 남발은 건설경기를 침체시켜 경기 부진과 일자리 부족 현상을 가속화하는 요인이 될 것이다.

이러한 부동산 정책의 난맥상은 정부의 무리한 개입으로 첫 단추를 잘못 끼웠기 때문이다. 이를 근본적으로 해결하기 위해서는 단추를 모두 풀고 시장원리에 따라 첫 단추부터 다시 잠가야 할 것이다. 모든 정책을 다 바꾸기 어렵다면 적어도 아파트 분양가 규제 정책만이라도 철폐해야 한다. 그리고 주택담보대출 전면 금지와 같은 과도한 규제 역시 완화해야 할 것이다. 정책 변경 과정에 이념 지향적 인사보다는 부동산시장 생리를 잘 아는 현장 전문가 의견을 경청하는 새로운 관행도 만들어갈 것을 함께 건의한다.

가격은 시장에서 모든 정보가 종합적으로 반영된 결과이기 때문에 정부가 인위적으로 가격을 결정하려는 시도는 필연적으로 실패한다는 것이 경제학의 기본 상식이다. 경제는 급격한 충격을 싫어하기 때문에 경제 정책은 과격한 변화보다는 미세 조정을 통해 추진해야 최소 부작용으로 소기의 목적을 달성할 수 있다는 사실 역시 정책 당국이 잊지 말기 바란다.

성공적인 경제 운용을 위한 세 가지 원칙[49]

> 성공적인 경제 운용을 위한 세 가지 원칙:
> 첫째, 정책 우선순위를 '일자리 창출'로 단순화한다.
> 둘째, 정부 개입을 최소화하고 시장 친화적 정책을 선택한다.
> 셋째, 경제철학을 공유하고 팀워크가 잘 맞는 인사로 경제팀을 구성 · 운영한다.

우리 경제에 적신호가 켜진 지 오래됐다. 지난 1997년 말 발생한 외환위기는 성공적으로 관리했으나 그 후 경제성장률은 지속적으로 하락했고 노동시장 양극화와 분배 구조 악화도 지속되고 있다. 이에 더해, 세계 최저 수준의 저출산 추세 역시 전혀 개선 기미가 보이지 않음으로

49 서울경제 기고문(2017. 10. 15.)

써 성장잠재력 자체가 낮아지고 있다는 것이 우리 경제의 현주소다. 이에 필자는 다음과 같은 성공적인 경제 운용을 위한 세 가지 원칙을 제시하고자 한다.

첫 번째 원칙은 '선택과 집중'이다. '한강의 기적'은 경제 운용에서 선택과 집중 전략을 성공적으로 추진한 결과다. 우리 정부는 1960년대에는 수출산업 진흥, 1970년대에는 중화학공업 육성, 1980년대에는 경제 안정화에 경제 운용의 초점을 맞췄고 이 덕분에 놀랄만한 경제적 성과를 이뤘다. 그러나 1987년 이후부터는 정치적 고려에 따라 경제 정책의 우선순위가 수시로 변경돼 선택과 집중이 이뤄지지 못했고 그 결과 우리는 외환위기를 비롯한 크고 작은 경제적 어려움을 겪게 되었다.

외환위기 당시 도전 과제가 금융과 재벌 개혁이었다고 한다면 지금은 일자리 창출이다. 우리가 당면한 저성장과 양극화는 일자리 창출을 통해서만 동시에 해결할 수 있기 때문이다. 이런 측면에서 문재인 정부가 출범 초기부터 일자리 창출을 최우선 정책 목표로 설정한 것은 매우 잘한 일이다. 그러나 그 후 최저임금 정책 등을 추진하는 과정에서 일자리 창출과 상반된 정책이 함께 추진되고 있다는 것이 문제다. 선택과 집중 전략은 모든 정책이 한 방향으로 일관성 있게 나아가는 것을 뜻한다. 하루속히 지금까지 추진되어 온 정책을 일자리 창출에 초점을 맞춰 우선순위를 재조정하는 작업이 이뤄져야 할 것이다.

두 번째 원칙은 '시장원리' 존중이다. 이는 정부 개입이 불가피한 경우라도 시장원리에 반하는 정책은 추진하지 않는 것을 의미한다. '일자리 절벽'은 시장에 의해 일자리가 잘 만들어지지 않아 발생했기 때문에,

일자리 창출을 위한 정부 개입은 필요하다. 따라서 경제 정책 기조를 시장을 강조하는 '신자유주의'에서 정부 개입을 중시하는 '신케인즈주의'로 전환하는 것은 나름대로 일리가 있다. 그러나 정부가 개입하는 경우에도 '시장을 이기는 정부'는 없기 때문에 시장원리에 반하는 정책은 결코 성공할 수 없다. 대표적인 사례가 부동산 정책이다. 최근의 아파트 가격 급등을 억제하기 위한 정부 개입은 불가피하나 방법은 시장 친화적이어야 한다. 정부는 부동산 수요를 효과적으로 억제할 수 있는 금융 및 세제상의 수단을 갖고 있기 때문에 이를 잘 활용하면 가수요를 충분히 잠재울 수 있다. 따라서 시장 작동 원리를 무시하는 아파트 분양가 규제 같은 조치는 신중해야 한다. 또 수요 억제 정책과 동시에 공급 확대를 위한 대책도 함께 추진해야 중장기적으로 부동산 가격을 안정시킬 수 있을 것이다.

경제팀이 팀워크를 잘 이루는 것 역시 성공적인 경제 운용을 위해 반드시 지켜야 하는 원칙이다. 아무리 좋은 정책이라도 추진 과정이 원만해야 성공할 수 있기 때문이다. 현재 청와대에는 경제 정책을 관장하는 정책실장, 경제수석 외에 여러 경제 관련 기구가 설치돼있다. 이에 더해, 내각에는 경제부총리와 경제부처 장관, 그리고 한국은행 총재가 있다. 이들을 하나의 팀으로 묶어 선택과 집중 전략을 효율적으로 추진하는 것은 결코 쉬운 일이 아니다. 이를 위해서는 이들이 정책 목표를 공유함은 물론 정책을 정기적으로 조율하는 협의체가 제대로 작동돼야 할 것이다. 1차적으로 청와대에서는 정책실장이, 그리고 내각에서는 경제부총리가 정책을 조율하고 2차적으로 경제부총리와 정책실장이 수시로 만나 각종 정책 현안을 협의해나가는 시스템이 조속히 정착돼야 한다. 이 과정에서 정책 목표를 일자리 창출에 집중한다면 당면한 경제위기를 성공적으로 극복해낼 수 있을 것이다.

국정 목표를 일자리로 단순화해야[50]

선택과 집중으로 이룩한 '한강의 기적'이 흔들리고 있다. 민주화 이후 경제 정책 우선순위가 오락가락하기 때문이다. '일자리가 곧 복지'라는 인식을 바탕으로 국정 운영 목표를 일자리로 정해야 한다. 그리고 이러한 전략의 성과를 관리하는 행정체계도 확립해야 한다.

2013년 4월 출간된 '멈춰버린 한강의 기적'이라는 한국 경제에 관한 매킨지(McKinsey) 보고서가 언론과 정치권의 관심 대상이 되었다. '한강의 기적'은 한국이 경제 정책 방향을 설정하고 집행하면서 선택과 집중을 잘한 결과이며, 민주화 이후 선택과 집중의 실패는 한강의 기적이

50 조선일보 기고문(2013. 4. 27.)

멈춰버린 근본적인 원인이 되었다는 것이다. 또한, 일본의 아베노믹스는 선택과 집중 전략의 성공 사례였으나, 당시 우리 정부는 선택과 집중보다는 '국민행복', '창조경제' 등 추상적인 정책 목표만을 내세움으로써 정책이 효율적으로 집행되지 못했다.

1960년대 초 박정희 정권은 경제 정책 방향을 내수산업이 아니라 수출산업을 육성하는 쪽으로 잡았다. 이를 위해 경제 정책 인센티브를 수출 활동을 장려하는 방향으로 전환함과 동시에 강력한 행정체계를 갖추고 수출 드라이브 정책을 집중적으로 지원했다. 그리고 1970년대에는 중화학공업 육성을 통해 산업고도화를 이룩했고, 1980년대 전두환 정권의 강력한 물가 안정화 정책은 고도성장과 더불어 물가 안정과 국제수지 흑자 기조를 구축함으로써 '한강의 기적'을 완성하는 계기가 되었다.

그러나 1987년 이후 민주화가 급속히 진행되면서 정부의 선택과 집중 전략은 흔들리기 시작했다. 극심한 노사분규로 노태우 정권은 제대로 된 선택과 집중 전략을 추진할 형편이 되지 못했다. 김영삼 정권 역시 국민의 인기를 의식해 정책의 초점을 분산시킴으로써 외환위기라는 사상 초유의 사태를 맞았다. 외환위기 소용돌이 속에 집권한 김대중 정권은 IMF가 제시한 재벌 개혁과 금융 개혁을 중점적으로 추진해 외환위기를 일찍 극복하는 성과를 이루었다. 그러나 신자유주의적 개혁 조치들은 우리 경제를 저성장과 양극화라는 악순환 구조로 바꿔놓았다. 분배를 강조한 노무현 정권에서는 저성장으로 분배가 오히려 악화되었다. 경제성장을 강조하면서 출범한 이명박 정권에서는 정책 방향이 친기업과 친서민 사이를 오락가락하면서 성장과 분배 모두 이루지 못하는 결과를 초래했다.

박근혜 정부에 이어 문재인 정부에서도 우리가 당면한 과제는 저성장과 양극화 문제를 동시에 해결하는 것이다. 이를 위해서는 국정 운영 목표를 일자리로 정하고 이를 구현하는 전략을 집중적으로 추진해야 한다. 수출 부문이 충분한 일자리를 만들지 못하는 상황에서 경제 정책은 건설과 서비스산업 등 내수 부문 활성화에 역점을 두어야 한다. 그리고 경제 여건이 악화되는 상황에서는 일자리가 최고의 복지라는 인식을 강화해야 한다.

그러나 이를 실천하는 것은 매우 어려운 일이다. 예를 들어, 최악 상황에 빠져있는 건설 경기 정상화 대책은 고소득층에 혜택이 돌아가서는 안 된다는 통념에 사로잡혀 대상을 축소해 정책 효과가 반감되고 있다. 서비스산업 활성화에 필요한 각종 규제 완화 역시 관련 이익집단의 반대로 한 발도 앞으로 나가지 못하고 있다. 또한, 일자리 복지 구현을 위한 맞춤형 복지-고용 서비스 전달 체계의 구축은 부처 이기주의 탓에 지연되고 있다.

저성장과 양극화 문제 해결 대책은 크게 다음 세 가지로 나눌 수 있다. 우선, 국정 운영 목표를 일자리로 단순화해야 한다. 박근혜 정부가 강조한 '국민행복' '창조경제' 등은 바람직한 정책 방향이기는 하나 구체성이 결여되었고, 문재인 정부의 '소득주도성장'과 '포용성장' 역시 개념이 애매해 선택과 집중을 해야 하는 국정 목표로는 적합하지 않다. 반면, 일자리는 매우 구체적이고 지표로 성과를 확인할 수 있다는 장점이 있다.

둘째로, 일자리 창출을 위한 전략을 경제와 복지 분야로 구분하여 동시에 추진해야 한다. 일자리가 규제가 많거나 생산성이 낮은 서비스 분야에서 생길 가능성이 커 정부 개입이 불가피한 경우, 현 상황에 대한 정확한 분석을 토대로 정부가 할 일을 구체적으로 설계해야 할 것이다. 또한, 복지 정책이 선거 과정에서 대중 인기 영합적으로 흐르지 않게 하려면, 지속가능한 복지에 대한 중기 계획을 세우고 이에 대해 국민으로부터 동의를 구하는 노력도 전개해야 한다. 이러한 작업을 효율적으로 추진하려면 한국개발연구원(KDI)을 헌법기관인 국민경제자문회의 사무국으로 지정해 경제 전략 수립 과정을 전문화할 필요가 있다. 수립된 일자리 전략의 성과를 관리하는 역할 역시 국민경제자문회의 사무국이 맡아야 할 일이다.

선택과 집중 전략을 추진하는 데 가장 중요한 것은 단기적 정치 계산보다는 국가 백년대계를 우선해야 한다는 확고한 인식이다. 현재의 위기가 선택과 집중 전략을 제대로 구사하지 못해 생겼다는 사실을 감안할 때, 일자리 전략의 성공 여부는 일자리 창출에 관한 구체적인 대책을 만들고, 이에 대한 국민적 합의를 이끌어내며, 이를 실천하기 위해 정부의 행정력을 총동원하고 민간기업의 적극적 협력을 구하는 정치적 리더십의 발휘 여부에 달려있다.

성장과 분배를 동시에 달성하는 묘수[51]

공공 정책의 핵심 목표는 효율과 형평 간 균형을 잡는 것이다. 일자리 창출은 이 둘을 동시에 달성할 수 있는 묘수다. 외환위기 이후 일자리 창출의 보고가 된 사회서비스 산업은 민간이 주도하고 정부가 밀어주는 민 · 관 협치의 성공 사례다.

효율(efficiency)과 형평(equity)은 경제학이 다루는 두 가지 핵심 가치로 공공 정책을 설계할 때 반드시 고려해야 할 사항이다. 애덤 스미스(Adam Smith)는 『국부론』[52]에서 인간의 이기심을 바탕으로 한 자유로운

51 서울경제 기고문(2018. 7. 1.)

52 Adam Smith(1776), 『The Wealth of Nations』.

시장경쟁은 효율의 극대화를 통해 국부(國富)를 증대시킨다고 했다. 동시에 『도덕감정론』[53]에서는 인간은 다른 사람의 고통을 함께 느끼는 이타적 본성을 갖고 있다고 주장했다. 근대 경제학의 창시자로 불리는 알프레드 마셜(Alfred Marshall) 역시 경제학도에게 '냉철한 두뇌와 따뜻한 가슴'을 같이 가질 것을 주문하면서, 틈만 나면 빈민가로 달려가 도시 빈곤 문제를 해결하려고 노력했다.

2차 세계대전 종식과 더불어 경기가 크게 호전되면서 선진 각국은 복지국가 건설에 경쟁적으로 뛰어들었다. 그 결과 1950년대와 1960년대 선진국들은 고도 경제성장과 분배 개선을 동시에 이루는 황금기를 맞았다. 반면 개발도상국은 경제발전과 분배 개선을 동시에 달성하기 어렵다는 인식이 팽배했다. 그 이유는 국내총생산(GDP) 개념을 처음 도입한 경제학자 사이먼 쿠즈네츠(Simon Kuznets)가 남미 국가의 경험을 토대로 경제발전 초기에는 소득분배가 악화되나 일정 발전 단계를 넘어서면 점차 개선된다는 이른바 '쿠즈네츠 가설(Kuznets Hypothesis)'을 제시[54]했기 때문이다.

그러나 필자는 스탠퍼드대 박사학위 논문[55]에서 한국의 경제발전과 소득분배 간 상관관계 분석을 통해 쿠즈네츠 가설이 필연이 아님을 입증한 바 있다. 우리나라는 1960년대 노동집약적 수출산업 진흥을 통해

---

53 Adam Smith(1759), 『The Theory of Moral Sentiments』.

54 Simon Kuznets(1955), "Economic Growth and Income Inequality", American Economic Review 45(March).

55 Sang Mok Suh(1974), 『The Determinants of Personal Income Distribution and Its Relationship to Aggregate Saving and Employment with an Application to the Korean Economy』, Ph. D. Dissertation, Stanford University.

경제성장과 소득분배 개선이라는 두 가지 정책 목표를 동시에 달성했다. 이는 개발도상국의 경우에도 어떤 발전 전략을 채택하느냐에 따라 성장과 분배를 동시에 이룰 수 있음을 의미한다.

1990년대 이후 3차 산업혁명에 따른 기술발전 속도에 탄력이 붙고 노동시장에서 양극화가 심화되면서 소득 불평등이 새로운 사회문제로 부상하고 있다. 1990년대 이후 거의 모든 선진국에서 소득분배가 지속적으로 악화됐다는 2011년 경제협력개발기구(OECD) 보고서[56]와 1980년 이후 부(富)의 집중 현상이 지속되고 있다는 사실을 부각시킨 2014년 토마 피케티의 저서[57]는 분배 문제의 심각성을 새롭게 인식하는 계기가 됐다. 이러한 현상은 우리나라에서도 두드러지게 나타나 1997년 외환위기 이후 노동시장의 양극화와 이에 따른 소득분배 악화가 지금까지도 지속되고 있다.

성장과 분배는 동전의 양면이라고 할 만큼 긴밀한 상관관계가 있다. 따라서 정책의 효율성을 제고하기 위해서는 성장 정책을 추진할 때 분배 측면을 살펴보고, 분배 정책을 추진할 때도 성장 측면을 충분히 고려하는 균형적 시각이 필요하다. 이런 관점에서 일자리 창출은 성장과 분배를 동시에 해결할 수 있는 묘수다. 문재인 정부는 출범 초 '일자리 정부'를 표방했기 때문에 이 둘을 동시에 달성할 수 있을 것으로 기대됐으나, 집권 3년이 지난 지금 그 결과는 정반대로 나타나고 있다. 일자리 증가

---

56 OECD(2011), 『Divided We Stand: Why Inequality Keeps Rising』, OECD Policy Center.

57 Thomas Piketty(2014), 『Capital in the 21st Century』, Cambridge.

속도는 사상 최저 수준으로 하락했으며 소득분배도 악화되고 있다.

따라서 정부는 경제 정책의 초점을 일자리 창출에 둠으로써 경제난국을 타개하는 계기로 삼아야 할 것이다. 이는 최저임금 정책 등 일자리 창출에 걸림돌이 되는 기존 정책에 대한 수정을 의미한다. 또한 현재 공공부문 일자리 창출에 역점을 두는 정책 기조도 민간부문으로 변경해야 한다. 이와 동시에, 공공부문은 민간부문에 대한 지원, 인프라 구축 등 생태계 조성에 주력해 민간부문과 역할을 분담해야 한다. 특히 사회서비스 부문은 외환위기 이후 일자리 창출의 보고(寶庫)였으며, 이러한 추세는 앞으로 상당 기간 지속될 것으로 전망된다. 따라서 사회서비스 부문에서의 일자리 정책 역시 민간 일자리를 공공 일자리로 바꾸려는 현 정책 기조를, 민간부문에서 새로운 일자리가 창출될 수 있도록 공공부문이 뒷받침하는 방향으로 전환할 것을 촉구한다.

사회적 경제와 사회혁신[58]

'사회적 경제'라는 개념이 새롭게 부상하면서 이에 관한 찬반 토론이 활발하다. 자유주의 성향 학자들은 정부 차원의 각종 지원과 개입 정책은 시장경제 원리에 어긋난다는 점을 지적한다. 반면, 진보 성향 학자들은 고용 창출과 분배 개선을 위해서는 사회적 기업, 사회적 협동조합 등의 육성과 이를 포괄하는 '사회적경제기본법' 제정이 불가피하다는 논리를 펴고 있다. 이런 상황에서 사회적 기업에 대한 직접 지원보다는 사회금융 시장을 통한 간접 지원 방식을 택하고 있는 영국의 경험은 우리에게 시사하는 바 크다.

58 경인일보 기고문(2015. 11. 6.)

최근 우리 사회에서 '사회적 경제'라는 개념이 부상하면서 이 용어의 의미와 발전 방안에 대한 찬반 토론의 열기가 뜨겁다. 현재 관련 법률로는 사회적기업 육성법(2007년, 고용노동부), 협동조합기본법(2012년, 기획재정부), 국민기초생활보장법(2000년, 보건복지부), 도시재생 활성화 및 지원에 관한 특별법(2013년, 행정안전부) 등이 대표적이다. 또한 이에 따른 시행령과 시행규칙 그리고 지방자치단체 단위의 조례도 세부적으로 마련되어있어 법률적 틀은 매우 다양하다고 할 수 있다.

문제는 각 법률 및 조례가 따로 규정돼있고, 이를 담당하는 주무 부처도 각기 달라 통합적 체계가 부재하다는 것이다. 현재 전국 17개 광역지자체 중 16개 지역에서 사회적 경제 관련 조례 · 자치법규를 제정해 시행 중이지만, 정작 상위 법률에 해당하는 '사회적경제기본법'은 없다. 이처럼 개별법의 한계를 보완하고 체계적 관리가 가능한 '사회적경제기본법'의 필요성이 대두돼 지난 2014년 국회에서 발의됐지만, 국민적 합의를 도출하지 못한 채 6년이 지난 현재까지 상임위원회에 계류 중이다.

사회적 경제 개념은 정부주도의 유럽 복지국가 모델이 1970년대 석유파동으로 완전고용이 어려워지고, 고령화의 진전으로 복지지출이 급속히 증가하면서 복지국가의 대안을 찾아보려는 시도에서 시작됐다. 예를 들어, 영국에서는 시장 실패와 정부 실패를 보완하기 위해 사회서비스 분야에서 혁신적 아이디어로 창업한 사회적 기업이 많이 생기기 시작했다. 노동당의 블레어 정권은 이를 '제3 섹터(The Third Sector)'라 명명하고 활성화를 시도했다. 그 후 집권한 보수당의 캐머런 정부 역시 '큰 사회(Big Society)'라는 브랜드로 포장해 사회적 경제발전을 위한 정책을 지속적으로 추진하고 있다.

그러나 사회적 기업 등 사회적 경제 주체를 직접 지정하고 이들에게 인건비 보조 및 세제 혜택 등을 지원하는 우리 방식과는 달리, 영국은 사회금융 시장을 육성해 금융시장을 통해 '가장 잘하는' 사회적 경제 주체에 자금 지원이 이루어지는 간접 방식을 택하고 있다. 또한 사회성과채권(SIB: Social Impact Bond) 등의 혁신적 아이디어로 사회적 경제 주체가 사회서비스 부문에서 공공의 역할을 대신하고 있다.

이 때문에 영국에서는 사회적 경제에 대한 정부 차원의 대책이 시장원리에 어긋나고 경제의 역동성을 저해한다는 비판이 제기되지 않는 것이다. 따라서 우리도 사회적 경제 관련 정책을 기존의 정부 직접 지원 중심에서 사회금융 시장을 통한 간접 지원 방식으로 과감히 전환함으로써, 사회적 경제가 사회혁신을 오히려 촉진하는 역할을 하도록 해야 할 것이다.

인류 역사는 지난 2세기 반 동안 기술혁신에 의해 눈부신 경제발전을 이룩했다. 이제는 사회혁신이 기술혁신과 접목해 경제발전과 사회발전을 동시에 도모해야 한다는 것이 전문가들의 공통된 견해이다. 이를 위해서는 사회혁신이 활성화될 수 있는 생태계 조성이 시급한 과제이다. 그 이유는 소수의 천재들이 주도할 수 있는 기술혁신과 달리 사회혁신은 공공부문, 기업, 사회적 경제 주체는 물론 일반 시민의 참여가 있어야 한층 효과적이기 때문이다

이제 우리도 기업, 정부, 지역사회 및 사회적 경제 간 네트워킹을 통해 새로운 사회문제에 대한 인식을 공유하고, 이에 대한 해결책을 공동

으로 모색하며, 문제 해결 과정에서 다양한 주체 간 협업을 통해 사회혁신을 촉진하는 정책적 · 제도적 기반이 조속히 마련되기를 기대한다. 이 과정에서 이 분야를 성공적으로 선도하고 있는 영국의 경험[59]은 우리에게 시사하는 바가 클 것이다.

---

59 Geoff Mulgan(2019), 『Social Innovation: How Societies Find the Power to Change』, Policy Press.

북유럽 발전 모델의 시사점[60]

경제 활력과 균등한 분배를 동시에 달성한 북유럽 국가의 비법은 과연 무엇일까? 첫째, 경제는 철저히 시장에 맡긴다. 둘째, 확실한 사회안전망을 구축한다. 셋째, 정부와 정치권이 국민의 신뢰를 얻는다.

스웨덴 · 노르웨이 · 덴마크 · 핀란드 등 북유럽 국가는 성장과 분배를 동시에 달성한 나라로 잘 알려져 있다. 이들 국가는 소득분배와 삶의 질 부문에서 세계 최고 수준이고 경제성장과 국가경쟁력 차원에서도 최상위 10위권에 드는 선진국이다. 세계경제포럼(WEF)[61]은 이러

60 서울경제 기고문(2018. 8. 5.)

61 Davos Forum(2011), 『The Nordic Way: Shared Norms for the New Reality』.

한 북유럽 국가의 성공 비결을 ① 경제는 철저한 시장원리에 근거한 경쟁 체제 유지, ② 개인의 자유로운 활동을 보장하는 튼튼한 '사회안전망(social safety net)' 구축, ③ 상호 신뢰에 기반한 협조적 노사관계와 유연한 노동시장 작동 등 세 가지로 꼽았다. 특히, 철저한 자유주의와 두터운 사회적 신뢰를 핵심 가치로 제시하고 있다.

북유럽 국가의 발전 전략은 포용적 성장(inclusive growth)을 추구하려는 우리에게 본보기가 될 수 있는바, 현재 한국의 상황과 북유럽 국가와의 비교를 통해 시사점을 도출하고자 한다.

북유럽이 국가경쟁력 부문에서 지속적으로 선두 자리를 유지하고 있는 주된 이유는 이들 경제가 철저하게 시장원리로 운용되고 있기 때문이다. 예를 들어, 스웨덴에서는 기업 활동에 대한 정부 개입은 거의 없는 반면 노동시장의 유연성은 매우 높다. 이는 스웨덴의 정치와 사회에서 중요한 역할을 하고 있는 노동조합이 단기적 차원의 개인 이익보다는 중장기적 차원의 국가 이익을 우선시하는 전통을 유지하고 있기 때문이다. 이에 더해, 스웨덴 최대의 기업집단인 발렌베리(Wallenberg) 그룹은 1856년 창업 이후 5대에 걸쳐 스웨덴 경제를 사실상 지배해왔으나 투명경영과 책임경영은 물론 재단을 통해 활발한 사회 공헌 활동을 함으로써 노동자와 시민의 신뢰를 받고 있다. 이러한 스웨덴의 경험은 노동시장의 유연성 제고에 반대하는 노조, 기업의 사회적 책임에 소홀한 대기업은 물론 적정한 최저임금 책정, 원자력 에너지 이용, 부동산 정책 등의 분야에서 시장원리에 반하는 정책을 남발하는 우리에게 좋은 가르침이 되고 있다.

북유럽 발전 전략의 또 하나 특징은 철저한 사회안전망 구축과 이를 뒷받침하기 위한 높은 조세부담률이다. 문재인 정부는 출범과 더불어 '포용적 복지'를 기치로 문재인 케어, 부양의무제의 단계적 철폐와 장애인 등급제 폐지, 아동수당 신설 및 기초연금액 인상 등 사회복지 분야에서 획기적인 정책을 추진하고 있다. 그러나 스웨덴과 다른 점은 사회안전망 확충에 필요한 중장기 재정 계획이 없다는 점이다. 정부는 지금이라도 국민적 공감대를 바탕으로 중장기 복지 전략을 수립하고 이를 지원하는 재정 확보 방안을 마련해야 할 것이다.

끝으로 제안하고 싶은 것은 북유럽 국가의 성공 비결 중 하나인 사회적 신뢰를 구축하는 일이다. 북유럽 국가에서 노조가 자신보다 국가 차원의 이익을 앞세우고 기업도 이에 상응하는 사회적 책임을 다하는 풍토가 마련된 것은, 국민은 정부를 신뢰하고 노동자는 기업을 신뢰하는 사회적 신뢰가 있기 때문이다. 우리나라에서도 북유럽과 같이 높은 수준의 사회적 신뢰 관계가 형성되기 위해서는 우리 사회를 움직이는 주체라고 할 수 있는 정치권 · 정부 · 대기업과 강성 노조 순으로 자기 성찰을 바탕으로 사회적 책임을 다하는 사회 분위기 조성과 이를 유도하기 위한 제도적 개선책이 선행돼야 한다. 예를 들어, 정치 체제는 북유럽 국가와 같이 내각제로, 선거제도는 정당투표제로 전환하고, 지방분권화는 물론 각종 정부 규제를 대폭 완화하며, 엄정한 공정거래제도의 확립과 동시에 기존 노사관계 법령의 엄중한 집행으로 공정한 시장질서 확립과 노동시장 유연성을 동시에 제고하는 조치가 추진돼야 한다.

이 과정에서 중요한 점은 새로운 개혁에 대한 국민적 공감대를 형성하는 것이다. 이는 학계와 언론계가 문제를 제기하고 여야 정치권이 입법 활동으로 실현해야 할 것이다. 머지않아 우리도 북유럽 국가와 같이 포용적 성장이라는 높은 수준의 국정 목표를 달성할 수 있기를 기대해 본다.

'노르딕 모델'로부터 무엇을 배워야 하나?[62]

이른바 '노르딕 모델(Nordic Model)'의 핵심은 경제 정책은 철저히 시장원리를 적용하여 혁신을 통한 경제 활력을 유지하고, 복지 정책은 보편주의 원칙에 따라 상당한 수준의 '사회안전망'을 정부가 마련하는 것이다. 사회안전망 구축에 필요한 높은 조세부담률이 가능한 것은 국민 대다수가 정부를 완전히 신뢰하기 때문이다.

북유럽 국가들은 경제 활력과 균등한 분배를 동시에 달성한 나라로 널리 알려져 있다. 이들 북유럽 국가는 오랜 기간 공통의 역사, 문화와 종교적 기반을 공유해왔기 때문에 국가 간 협력과 교류가 매우 활발하

62 백세시대 기고문(2019. 6. 21.)

다. 그래서 그들은 그들만을 위한 의회인 북유럽이사회(Nordic Council)와 집행기구인 북유럽각료회의(Council of Ministers)를 상시적으로 운영하고 있다. 이들은 경제와 사회 분야에서도 유사한 정책을 구사해왔고, 국제사회는 이를 '노르딕 모델(Nordic Model)'이라고 부른다. 그 내용은 경제 정책은 철저히 시장원리를 적용하여 혁신을 통한 경제 활력을 유지하고, 복지 정책은 보편주의 원칙하에 높은 수준의 '사회안전망'을 정부가 마련해주는 것이다. 또한 이들 국가에서 조세부담률이 높아도 별 문제가 되지 않는 것은 국민 대다수가 정부를 완전히 신뢰하기 때문이다.

이들 국가는 내각책임제와 정당투표제를 기본적인 정치 체제로 채택함으로써 개별 정치 활동을 위한 정치자금 의존도가 낮다. 또한 정당간 연합이 집권의 필수 요건이 되기 때문에 사회적 갈등이 정치권에서 토론과 타협으로 자연스럽게 조정되는 시스템을 갖췄다. 그리고 누가 집권하더라도 경제적 여건이 어려워지면 노조가 앞장서서 임금 인상을 자제하는 전통마저 확립되어있다. 이는 북유럽 국가가 경제적 위기를 조기에 극복하고, 기업이 혁신을 통해 활기찬 경제 활동을 펼칠 수 있는 기반이 되고 있다. 경제와 복지 부문에서 이룬 좋은 성과는 이들 국민의 생활 만족도와 행복감을 높여주고 있으며, 이러한 사실은 여러 국제기구 조사 결과로도 확인되고 있다.

우리 역시 1960년대 이후 수출산업 진흥을 통한 고도성장과 비교적 양호한 분배라는 큰 성과를 이룰 수 있었다. 그러나 1997년 외환위기 이후 경제성장률이 하락하고 분배 구조도 악화되면서 출산율 급감, 자살륨 증가 등이 새로운 정치 · 사회적 도전 과제로 부상하고 있다.

이러한 현실에서 문재인 정부가 '인간 중심의 포용적 발전'을 국정 목표로 제시한 것은 매우 시의적절하다고 판단된다. 그러나 지금까지 성적표는 다소 실망스러운 것이 사실이다. 경제성장률의 하락, 수출 및 투자 감소, 경상수지 악화, 정부 부채 증가 등 핵심 경제지표 모두 하향 곡선을 그리고 있기 때문이다. 사회 관련 지표도 나쁘기는 마찬가지다. 급격한 최저임금 상승으로 저소득층의 소득이 오히려 감소하고 있고 국민행복감 역시 개선되지 않고 있다.

우리가 북유럽 모델을 그대로 도입하는 것은 사실상 불가능하다. 이를 가능케 했던 그들의 역사, 문화와 정치 체제를 똑같이 복사해 올 수 없기 때문이다. 그러나 그들의 성공요인 중 배워야 할 것은 우리 것과 접목해 새로운 '한국형 모델'을 만들 수 있을 것이다. 우리의 당면 과제는 세계화의 가속화라는 대외 여건과 민주화된 대내 정치 · 사회 여건에 맞는 새로운 발전 패러다임을 개발 · 정착시키는 것이다.

필자는 이와 관련해 다음과 같이 제언한다. 첫째, 시장에서의 정부 개입을 대폭 줄이고 경제는 철저히 시장원리로 움직이는 새로운 관행을 정착시켜야 한다. 민주화 이후 역대 정부는 기업에 도움을 주는 개입은 특혜를 준다는 오해 때문에 꺼리는 대신, 기업의 발목을 잡는 규제와 간섭은 지속했기에 경제 활력이 크게 위축되고 있다.

둘째, 더욱 확실하고 효율적인 사회안전망을 구축해야 한다. 민주화 이후 사회복지에 관한 국민의 관심이 커지면서 사회복지 예산도 크게 증가했다. 복지에 대한 정치권의 관심이 높아진 것은 바람직하나, 문제는 복지 정책이 선거 득표 전략으로 전락하고 있는 것이다. 이를 바로잡기 위해 정당들은 선거에서 단순히 표만 의식한 단기성 복지 공약을 내놓는 대신, 세계화와 민주화라는 새로운 추세에 부합하는 중장기 복지 청사진을 제시해야 한다. 그리고 정책을 다듬는 구체적인 실무 작업은 집권 후 전문가 그룹이 주도하고 공청회를 통해 사회 각계의 다양한 의견을 수렴 · 추진하면 된다.

끝으로, 무엇보다 중요한 것은 정부와 정치권이 국민으로부터 신뢰를 받는 일이다. 복지는 재정 확대를 수반하고, 이에 필요한 세수 확보를 위해서는 세금을 부담하는 국민이 정치권과 정부가 제시한 정책을 신뢰해야 가능하기 때문이다. 따라서 정책에 관한 이념적 논쟁보다는 정확한 현 상황 인식과 전문가들의 객관적 분석을 바탕으로 한 정책 개발과 그 내용에 관한 국민적 합의가 이루어져야 한다. 이를 통해 정책과 정부에 대한 지지가 높아질 수 있을 것이다.

경제난국, 일자리와 사회안전망 확충으로 풀자[63]

과도한 최저임금 인상이 최하위층에는 오히려 독이 되었다. 문재인 정부는 초심으로 돌아가 일자리 창출에 전념해야 한다. 영국의 블레어 정부와 김대중 정부가 추진한 '일자리 복지'가 성장과 분배라는 '두 마리 토끼'를 잡은 해법이기 때문이다.

기술의 융합과 혁신 속도의 가속화가 특징인 4차 산업혁명 시대를 맞아 거의 모든 선진국이 노동시장 양극화에 따른 소득분배 구조 악화라는 새로운 도전에 직면해있다. 이러한 현상은 우리도 예외가 아니다. 우리는 1960년대 노동집약적 수출산업의 신장으로 고도성장과 양호한

63 서울경제 기고문(2019. 6. 2.)

분배라는 '두 마리 토끼'를 잡을 수 있었다. 그러나 수출산업의 기술 및 자본집약도가 점차 높아지면서 우리 역시 성장의 혜택이 골고루 돌아가지 않는 경제 구조로 바뀌게 됐다.

이런 상황에서 2017년 5월 집권한 문재인 정부는 '일자리 창출'을 최상의 국정 목표로 설정했다. 청와대에 일자리위원회를 설치 · 운영함은 물론, 대통령이 직접 '일자리 상황판'을 정기적으로 점검하겠다고 약속했다. 동시에 문재인 정부는 '사람 중심의 포용적 발전'을 국정 목표로 제시하면서, 특히 저소득층을 위한 다양한 사회안전망 구축에 역점을 두어왔다. 기초연금이 확대됐고 취약계층에 대한 지원 기준 완화와 지원 수준도 크게 개선됐다.

이러한 정부 차원의 노력에도 불구하고 지금까지의 경제 성적표는 그리 만족스럽지 못한 것이 사실이다. 통계청은 최근 2019년도 1 · 4분기 가계동향조사 결과 소득 최하위층인 1분위 소득은 근로소득의 하락으로 인해 감소세가 지속되고 있다고 발표했다. 다행히 중간 소득층인 2 · 3 · 4분위 소득이 최저임금 인상과 아동수당과 같은 공적 이전소득 증가에 힘입어 모두 증가했다. 하지만 최상위 소득층인 5분위 소득은 근로소득과 사업소득 하락으로 감소했다.

이러한 조사 결과는 우리에게 경제성장과 소득분배, 그리고 일자리 정책과 복지 정책에 관해 몇 가지 중요한 시사점을 준다. 첫째, 일자리 창출이 최고의 경제성장 정책이자 소득분배 정책이라는 사실이다. 특히 저소득층을 위한 일자리 창출은 이들의 생활수준을 실질적으로 향상시키는 복지 정책이자 경제발전에 기여하는 성장 정책이기도 하다. 정부의 부단한 노력에도 불구하고 최하위 소득계층의 소득이 줄어든 것은 최저임금의 무리한 인상이 이들 계층의 일자리를 오히려 감소시키는 결과를 초래했기 때문이다.

둘째, 문재인 정부가 그간 추진해온 사회안전망 구축 정책들이 분배 문제를 개선하는 데 나름대로 효과가 있었다는 사실이다. 특히 빈곤계층을 위한 지원기준 완화와 아동수당 신설은 당사자에게는 매우 의미 있는 사회안전망 역할을 하고 있다는 사실이 최근 가계소득조사를 통해 확인됐다.

셋째, 경제 정책은 시장원리에 충실하게 추진하되 취약계층을 위한 사회안전망을 확충함으로써 이들의 생활을 보호함은 물론 경제 분야에서 시장원리가 작동할 수 있도록 지원하는 것이다. 세계 최고 수준의 복지 선진국인 스웨덴 등 북유럽 국가는 경제는 철저히 시장에 맡기되 정부가 사회안전망을 촘촘하게 구축해 국민을 사회적 위험으로부터 확실히 보호하고 있다.

1990년대 영국이 복지국가로서의 위상이 흔들렸을 때 당시 토니 블레어 노동당 정부는 복지 수혜자에게 직업 훈련을 제공하고 일자리를 알선하는 '일자리 복지(welfare to work)' 정책을 추진함으로써 어려움을 극복할 수 있었다. 당시 외환위기를 겪고 있었던 우리나라 역시 새로운 기초생활보장제도를 설계하는 데 있어 이러한 원칙을 그대로 적용했다. 이는 외환위기로 인한 경제난국을 단기간에 극복하는 데 크게 기여했다. 올해는 우리 정부가 이러한 '일자리 복지' 개념을 사회복지 정책에 적용한 것을 기념해 매년 9월 7일을 '사회복지의 날'로 지정한 지 20년

되는 해다.

그러나 우리 사회는 저성장과 불균형 심화, 그리고 이에 따른 자살률 증가, 출산율 하락과 같은 새로운 경제 · 사회적 도전에 직면해있다. 지금 우리에게 필요한 것은 이러한 국가 위기의식에 공감하며 이를 극복하기 위한 현명한 국가 전략을 수립하고 이에 대한 국민의 합의를 도출하는 것이다. 이 과정에서 경제는 시장에 맡기고 정부는 사회안전망 구축과 일자리 복지 구현에 전념하는 새로운 전통을 여야 정치권과 국민이 함께 만들어가기를 기대한다.

한국 경제 디플레이션 논쟁과 일자리 창출[64]

한국 경제가 디플레이션에 진입했다는 우려가 확산되고 있다. 반면 미국과 일본은 사상 최고의 호황과 저물가 흐름이다. 미국과 일본은 친(親)기업 정책을 추진하나, 우리는 친(親)노동 정책을 고수하기 때문이다. 해법은 노동시장의 경직성은 완화하되, 근로자를 위한 사회안전망을 확충하는 것이다.

최근 우리 경제가 1990년대 일본과 같은 디플레이션 국면에 진입하는 것이 아닌가 하는 우려가 확산되고 있다. 국내 경기가 부진한 가운데 물가상승률마저 계속 마이너스를 기록하고 있기 때문이다. 이같이 우리

64 서울경제 기고문(2019. 10. 13.)

나라는 경기 침체와 물가 하락이 맞물려 돌아가는 '악순환'을 염려하고 있다. 반면, 미국 · 일본 등 주요 선진국은 실업률이 장기간 사상 최저치를 기록하고 있음에도 불구하고 낮은 물가상승률을 유지하는 '선순환' 현상을 보이고 있다.

영국 시사주간지 이코노미스트는 세계경제 특집[65]에서 이러한 현상은 기술혁신과 세계화 등 새로운 경제 여건 변화에 따른 놀라운 결과이며, 심지어 경제학 교과서를 새로 써야 할지도 모른다고 주장하고 있다. 경기 호황으로 실업률이 낮아지면 노동과 자원시장에서 초과수요가 발생해 임금과 물가가 상승하게 된다는 것이 전통적인 경제학 이론인 '필립스 곡선'이다. 그러나 미국은 지난 2년간 실업률이 3.5% 수준으로 사상 최저치를 기록하고 있으나 소비자 물가는 1.4%대의 안정세를 유지하고 있다. 이러한 현상은 일본에서 더욱 두드러져 실업률 2.2%, 물가상승률 0.2%의 낮은 수준을 유지하고 있다.

경제 전문가들도 이 같은 완전고용 상태에서 임금이나 물가가 오르지 않는 것은 기술혁신과 세계화 덕이라고 진단하고 있다. 1980년대 이후 세계화가 급속히 진전되면서 글로벌 기업들은 전 세계에서 그들에게 공급할 부품이나 완제품을 생산하고 있다. 이는 생산원가 저하로 이어졌으며 특정 국가의 수요 증가에 따른 임금 인상 요인을 억제할 수 있었다. 예를 들어, 애플의 경우 부품 생산은 물론 완성품 조립을 가장 경제적으로 할 수 있는 지역에서 제조함으로써, 애플 제품의 수요가 급

65 The Economist, "The World Economy's Strange New Rules", 2019. 10. 12.

증하더라도 미국 노동시장에서 임금 인상과 직결되지 않고 있다. 또한 전자상거래 확산으로 전 세계는 단일시장이 되었고, 이로 인한 효율성 증가와 거래비용 감소가 제품 가격 하락으로 연결되고 있다.

전 세계의 단일시장화로 국가 간 경제전쟁이 더욱 치열해지면서 각국 정부는 경쟁적으로 친(親)기업 정책을 추진하고 있다. 예를 들어, 2012년 출범한 아베 신조 일본 내각은 장기 경제 침체에서 벗어나고자 통화 팽창 정책을 기반으로 한 '아베노믹스'를 강력히 펼쳤고, 이러한 노력이 최근 큰 효과를 보고 있다. 도널드 트럼프 미 행정부 역시 법인세 인하, 규제 완화 같은 친기업 정책과 동시에 '미국 우선주의(America First)' 정책을 강력하게 추진하고 있다. 해외 미국 기업의 리쇼어링(reshoring)은 물론 외국 기업의 미국 투자 유치도 대통령이 직접 진두지휘하고 있다. 오랜 기간 유럽의 '골칫덩어리'로 불린 프랑스 역시 2017년 취임한 에마뉘엘 마크롱(Emmanuel Macron) 대통령이 "일하는 프랑스를 만들자."라는 구호를 외치며 노동 개혁을 추진한 결과, 최근 '저성장 고실업' 늪에서 벗어나 독일을 제치고 유럽의 경제 모범 국가로 도약하고 있다.

우리나라는 수출산업이 경제에서 차지하는 비중이 선진국 중에서도 가장 높다. 따라서 경제 정책은 당연히 기업들이 국제시장에서 경쟁하기 가장 좋은 여건을 만드는 방향으로 나가야 한다. 이를 위해서는 경제 정책의 최우선 순위를 문재인 정권 초기에 설정한 '일자리 창출'에 두고 이를 구현하기 위한 정부 차원의 노력을 경주해야 할 것이다. 우선 일자리는 기본적으로 민간경제 활성화를 통해 구현될 수 있다는 인식을 바탕으로, 민간기업 활동을 저해하는 각종 규제를 과감히 철폐 또는 완화해야 한다. 또한 국가경쟁력을 높이는 데 '아킬레스건'인 노동시장의 유연성 제고를 위한 제도적인 개선책 마련에 정부와 정치권이 적극 나서야 한다.

이에 더해, 현 경제 상황이 디플레이션으로 전개될 가능성이 높기 때문에, 비상 대책으로 재정 정책은 당분간 확장 기조를 견지하며 재정사업의 일자리 창출 효과를 최대화해야 한다. 끝으로, 경제 정책은 철저히 시장원리에 기초하되 사회안전망을 촘촘하게 구축해 사회적 약자를 보호함은 물론 시장경제의 자율성이 보장되도록 적극 지원해야 할 것이다.

'창조적 파괴'의 명(明)과 암(暗)[66]

4차 산업혁명은 '창조적 파괴'의 속도를 가속화 할 것이다. 그래서 기업의 부침이 빨라지고 노동시장에서 갈등이 더욱 고조될 것이다. 이에 대처하려면 우리도 덴마크가 추진한 '유연안정성' 정책을 도입해야 한다. 기업에는 해고와 고용을 쉽게 하여 경쟁력을 키우고, 근로자에게는 확고한 사회안전망을 통해 안정감을 주는 것이다. 이를 위해서는 노사정 간 대화와 합의 도출 관행이 정착되어야 한다.

'창조적 파괴(creative destruction)'는 오스트리아 출신 경제학자 슘

66 서울경제 기고문(2018. 12. 30.)

페터(Schumpeter)[67]가 자본주의 시장경제의 혁신 과정을 설명하기 위해 제시한 개념이다. 슘페터는 자본주의가 경제 구조를 내부에서부터 끊임없이 혁명적으로 뒤바꾸려는 힘에 의해 움직인다고 보았고, 그 주체로 기업가를 꼽았다. 최근 4차 산업혁명 과정에서 '창조적 파괴' 속도가 더욱 빨라지면서 기업의 부침이 심해지고, 이에 따라 노사 갈등이 더욱 고조되고 있다.

4차 산업혁명의 직격탄은 단순하고 반복적인 일자리에 떨어질 가능성이 높다. 카카오 카풀 서비스와 택시 업계 간 갈등이 그 대표적인 예라고 할 수 있다. 카풀 서비스는 기존 자원의 효율적 활용이라는 장점이 있으나 이로 인해 불이익을 당하는 택시기사와 택시 업계의 반발이 사회문제로 떠오른 것이다. 이에 더해 무인자동차가 상용화되면 운전기사 대다수가 실직 위기에 봉착할 것이다. 따라서 '창조적 파괴' 현상에 의한 사회 갈등은 4차 산업혁명 물결이 거센 모든 나라가 겪고 있는 우리 시대의 난제라고 할 수 있다.

4차 산업혁명은 기존 산업과 일자리를 파괴함과 동시에 새로운 산업과 일자리를 창출할 것이다. 새로 생기는 일자리가 사라지는 것보다 많을지 적을지 정확히 알 수는 없다. 다만 지난 200여 년간 진행된 산업혁명 경험상 새로운 일자리가 충분히 생겨 많은 사람이 우려하는 이른바 '제4의 실업' 사태는 발생하지 않을 것이라는 게 전문가들의 공통된 의견이다. 그러나 문제는 일자리와 관련된 구조조정의 속도와 폭이 과

---

67 Joseph Schumpeter(1942), 『Capitalism, Socialism and Democracy』, New York ; London : Harper & Brothers.

거보다 훨씬 빠르고 클 것이라는 점이다. 이는 새로운 환경에 적응하기 위한 개인적인 노력을 적극적으로 기울여야 함은 물론, 국가적으로도 이를 뒷받침하는 정책 수립에 만전을 기해야 함을 의미한다.

창조적 파괴로 인한 부정적 영향에 효과적으로 대응하기 위해서는 노동시장의 유연성과 안정성을 동시에 도모하는 정책을 추진해야 한다. 덴마크에서 처음으로 시행해 지금은 세계 각국 노동 정책의 본보기가 되고 있는 이른바 '유연안정성(flexicurity)' 정책이 좋은 사례다. 기업에는 해고와 고용을 한층 쉽게 해 경쟁력을 키울 수 있도록 하고, 근로자에게는 사회안전망을 확실히 제공함으로써 노동시장 유연화에 따른 근로자의 불안감을 최소화하는 데 그 목적이 있다. 1990년대 중반 사민당 출신 총리인 라스무센(Rasmussen)이 추진한 유연안정성 정책에 힘입어 덴마크는 경제성장과 소득분배 측면에서 세계 최고의 성과를 거두고 있다. 덴마크에서는 최저임금도 정부가 일률적으로 책정하지 않고 노사 협의에 의해 산업별 · 지역별로 각각 다르게 정하기 때문에 현재 우리나라에서와 같은 혼란과 부작용이 발생하지 않고 있다.

유연안정성 정책이 성공하려면 노사정 간 대화를 통해 합의를 도출하는 관행이 하루속히 정착돼야 한다. 우리나라는 1997년 외환위기라는 국난을 맞아 노사정위원회를 구성해 정리해고제도를 법제화하고 노동시장의 유연성을 높였다. 동시에 고용보험제도를 개선해 실업수당 대상과 수준을 확대하고 노동시장의 안정성을 제고함으로써 외환위기를 조기에 극복한 경험이 있다. 문재인 정부 출범 후 오랜 산고 끝에 발족된 '경제사회노동위원회'가 탄력근로제 등 현안 해결은 물론 대화와 타협을 통해 노동시장의 유연성과 안정성을 동시에 높여가는 전통을 새롭게 만들 것을 기대한다. 이와 동시에, 근로자의 불안감을 덜기 위해 고용보험과 사회보장 부문에서의 사회안전망 강화를 위한 종합 대책을 마련해 이를 정부의 '2040 계획'에 포함함으로써 '한국형 유연안정성 정책'을 완성해야 할 것이다.

기술혁신과 사회혁신의 산실, 실리콘밸리의 교훈[68]

IT혁명의 산실 실리콘밸리가 사회혁신의 메카로 새롭게 부상하고 있다. 그 중심에 스탠퍼드대학이 있고, 벤처기업가가 사회적 벤처기업가로 그리고 벤처캐피털이 사회적 벤처캐피털로 변신했기 때문에 가능했다. 결국, 기술혁신과 사회혁신은 국가 발전 수레의 두 바퀴인 것이다.

정보기술(IT) 혁명의 산실인 미국 실리콘밸리가 최근 사회혁신의 새로운 메카로 부상하고 있다. 그 이유는 기술혁신과 사회혁신을 가능케 하는 생태계에는 공통점이 많기 때문이다. 현대 국가 발전 과정에서 기술혁신과 사회혁신은 수레의 두 바퀴와 같다. 따라서 경제와 사회를

68 서울경제 기고문(2019. 9. 9.)

균형 있게 발전시켜 '포용국가'를 구축하기 위해서는 실리콘밸리의 경험으로부터 배우는 지혜가 필요하다.

실리콘밸리가 사회혁신의 중심지로 떠오르는 이유로 다음 세 가지를 꼽을 수 있다. 첫째, 기술혁신과 마찬가지로 스탠퍼드대학이 사회혁신의 산실이 되고 있다. 그간 스탠퍼드대학은 경영대학에 '사회혁신센터'를 설립해 사회혁신에 관한 연구 활동을 선도해왔다. 이에 더해, 2003년부터 학술계간지 『스탠퍼드 사회혁신리뷰(SSIR)』를 발간함으로써 세계에서 이 분야의 지식 축적과 정보 교류의 중심이 되고 있다. 예를 들어, 최근 사회혁신 분야 발전에 크게 기여한 '협력의 힘(collective impact)' 개념은 2011년 『SSIR』에 처음 소개된 후 전 세계로 확산되고 있다. 또 2010년부터 경영대학 중심의 사회혁신 관련 활동을 법과대학 등 여러 분야 전문가가 함께하는 '스탠퍼드 자선 및 시민사회센터(PACS)'로 확대 개편해 사회혁신 분야를 범 대학 차원의 역점 사업으로 추진하고 있다.

둘째, 실리콘밸리에는 이미 기술혁신을 주도한 경험이 있는 벤처기업가 그룹이 다수 형성돼있다. 이들 중 상당수가 자신의 풍부한 기업경영 경험과 자본력을 바탕으로 사회적 기업의 설립·운영을 통한 사회혁신을 구현하고 있다. 일례로, 벤 넬슨(Ben Nelson)은 2012년 상대적으로 낮은 비용으로 최고 수준의 대학교육을 제공하기 위해 온라인 대학 '미네르바스쿨(Minerva School)'을 설립했다. 그는 온라인 사진 편집 프로그램 개발 회사인 '스냅피시(Snapfish)'를 운영해 성공한 벤처기업가로 널리 알려진 인물이다. 또 데이비드 벌스톤(David Balstone)은 인신

매매를 방지하기 위해 '낫포세일(Not for Sale)'을 설립, '레블(REBBL)'이라는 브랜드의 음료를 생산해 연 300억 원 매출을 올리면서 그 자금으로 사회적 기업을 운영하고 있다. 음료 생산 과정에서 인신매매 위험에 처한 여성과 아동을 고용함은 물론, 음료 판매 수익금으로 인신매매 방지 사업을 세계 여러 곳에서 펼치고 있다.

셋째, 그동안 실리콘밸리에서는 벤처캐피털이 벤처기업가에게 투자자금과 경영 노하우를 동시에 지원해 큰 성과를 이뤄왔다. 마찬가지로 현재 실리콘밸리에는 사회적 기업가를 재정과 경영 측면에서 지원하는 자본시장이 잘 발달해있다. 예를 들어, 온라인 경매 사이트 이베이의 창업자 오미다르 부부가 2004년 설립한 오미다르 네트워크(Omidyar Network)는 비영리기관에 대한 보조금과 임팩트 투자를 통해 지난 15년간 10억 달러를 지원했다. 오미다르 네트워크는 사회적 성과와 확산 가능성을 투자 및 지원의 기준으로 삼고 있다. 대표적 투자 사례로는 세계 모든 사람의 백과사전으로 진화한 위키피디아(Wikipedia)를 들 수 있다. 또 1966년 휴렛팩커드(HP) 창업자 휴렛 부부가 100억 달러의 기부금으로 설립한 휴렛 재단은 매년 5억 달러 규모로 교육 · 환경 · 보건 분야에서 선도적인 사업을 지원하고 있다.

이와 같이 실리콘밸리에서는 기술혁신과 사회혁신에 필요한 재원이 자본시장에서 시장원리에 따라 조달되고 있다. 이에 비해 우리나라는 정부가 정한 기준으로 선정된 벤처기업과 사회적 기업을 정부 차원에서 지원하고 있다. 그 결과 실리콘밸리와는 달리 벤처기업이 기술혁신을 주도하지 못하고 사회적 기업이 사회혁신을 선도하지 못하고 있다. 이에 더해, 이들 기업의 지속가능성이 항상 문제가 되고 있다. 이를 근본적으로 개선하기 위해서는 정부가 직접적이 아닌 간접적인 역할을 하고 지원 대상도 기업에서 기업가로 바꾸는 발상의 전환이 필요하다.

청년에겐 좋은 일자리를, 노인에겐 기본소득 보장을[69]

> 젊어서 일하고 저축해서 노년기를 준비하는 것이 보통의 삶이다. 그런데 우리나라에서는 젊은이에게 소득을 보장해주고 노인들에게 일자리를 주려고 한다. 우선순위를 뒤집어, 청년에겐 좋은 일자리를 노인에겐 기본소득을 보장해주는 나라를 만들어야 한다.

젊어서 열심히 일하고 저축해서 노년기를 준비하는 것이 보통 사람의 삶이다. 따라서 젊은 사람들이 자기계발을 하면서 만족할 수 있는 '좋은 일자리' 생태계를 조성하는 것은 정부가 해야 할 가장 기본적인 역할이다. 또한 정부가 노년을 대비할 수 있는 공적 및 사적 연금제도를

69 백세시대 기고문(2020. 2. 10.)

개발 · 발전시킴은 물론, 부득이한 이유로 노후를 준비하지 못한 노인에게 기본소득을 제공하는 제도적 장치를 마련하는 것도 현대 복지국가의 기본적인 책무라 할 수 있다.

우리나라는 '한강의 기적'이라는 경이적인 경제발전을 통해 젊은이에게 좋은 일자리를 제공했다. 1970년대 후반부터는 건강보험, 국민연금, 장기요양보험 등의 사회보장제도 도입을 통해 안정된 노후생활을 보장하기 위해 나름 노력해왔다. 그러나 최근 지방정부가 청년수당을 경쟁적으로 도입하고, 중앙정부는 질 낮은 노인 일자리 사업에 역점 두는 것을 지켜보면서 정책의 우선순위가 뒤바뀌었다는 생각이 든다.

서울시는 앞으로 3년간 만 19~34세 미취업 청년에게 매월 50만 원 수준의 수당을 최소 3개월에서 최대 6개월간 지급하기 위해 1008억 원을 2020년 예산에 책정하고 있다. 이에 더해, 2020년 하반기부터는 중위소득 120% 이하의 서울 거주 청년 1인 가구 5천 명에게 월 20만 원의 임대료를 지원한다고 한다. 이에 뒤질세라 경기도 역시 도내 3년 이상 계속 거주한 만 24세 청년에게 청년수당을 분기별로 25만 원씩 최대 100만 원을 지역 화폐로 지급하기로 하고 2020년 예산 1054억 원을 배정하고 있다.

재정 여건이 상대적으로 양호한 서울시와 경기도가 경쟁적으로 청년수당에 열을 올리는 것은 청년실업이 사회적인 문제가 되고 있는 현실에서 차기 대권을 노리는 단체장들의 '정치적 고려'가 크게 작용한 결과일 것이다. 미국, 일본 등 선진국은 경기 호황에 힘입어 청년 구인난을 겪고 있는 반면, 한국은 저성장 추세가 장기화되면서 이에 따른 취업난을 겪고 있는 것이다. 예를 들어, 2019년 우리나라 실업률은 3.8%로 2001년 이래 최고치를 기록했다. 특히 청년층(15~29세) 실업률은 8.9%로 평균보다 훨씬 높다. 또한 전체 실업자 중 25~29세가 차지하는 비율은 21.6%로 OECD 36개 회원국 중 가장 높은 것으로 나타났다.

시장경제 체제에서 일자리는 기본적으로 기업이 만들기 때문에 청년들에게 좋은 일자리를 제공하기 위해서는 정부 경제 정책을 기존의 친(親)노조에서 친(親)기업으로 과감히 전환하는 것이 급선무다. 이에 더해, 각종 불필요한 규제를 과감히 철폐함으로써 4차 산업혁명 시대에 걸맞은 새로운 일자리가 지속적으로 창출되는 생태계를 구축하는 일에 경제 정책의 초점을 맞춰야 한다.

서울시, 경기도 등 지방정부가 일자리보다는 청년수당이라는 변형된 기본소득을 주는 경쟁을 하는 반면, 중앙정부는 허접한 노인 일자리 사업에 열을 올리고 있다. 예를 들어, 정부는 2020년 노인 일자리 13만 개를 늘려 74만 명 노인에게 일자리를 제공하고 기간도 12개월짜리 비중을 18%에서 50%로 높인다는 계획이다. 이를 위한 예산도 작년에 비해 41% 늘어난 2조9천억 원을 책정했다. 정부가 노인 일자리에 역점을 두는 이유는 비록 고용의 질은 떨어져도 통계상 취업자로 분류되기 때문에 이에 따른 정치적인 효과를 노린 결과일 것이다.

사실 우리나라 노인 빈곤 문제는 매우 심각하다. 현재 노인 빈곤율은 45% 수준으로 OECD 국가 중 최고일 뿐 아니라 청 · 장년에 비해서도 5배나 높다. 그 이유는 기초연금과 국민연금 등 공적 이전소득 수준이 매우 낮기 때문이다. 예를 들어, 2013년 현재 GDP 대비 노인에 대한 공적지출 수준은 2.2%로 OECD 평균 7.7%의 1/3 수준에 불과하다. 반면, 노인의 경제 활동 참가율은 2019년 현재 35.2%로 OECD 국가 중 단연 최고 수준이다. 그 결과 은퇴 연령은 남성 72.0세, 여성 72.2세로 OECD 평균(남성 65.1세, 여성 63.6세)보다 훨씬 높다. 우리나라 노인은 OECD 선진국 중 가장 열심히 일하는 데도 불구하고 매우 심각한 경제난을 겪고 있는 것이다.

따라서 우리 노인복지 정책의 우선순위는 궁여지책으로 만든 일자리 사업보다 적정 수준의 기본소득을 제공하는 제도적 개선책을 마련하는 데 두어야 한다. 구체적으로 기초생활보장제도 '부양의무자' 조항을 즉시 폐지하고, 기초연금 수준도 점진적으로 확대해나가야 한다. 또한 노인이 일하게 되면 기초연금 수급 자격이 박탈되는 문제를 근본적으로 해소하기 위해 기초연금 대상을 모든 노인으로 확대하는 방안 역시 적극 검토해야 할 것이다.

고령 친화 산업을 성장 동력으로 활용하자[70]

고령화의 급진전으로 고령 친화 산업의 가치가 급부상하고 있다. 일본과 중국 사례 분석을 통해 새로운 해법을 찾을 수 있다. 첫째는 원격진료를 활성화하고 의료산업에 대한 규제 완화로 18~37만 개의 새로운 일자리를 만들 수 있다. 둘째는 장기요양보험으로 구매할 수 있는 복지 용품을 현행 700개에서 일본처럼 6100개로 늘려나간다면 고령 친화 산업의 급신장이 가능하다. 셋째는 보건복지부에 전담 부서를 신설하는 등 고령 친화 산업 육성을 위한 행정체계 확립이 시급하다.

---

70 백세시대 기고문(2018. 12. 2.)

고령화가 우리 사회의 특징으로 자리 잡은 지 이미 오래됐다. 2020년 기준 65세 이상 노인은 전체 인구의 15.7%로 추정되며, 앞으로 이 비율은 지속적으로 증가하여 2030년 25.0%, 2040년 33.9%, 2050년 39.8%, 그리고 2060년에는 43.9%에 이를 것으로 전망된다. 급속한 고령화는 대체로 경제 활력 저하와 복지지출 수요 증가로 이어진다는 것이 일반적인 통념이다. 그러나 고령 친화 산업 활성화를 통해 고령화의 부작용을 최소화하고 긍정적인 효과를 최대화할 수 있다.

정부는 2006년 '고령친화산업진흥법' 제정을 계기로 고령 친화 산업에 관심을 갖기 시작했다. 이 법에 따르면 고령 친화 산업은 고령 친화 제품 등을 연구 · 개발 · 제조 · 건축 · 제공 · 유통 또는 판매하는 업이며, 고령 친화 제품은 노인을 주 수요자로 하는 제품 또는 서비스로 정의하고 있다. 또한 이 법은 고령 친화 제품의 품질 향상, 전문 인력 양성, 고령 친화 산업의 연구 개발, 표준화, 국제협력 및 해외시장 진출의 촉진, 고령친화산업지원센터의 설립 · 지정, 금융지원 등의 분야에서 국가의 책임을 명시하고 있다.

고령 친화 산업의 시장 규모는 2012년 27조4천 억 원, 2015년 39조3천 억 원에서 2020년 약 72조9천 억 원으로 급성장할 것으로 예상된다. 2012년 대비 가장 큰 변화가 있는 부문은 요양 산업으로, 전체 고령 친화 산업에서 차지하는 비중이 2012년 10.7%에서 2020년에는 13.8%를 차지할 것으로 추정된다.

2008년 노인장기요양보험제도 도입을 계기로 요양 산업 시장은 지속적인 성장세에 있다. 이 제도는 국민건강보험 가입자 모두를 수급대상으로 한다. 일상생활이 곤란한 65세 이상 노인은 물론 65세 미만으로 치매와 뇌혈관성 질환 등 노인성 질환자도 대상이 될 수 있다. 복지서비스를 받을 수 있는 요양 등급은 정도에 따라 1~5등급으로 나누어지며, 장기요양급여는 재가급여, 시설급여, 특별 현금급여 등으로 구분된다. 노인장기요양보험 수급자는 급격한 고령화로 인해 제도 시행 초기 21만 명에서 2018년 말 기준 67만 명으로, 이들에 대한 서비스 비용은 4300억 원에서 2018년 6조8천 억 원으로 크게 증가했다.

노인장기요양보험제도는 한편으로는 비용이지만 다른 한편으로는 새로운 수요 창출을 통해 요양 산업을 활성화할 수 있는 기회다. 노인요양서비스가 새로운 산업으로 성장하면서 2018년 말 기준 전국 2만 1천여개 시설에서 근무하는 전문 인력 중 요양보호사는 38만 명, 사회복지사는 2만 2천 명에 달한다. 요양 산업은 지난 12년간 고용 창출에 가장 크게 기여한 산업 분야로 나타났다.

이와 같은 양적 성장에도 불구하고 고령 친화 산업의 육성을 위해서는 몇 가지 측면에서 개선이 필요하다. 우선 과다한 정부 규제가 크게 완화되어야 할 것이다. 예를 들어, 중국에서는 약 1억 명이 이용하는 원격진료가 우리는 법으로 금지되어있다. 한국경영자총협회는 우리가 영리병원 설립, 원격의료 허용 등 부가가치 높은 의료산업에 대한 규제를 개혁할 경우 약 18~37만 개의 새로운 일자리가 생길 것으로 추정하고 있다. 또한 질병 유전자 검사를 규제하는 생명윤리법, 의료 데이터 활용을 제한하는 개인정보법 등이 개정된다면 고령 친화 산업의 핵심인 의료산업 발전에 크게 기여할 것이다.

둘째로, 노인장기요양보험제도 개선이 필요하다. 예를 들어, 일본은 수급자 중심의 복지 용구 급여 제공을 위해 복지 용구 품목이 다양하고 세분되어있다. 일본의 개호보험 대여 대상 복지 용구는 약 6100개 품목이나 우리는 700개 품목밖에 안 된다. 복지 용구 급여비 역시 2016년 현재 일본은 약 2조4700억 원에 이르나, 한국은 1100억 원에 그치고 있다. 이에 더해, 일본은 정부와 지자체가 전국 81곳에 있는 고령 친화 제품 상설전시장 운영을 지원하고 있으나, 우리는 성남, 광주, 대구 3곳에서만 운영되고 있다. 그 결과 일본은 매년 오사카와 도쿄에서 열리는 고령 친화 산업박람회에 대기업이 대거 참여하고 있다. 이에 비해, 우리는 복지 용구 시장이 협소해 매년 11월 일산 킨텍스에서 열리는 '시니어 리빙 & 복지 박람회(SENDEX)'에 주로 중소기업이 참여하고 있다.

끝으로, 고령 친화 산업 육성을 위한 정부 차원의 종합적인 추진 체계를 조속히 확립해야 한다. 현재는 보건복지부 요양보험제도과에서 여러 업무 중 하나로 이 업무를 담당하고 있을 뿐 전담 부서가 없는 실정이다. 고령 친화 산업 활성화의 중요성을 감안하여 보건복지부에 전담과를 신설하고, 이를 위해 민관 합동으로 상설회의체(T/F)를 구성 · 운영해야 할 것이다.

'사회 공헌 일자리'로 의미 있는 인생 2막[71]

베이비부머 세대가 머지않아 대거 퇴직할 것으로 전망되는바, 이들의 활기찬 인생 삼모작을 위한 맞춤형 대책 마련이 시급하다. 신중년 사회 공헌 사업의 성공적 추진은 이들에게 일자리를 제공하는 차원을 넘어, 신중년층이 21세기 포용발전과 사회적 가치 시대를 여는 주역이 되는 계기가 될 것이다.

'100세 시대'가 현실이 되고 있다. 그러나 우리나라 직장인의 평균 퇴직 연령은 49세에 불과해 퇴직 이후 유휴 근로 능력 활용이 우리 사회의 뜨거운 쟁점이 되고 있다. 특히 2022년까지 신중년 세대 중 가장 큰 인구 집단이며 상대적으로 고학력인 '베이비부머 세대(1955~1963

71 매일경제 기고문(2020. 6. 1.)

년생)'가 대거 퇴직할 것으로 전망되는바, 이들의 활기찬 인생 삼모작을 위한 맞춤형 대책 마련이 시급한 상황이다.

재취업과 관련하여 신중년 세대는 크게 다음 네 가지 경로 중 하나를 선택할 수 있다. 첫째는 임금 근로자로 재취업하는 것이다. 이는 많은 신중년층이 선호하는 선택이나 근로 조건 및 직무 능력의 불일치는 물론 직장에서 고령자를 배타하는 관행으로 인해 성공한 경우는 20%에도 못 미치고 있다. 둘째는 창업을 하는 것이다. 20% 이상의 신중년층이 생계형 자영업 창업의 길을 선택하였으나, 이들의 5년 생존율은 29%에 그치고 있다. 셋째는 귀농 · 귀촌이다. 특히 외환위기 이후 증가 추세를 보여 2016년 현재 그 규모는 34만 가구, 50만 명에 이르고 있다. 그러나 체계적이고 전문적인 서비스 제공 부족, 원주민과의 갈등 때문에 성공적으로 정착하기가 쉽지 않다. 넷째는 사회 공헌 분야에 참여하여 새로운 인생을 설계하는 것이다. 아직은 참여가 저조하나 향후 전망은 매우 밝다. 그 이유는 국가 운영의 패러다임이 한국은 물론 전 세계적으로도 경제발전 중심에서 경제발전과 사회발전을 동시에 추구하는 '지속가능한 발전'으로 전환되고 있기 때문이다.

우선 국제사회에서 1992년 리우 유엔환경개발회의와 1996년 코펜하겐 사회개발정상회의를 전환점으로 국가 운영의 패러다임이 경제개발, 사회개발, 그리고 환경보전을 동시에 추구하는 방향으로 바뀌었다. 또한 새천년을 맞아 유엔(UN)은 '지속가능발전목표(SDGs)'를 설정하였고 이의 달성을 위해 유엔산하기구는 물론 유엔 회원국 모두가 적극 노력하고 있다. 우리도 이에 동참하여 문재인 정부는 '포용국가'를 국정 목표로 설정하고 사회적 경제 육성, 기업의 사회 공헌 활동 활성화, 공기업 활동의 사회적 가치 제고 등을 통한 새로운 '균형 발전의 시대'를 여는데 노력을 경주하고 있다.

신중년 세대가 이러한 시대적 대세에 부응하여 사회혁신의 새로운 주역이 되려면 사회 공헌 사업이 다음 세 가지 방향으로 전개되어야 한다. 첫째, 새로운 분야에서 좋은 성과를 내기 어렵기 때문에, 양보다는 질 위주의 맞춤형 통합서비스를 단계적으로 제공해야 한다. 예를 들어, 퇴직 전 자원봉사 활동은 퇴직 후 본격적인 사회 공헌 활동의 준비 단계가 될 수 있다. 둘째, 지원체계도 재정 지원을 하는 기업과 정부, 그리고 실질적 경험을 쌓을 수 있는 자원봉사단체, 사회복지시설 등 다양한 기관을 통합적으로 연계하는 관리 기구에 의해 이루어져야 한다. 현재 보건복지부가 추진하는 신중년 사회 공헌 사업에는 한국사회복지협의회가 이러한 가교 역할을 담당하고 있다. 셋째, 복지국가 역사가 오래된 유럽 선진국에 비하면 우리나라는 사회복지서비스 부문의 성장잠재력이 매우 높다. 따라서 신중년 사업은 사회적 기업, 사회적 협동조합, 사회금융 기관 등과의 연계를 통해 사회혁신을 촉진하고 새로운 일자리를 창출하는 데 역점을 두어야 한다.

신중년 사회 공헌 사업의 성공적인 추진은 이들에게 일자리를 제공하는 차원을 넘어, 신중년층이 '21세기 포용발전과 사회적 가치 시대'를 여는 주역이 되는 계기가 될 것이다.

국민연금을 양극화 해법으로[72]

'푼돈 연금'이라는 조롱과 '재원 고갈'이라는 불신을 받고 있는 국민연금을 양극화 해법으로 활용할 수 있다. 2039년 1430조 원에 이를 것으로 전망되는 국민연금 적립금을 일자리 창출 사업에 활용하면 고용 확대와 양극화 해소를 동시에 달성할 수 있다. 또한 고용 확대는 국민연금 재정 안정에도 기여할 것이다.

노후 기본 생활 유지를 위한 국민연금이 '푼돈 연금'이라는 조롱과 '재원 고갈'이라는 불신을 받고 있다. 이런 상황에서 국민연금 개혁은 우리 세대가 시급히 해결해야 할 과제로 꼽히고 있다. 국민연금이 이렇

72 중앙일보 기고문(2012. 11. 2.)

게 골칫덩이로 전락하게 된 이유는 그동안의 제도 변경과 기금 운영이 당초 취지와는 달리 지나치게 근시안적으로 추진되어왔기 때문이다.

국민연금은 1988년 도입 당시에는 평균 소득 대비 급여 수준(소득대체율)이 70%로 설계되었으나 1997년 개혁 과정에서 보험료율은 현행 9%를 유지하면서 급여 수준은 1998년에 70%를 60%로 인하하였고 2008년에는 20년에 걸쳐 단계적으로 40%로 축소하는 내용으로 변경되었다.

OECD 국가와 비교해 볼 때 국민연금 개혁은 급여 수준과 질은 개선하고 보험료 부담은 상향 조정하는 방향으로 추진돼야 함을 잘 알 수 있다. 우선 보험료율의 경우 한국은 9%로 OECD 평균 21%보다 월등히 낮다. 소득대체율 40%를 유지하기 위해서도 보험료율이 15%는 돼야 한다는 전문가들의 재정 추계를 감안할 때 보험료율의 인상은 불가피하고 그 목표치는 적어도 15% 수준이 돼야 한다.

그러나 국민연금은 2020년 4월 말 현재 적립금이 726조 원으로 GDP 대비 적립금 비율이 38%에 이른다. 이 비율은 2031년 42%까지 상승할 것으로 전망되고 있다. 따라서 보험료율 인상은 장기간에 걸쳐 점진적으로 하는 것이 가입자들의 반발을 최소화하면서 적립 기금의 기형적인 팽창도 억제할 수 있다.

국민연금 논쟁의 핵심은 적정한 급여 수준을 결정하는 것이다. 공공연금의 소득대체율이 적어도 60% 수준은 돼야 안정적 노후 생계를 보장할 수 있다는 ILO의 권고를 참고할 필요가 있다. 또한 군인연금과 공무원연금 등 기존의 공공연금이 70% 수준의 소득대체율을 유지하고 있기 때문에 이들 제도와의 형평성을 고려하더라도 국민연금의 소득대체율은 50%를 웃도는 수준에서 결정돼야 한다. 또한 급여 수준의 양적 개선과 동시에 질적 개선을 위한 노력도 해야 한다. 예를 들어, 연금 가입자를 위한 취업 서비스 확대, 출산 인센티브 제고 등의 각종 서비스를 사회투자 전략 차원에서 강화함으로써 일자리 창출과 출산율 제고는 물론 연금재정의 안정에도 기여할 수 있다.

인구 고령화와 노인 빈곤층의 확대는 최근 우리 사회에서 양극화가 심해진 가장 중요한 원인이다. 따라서 국민연금 개혁은 현재 우리 사회의 대표적인 복지 사각지대인 노인 빈곤 문제를 해소하는 수단이 돼야 한다. 이를 위해서는 현재 전혀 별개로 운영되고 있는 기초노령연금과 통합해야 한다. 이 경우 국민연금 미가입자의 기초노령연금은 국고가 부담하는 원칙을 확고히 세워야 할 것이다. 또한 기업연금 등 각종 연금과의 연계 체계를 한층 공고히 함으로써 공공연금의 비대화를 방지하면서 안정된 노후생활을 실질적으로 보장하는 대책도 개혁 방안에 포함해야 한다.

끝으로 언급할 것은, 2020년 4월 말 현재 726조 원, 그리고 2039년에는 1431조 원에 이를 것으로 전망되는 적립 기금은 국가 경제의 발전과 양극화 해소에 활용할 수 있는 최대 규모의 공적 재원이라는 사실이다. 지금까지 적립 기금은 뚜렷한 국가 목표가 설정되지 않은 채 그때그때 상황 변동에 소극적으로 대응하며 운영해왔다. 특히 적립 기금의 규모가 지속적으로 증가해 국내 금융시장에 미치는 영향이 커지면서 '연금 사회주의'에 대한 우려마저 제기되고 있다.

따라서 적립 기금을 일자리 창출과 양극화 해소를 위한 사업에 활용하는 방안을 조속히 마련함으로써 국민연금을 다가오는 고령화 시대에 대비하고 국가 발전 현안을 동시에 해결하는 정책 수단으로 사용해야 한다.

민간 역동성과 공공제도 개선, 사회문제 풀 열쇠[73]

코로나19 사태를 성공적으로 관리할 수 있었던 것은 의료서비스 분야에서 민간부문의 역동성과 공공부문의 제도 개선 노력 덕이다. 의료서비스 분야에서 정부가 건강보험제도를 만들어 운영한 것과 같이 교육서비스와 사회복지서비스 분야에서도 민간이 자신의 역량을 최대한 발휘할 수 있는 생태계를 정부가 조성한다면, 우리의 사회서비스 분야가 대내적으로 고용창출은 물론 대외적으로 국제경쟁력을 갖춘 성장산업으로 발전할 수 있을 것이다.

코로나19 사태는 세계 최강국 미국과 영국 등 유럽 선진국의 부실

73 서울경제 기고문(2020. 6. 21.)

한 의료 체계의 민낯을 보여준 반면 한국 시스템의 우월성을 전 세계에 알리는 계기가 되었다. 2020년 6월 19일 현재 미국의 코로나19 총 확진자는 215만 명이며, 이중 12만 명이 사망했다. 미국에서 첫 번째 10대 사망자로 기록된 19세 한국계 청년은 의료보험이 없어 병원에서 치료도 받지 못하고 희생됐다. 전 국민 의료보험 체계가 확립되지 않아 약 4천만 명에 달하는 미국인이 보험 혜택을 받지 못하고 있기 때문이다. 오랜 역사를 지닌 국가의료체계(NHS)를 자랑하는 영국도 총 확진자 30만 명에 사망자가 4만2천 명에 이르고 있다. 보리스 존슨 영국 총리 자신이 한때 환자가 되어 사경을 헤매는 일까지 벌어졌다. 한국 역시 초기에 중국인 입국을 봉쇄하지 않아 상당한 어려움을 겪었다. 그러나 의료진과 방역 당국의 끈질기고 헌신적인 노력 덕택에 환자 1만2천 명, 사망자 280명으로 선방하고 있다.

2014년 미국 오바마 대통령은 공공 의료보험인 '오바마 케어(Obama Care)'를 도입하면서 한국의 건강보험 체계를 입에 침이 마르도록 칭찬했는데, 이번에 그 진가를 만방에 보여주게 된 것이다. 우리나라에서는 확진자는 물론 의료진이 검사가 필요하다고 인정하는 경우 모두 무료로 진단검사와 치료를 받고 있어 감염자와 사망자 수를 줄이는데 크게 기여하고 있다. 정부는 전 국민이 저렴하게 의료서비스 혜택을 받을 수 있는 제도를 마련했고, 의료서비스 제공은 민간 의료기관이 담당하는 민 · 관 협치 의료체계가 구축되어 있다. 다시 말해, 코로나19 사태를 성공적으로 관리할 수 있었던 것은 의료서비스 분야에서 민간부문의 역동성과 공공부문의 제도 개선 노력 덕이다.

사실 우리 의료서비스는 물론 사회복지서비스와 교육서비스 분야에서는 공공부문을 대신해서 민간부문이 직접 서비스를 전달해 왔다. 이는 사회서비스 분야의 공공지출 부담을 가급적 줄이면서 상대적으로 높은 수준의 서비스 질을 유지할 수 있는 밑바탕이 되고 있다. 반면 유럽 복지 선진국들은 의료는 물론 사회복지와 교육서비스 분야의 상당 부분을 공공이 직접 담당함으로써 정부 재정의 급격한 팽창을 초래했고, 이로 인해 1980년대 이후 '복지국가의 위기'를 불러왔다. 따라서 필자는 이번 보건의료 분야 성공사례의 교훈을 교육과 사회복지 분야로 확대함은 물론 이를 개발도상국에 전파하는 역할을 우리나라가 앞장설 것을 제안한다.

이를 위해서는 의료서비스 분야에서 정부가 건강보험과 장기요양보험 제도를 만들어 운영한 것과 같이 다른 사회서비스 분야에서도 민간이 자신의 역량을 최대한 발휘할 수 있는 생태계를 정부가 조성해야 할 것이다. 예컨대, 교육서비스의 경우 공교육이 제 역할을 못해 사교육 시장이 날로 증가하고 있고 주입식 교육방식으로 창의적인 교육이 잘 이루어지지 않는 것은 정부 책임이 크다. 따라서 이에 대한 근본적인 개선방안 마련이 공공부문이 우선적으로 해야 할 일이다.

사회복지서비스 분야에서는 1990년대 이후 사회복지에 대한 수요가 급증하면서 정부는 다양한 방법으로 서비스를 지원해 왔다. 그러나 지금은 그 종류가 지나치게 많고 전달체계 역시 상호 연계성이 부족해 국민이 느끼는 복지체감도는 그리 높지 않다. 예를 들어, 현재 중앙정부가 운영하는 복지사업의 수가 290가지에 달하고, 수혜자를 결정하는 기준도 100여 개에 이른다고 한다. 그 결과 정부는 물론 민간 차원의 많은 노력에도 불구하고 '복지사각지대' 문제와 '중복 또는 탈법 지원' 문제가 동시에 발생하고 있는 것이다. 이를 개선하기 위해서는 유사 복지제도를 통폐합함과 동시에 사회보장심의회의 심사 기능을 강화해 중앙정부는 물론 지방정부가 새로운 복지제도를 도입할 때 제도 남발로 인한 폐해를 사전에 방지해야 할 것이다. 또한 민간사회복지 관련 단체 간 효율적인 협력체계가 구축될 수 있도록 사회복지사업법 등 관련 법령의 정비도 필요할 것이다.

이번 코로나19 사태를 계기로 우리의 사회서비스 분야가 민간의 창의력과 정부의 제도 개선 노력에 힘입어 대내적으로 고용창출은 물론 대외적으로도 국제경쟁력을 갖춘 성장산업으로 발전하기를 기대한다.

3

The Age of Balance

지속가능한 복지국가의 길

현재 우리는 한국형 복지를 위한 다음과 같은 패러다임의 전환이 필요한 시기를 맞고 있다. 첫째, 새로운 사회복지 패러다임은 복지의 정체성을 새롭게 정립하는 것에서부터 시작해야 한다. 미래 사회의 '복지한국'은 사회과학 이외의 학문과 통합적 사고를 통한 공존의 접근방법론 개발을 주도하는 모습이어야 할 것이다. 둘째, 새로운 사회복지 패러다임 전환은 '가족의 재발견'에 중점을 두어야 한다. 한국의 가정은 아직도 생생하게 살아있다. 가족은 한국사회를 지탱해주는 힘의 근원이다. 셋째, 새로운 사회복지 패러다임은 지역사회를 재구성하는 것에서 찾아야 한다. 함께 일하고 함께 나누는 우리의 공동체적 문화유전자를 다시 복원하고 배양해야 한다. 포용과 배려로 협력하고 화합하는 '공동체주의의 공존 패러다임'이 필요하다. 넷째, 새로운 사회복지 패러다임은 복지에 대한 철학과 이념의 전환으로 마무리되어야 한다. '백년대계로서의 복지에 대한 국가의 철학'을 바로 세우는 것이 시급하다.

— 서상목 · 양옥경 편(2011), 『그들이 아닌 우리를 위한 복지: 21세기 한국 사회의 새로운 복지 패러다임』, 학지사.

지속가능한 복지국가의 길[74]

고령화 속도가 빨라지고 경제에 대한 불확실성이 증가하면서 복지국가의 지속가능성에 대한 우려가 커지고 있다. 이에 대한 해법은 첫째, 복지에 경제 · 경영을 접목하여 효율성을 높이고, 둘째, 사회금융 시장을 활성화하여 사회혁신을 촉진하며, 셋째, 사회복지 분야에서 민간의 역할을 확대하는 것이다. 이에 더해, 시민의 사회적 책임이 새롭게 부각된다면 '모두 함께 만들고 누리는 복지사회'가 구현될 수 있을 것이다.

국가 발전 단계는 크게 세 가지 형태로 나눌 수 있다. 첫째는 국가가

74 백세시대 기고문(2019. 12. 10.)

국방, 치안 등 최소한의 역할만 담당하는 '야경국가', 둘째는 국가가 경제발전에도 역점을 두는 '발전국가', 셋째는 국가가 경제발전은 물론 국민 전체의 복지 향상에 힘쓰는 '복지국가'다. 2차 세계대전 이후 모든 선진국은 복지국가 건설을 위해 선의의 경쟁을 했고 그 결과 큰 성과를 거두었다. 그러나 인구 고령화로 복지지출 증가 속도가 빨라지고, 석유파동, 금융위기 등으로 경제성장에 대한 불확실성이 증가하면서 복지국가의 지속가능성에 대한 우려가 커지고 있다. 그러면 이에 대한 해결책은 무엇일까?

우리나라에서 사회복지 정책에 대한 정부 차원의 관심은 경제발전이 상당 수준 궤도에 오른 1970년대 후반 시작되었다. 1977년 건강보험제도를 도입하고, 1988년 국민연금을 실시하면서 선진 복지제도를 단계적으로 갖추기 시작했다. 1990년 전후 종합사회복지관 등 각종 사회복지서비스 기관이 지역별로 운영되었고, 2008년 노인장기요양보험제도가 도입되면서 우리나라 사회복지는 제도적으로는 거의 완성 단계에 이르렀다. 특히 2010년 지방선거를 계기로 복지가 선거공약의 핵심 영역으로 부각되면서 사회복지의 지속가능성을 염려해야 하는 단계까지 왔다. 특히 우리는 고령화가 일본보다 빠른 속도로 진행되고 있고, 출산율은 세계에서 가장 낮은 0.9명에 불과하다. 현재 추세가 지속된다면 복지지출 확대로 인한 정부 재정의 건전성 악화가 현실화되는 상황을 맞게 될 것이라는 게 국내외 전문가들의 공통된 견해다.

이에 대한 해법은 크게 세 가지 방향에서 찾을 수 있다. 첫째, 복지에 경제와 경영 개념을 접목시켜 사회복지 분야의 효율성을 높이는 것이다. 이러한 시도는 1990년대 후반 영국에서 '제3의 길'이라는 정책[75]으로 처음 시도되었다. 복지 시책 수혜자에게 직업 훈련 및 알선을 통해 일자리를 마련해주고, 이를 거절하는 사람에게는 복지 혜택을 주지 않는 방법이다. 이를 '일자리 복지'라고 한다. 우리나라에서도 1999년 기초생활보장법이 제정되면서 근로 능력이 있는 복지 수혜자에게 근로의무를 부여하고 있다. 이 경우 일을 해서 소득이 높아지면 각종 복지 혜택을 받지 못하기 때문에 스스로 일자리를 찾으려는 의욕이 낮아진다는 게 문제다. 이를 보완하기 위해 근로소득이 일정 수준 미만일 때는 정부가 '근로장려금(EITC: Earned Income Tax Credit)'을 지원하는 제도가 추가로 시행되고 있다.

둘째, 사회금융 시장을 활성화하여 사회혁신을 촉진하는 것이다. 이 역시 영국의 토니 블레어 노동당 정부가 2010년부터 10년간 열정적으로 추진한 정책이다. 경제에서 금융시장은 투자처를 찾지 못하는 자금을 모아 투자 효율이 높은 부문에 투입함으로써 자원 배분의 효율을 극대화하는 역할을 하고 있다. 사회복지와 사회개발 부문에서도 같은 원리를 적용하여 여유자금이 사회적 성과를 최대화하는 방향으로 사용되도록 하는 것이 사회금융 시장의 기능이다. 영국에서 시작된 사회금융 시장의 발달은 미국, 호주 등 영어권 선진국으로 급속히 확대되었다. 최근 우리나라에서도 사회금융 시장이 점진적으로 개발 · 확산되고 있다.

셋째, 사회복지는 정부만의 역할이라는 소극적 시각에서 벗어나는

75 Anthony Giddens(1998), 『The Third Way』, 전게서 참조.

일이다. 기업은 기업 사회 공헌(CSR: Corporate Social Responsibility) 차원에서 그리고 개개인은 시민정신(civility) 차원에서 '모두 함께 만들고 누리는 복지사회'를 건설하는 시대적 과업에 동참하는 것이다. 기업은 주주만의 이익을 위해 활동해야 한다는 것이 신자유주의자 밀턴 프리드먼(Milton Friedman)의 지론이었다. 그러나 이러한 좁은 시각의 기업관은 1980년대 이후 크게 바뀌었다. 이제는 기업이 중장기적 관점에서 주주만이 아니라 기업에 종사하는 근로자, 부품 공급자, 지역사회 등 다양한 이해당사자를 고려하면서 경영해야 회사의 이익을 극대화할 수 있다는 이른바 '이해당사자 이론'[76]이 경영학의 대세를 이루고 있다. 그래서 세계 굴지의 기업 대다수는 경제적 가치와 사회적 가치를 동시에 추구하는 이른바 '공유가치 창출(CSV: Creating Shared Value)'[77]을 기업 경영의 핵심 가치로 삼고 있다.

이에 더해, 건전한 시민정신에 바탕을 둔 사회 구성원 개개인의 사회적 책임이 새롭게 부각되고 있다.[78] 경제적 여유가 있는 사람은 기부금으로, 시간 여유가 있는 사람은 자원봉사 활동으로, 그리고 재능이 있는 사람은 재능기부로 각자의 사회적 책임을 다한다면, '모두 함께 만들고 누리는 복지사회'의 구현은 실현 가능함은 물론 지속가능한 국가 목표가 달성될 수 있을 것이다.

---

76 Freeman, Harrison, Wicks, Parmet & Colle(2010), 『Stakeholder Theory: The State of Art』, 전게서 참조.

77 Porter & Kramer(2011), "Creating Shared Value", 전게서 참조.

78 Bruce Sievers(2010), 『Civil Society, Philanthropy, and the Fate of Commons』, 전게서 참조.

4차 산업혁명과 '사회복지 4.0'[79]

역사적으로 사회복지는 산업혁명 과정에서 야기된 사회문제를 수습하는 '해결사' 역할을 담당해왔다. 당면한 양극화, 고용불안, 인간성 상실 등 '사회복지 4.0' 시대에 산적한 과제를 해결하는 비법은 '따뜻하고 활기찬 지역복지공동체'를 만드는 것이다.

역사적으로 사회복지는 산업혁명 과정에서 야기된 사회문제를 수습하는 '해결사' 역할을 해왔다. 18세기 후반 영국에서 시작된 1차 산업혁명 과정에서 심각한 사회문제로 부각된 도시 빈곤 문제를 해결하기 위해 영국 지식인과 상류사회를 중심으로 자선조직협회(COS)를 결성하

79 서울경제 기고문(2017. 11. 19.)

고 인보관(隣保館) 운동을 시작함으로써 '사회복지 1.0' 시대가 열렸다. 섬유산업으로 시작된 산업혁명의 물결이 수송 · 철강 등 거의 모든 산업으로 확산하는 2차 산업혁명이 진행되면서 새로운 정치세력으로 부상한 근로 계층을 위해 1880년대 사회보험제도가 독일에서 시행된 것을 계기로 '사회복지 2.0' 시대가 시작됐다. '사회복지 2.0' 시대는 1942년 영국 정부의 베버리지 보고서를 시발로 유럽 선진국들이 '복지국가 만들기' 경쟁에 돌입함으로써 본격적인 확장기를, 그리고 2차 세계대전 이후 선진국들이 경쟁적으로 복지 혜택을 확대하면서 전성기를 맞이하게 된다.

'사회복지 3.0' 시대는 1970년대 두 차례 석유파동으로 경제 여건이 악화되면서 복지재정의 지속가능성에 역점을 둔 복지국가의 축소 또는 합리화가 주된 내용으로 1980년 전후 영국과 미국에서 보수 정권 수립과 더불어 시작됐다. '사회복지 1.0'은 시장 기능을 강조하는 애덤 스미스의 자유주의 경제철학에, '사회복지 2.0'은 정부 개입을 정당화하는 케인스 경제학에 기반을 두었다. 반면, '사회복지 3.0'은 정부의 지나친 개입을 우려하는 신자유주의 경제철학에서 비롯됐다고 할 수 있다. 1980년대 시작된 3차 산업혁명의 핵심인 정보기술(IT) 분야 기술혁신이 여러 분야로 확산되면서 새로운 시너지 효과를 내는 4차 산업혁명이 현재 활발히 진행 중이다.

'사회복지 4.0'은 양극화, 고용불안, 인간성 상실 등 3차 산업혁명 과정에서 야기돼 4차 산업혁명을 통해 그 정도가 심해지는 새로운 사회문제를 해결하는 것이 주된 내용이 될 가능성이 크다. 양극화 완화, 고용 창출, 그리고 인간성 회복이라는 얼핏 보면 서로 상충할 것 같은 정책 목표를 동시에 달성할 수 있는 비결은 '따뜻하고 활기찬 지역공동체'를 만드는 것이다.

그 첫 번째 이유로 지역공동체 의식은 필연적으로 나눔 문화에 바탕을 두고 있기 때문에 세계화와 경쟁 심화로 인한 인간성 상실 문제를 근본적으로 해결하는 방법이 될 수 있기 때문이다. 또한 지역공동체 활성화는 상대적으로 소외된 계층을 돕는 포용적 사회를 의미하기 때문에 기술혁신 가속화에 따른 양극화 완화에도 크게 기여할 수 있다. 이에 더해, 지역공동체가 활성화되면 지역 문제 해결을 위한 새롭고 혁신적인 사업의 추진이 가능하기 때문에 4차 산업혁명 시대의 당면 과제인 고용 창출에도 큰 도움이 될 것이다.

따뜻하고 활기찬 지역공동체를 만드는 시대적 과업은 정부 차원의 '읍 · 면 · 동 복지 허브화 사업'과 더불어 민간 차원의 지역별 사회복지협의회 조직의 활성화를 통해 성공적으로 달성될 수 있다. 현재 진행되고 있는 정부 차원의 '복지 허브화' 사업은 지역별로 취약계층을 발굴하고 이들에게 맞춤형 통합서비스를 제공함으로써 양극화 완화에 일조하고 있다. 또한 공공부문은 지역별로 작성한 4년 단위 '지역사회복지계획'을 효율적으로 추진함으로써 양극화 완화는 물론 일자리 창출에도 기여할 수 있을 것이다. 이에 더해, 지역별로 민간주도로 설치된 사회복지협의회가 각종 교육 및 나눔 사업을 추진함으로써 주민의 건전한 시민의식을 함양할 수 있을 것이다. 이와 동시에 지역공동체 활성화 사업을 지속적으로 개발하고 그 과정에서 민간 차원의 물적 및 인적 자원을 동원한다면 일자리 창출에도 크게 기여할 수 있을 것이다.

따뜻하고 활기찬 지역공동체 구축은 정부보다는 민간주도로 이뤄져야 지속성을 담보할 수 있고 시대정신에도 부합한다. 1970년대 추진된 새마을사업이 정부주도의 경제공동체였다면, 21세기형 지역공동체는 민간주도의 복지공동체로서 정부가 이를 적극적으로 뒷받침하는 형태로 추진돼야 한다.

'지속가능한 복지'의 조건[80]

경제와 복지는 동전의 양면이라고 할 수 있다. 따라서 경제와 복지는 양자택일의 문제가 아니라 이를 동시에 발전시킬 수 있는 '지속가능한 복지'를 구현하는 방법상의 문제로 귀착된다. 이를 위해서는 경제에 부담을 주는 복지에서 경제에 도움이 되는 복지가 되어야 한다. 또한 공급자 중심 복지에서 수요자 중심 복지로 바뀌어야 한다. 그리고 이기적 물질주의 가치관을 사랑 나눔의 공동체 의식으로 개조해야 한다. 그러면 '지속가능한 복지'로의 길은 활짝 열릴 수 있을 것이다.

경제와 복지, 성장과 분배 그리고 효율과 형평은 언제나 보수와 진

80 동아일보 기고문(2011. 1. 7.)

보를 가르는 잣대가 되고 있다. 그런데 최근 보수와 진보의 경계선이 허물어지고 있는 것 같다. 2010년 말 동아일보 여론조사에 의하면, '부의 재분배와 경제발전 중 무엇이 중요한가?'라는 질문에 '스스로 진보라고 밝힌 응답자'의 54.6%, 그리고 '스스로 보수라고 밝힌 응답자'의 54.2%가 경제발전을 선택함으로써 거의 차이가 없었기 때문이다. 또한, 세금 관련 의견에 관해서도 세금 인상에 찬성하는 응답자의 비율이 진보 5.8%로 보수 6.4%보다 오히려 낮은 것으로 나타났다. 이는 대다수 국민이 경제발전과 복지 증진에 대해 매우 균형적인 생각을 갖고 있으나, 복지 증진을 위해 세금을 더 걷는 것에 대해서는 대체로 부정적임을 의미한다.

사실 경제와 복지는 동전의 양면이라고 할 수 있다. 복지 향상이 없는 경제발전은 의미가 없으며, 경제발전 없이는 복지 향상이 불가능하기 때문이다. 따라서 경제와 복지는 양자택일의 문제가 아니라, 경제와 복지를 동시에 발전시킬 수 있는 '지속가능한 복지'를 구현하는 방법상의 문제로 귀착된다고 할 수 있다.

'지속가능한 복지'는 '지속가능한 개발'에서 비롯되었다. 이는 1992년 유엔이 브라질 리우에서 환경개발정상회의를 개최하면서 내세운 슬로건이다. 당시만 해도 환경과 경제는 서로 상충되는 개념으로 인식되었으나, 환경 파괴로는 지속가능한 개발이 불가능하다는 논리를 부각시킴으로써 환경이 경제발전 전략의 중요한 축으로 자리 잡는 계기가 되었다. 이명박 정부도 이러한 세계적 추세에 동참하여 '녹색성장'을 국가운영의 핵심 전략으로 채택한 바 있다. 같은 맥락에서 필자는 '지속가능한 복지'가 향후 국가 운영의 핵심축이 되어야 함을 강조하고자 한다.

1990년대 초부터 우리 정부는 유럽 복지국가 모형에 대한 보완책으로 '일자리가 최상의 복지'라는 인식을 바탕으로 '일자리 복지(workfare)' 개념을 정립, 복지와 일자리를 연계하는 각종 사업을 추진해왔다. 저소득층과 장애인을 위한 재활사업, 노인을 위한 실버인력뱅크 사업, 경력 단절 여성을 위한 재취업 사업 등이 그것이다. 또한, 공공 목적의 사업을 기업 형태로 추진하는 사회적 기업도 새로운 지평을 열고 있다. 이러한 사업 모두 '경제에 부담을 주는 복지'에서 '경제에 도움을 주는 복지'로의 전환 성격을 띠고 있다.

우리 복지 정책의 최대 당면 과제는 공급자 중심의 복지 전달 체계를 수요자 중심으로 전환하는 것이다. 그동안 우리나라 사회복지는 취약계층에 대한 시혜 차원에서 발전되어왔기 때문에, 공급자가 자신이 가진 자원을 동원해 수혜자에게 필요할 것으로 생각되는 서비스를 자신에게 편리한 전달 체계를 통해 공급하는 공급자 중심 복지를 실천해왔다고 할 수 있다. 그 결과 많은 사회복지 프로그램이 추진되고 있음에도 불구하고 복지 사각지대 문제와 중복 지원 문제가 동시에 발생하고 있으며, 프로그램 간 연결고리가 약해 사업의 효율성이 크게 낮은 것이 사실이다. 다시 말해, 정부와 민간이 많은 재원과 인력을 사회복지에 투입하고 있음에도 불구하고, 수혜자와 일반 국민의 복지 체감도와 만족도는 이에 미치지 못하고 있다.

이를 개선하기 위해서는 기존의 사회복지 전달 체계를 수요자 중심으로 전면 개편해야 한다. 우선, 수요자에 맞는 맞춤형 서비스를 제공하기 위한 사례관리 시스템이 확충되어야 한다. 또 수요자의 복합적 복지 수요를 충족시키기 위한 복지서비스 공급자 간 네트워크 구축이 이루어져야 한다. 그런데 우리 현실은 전문 인력 부족으로 사례관리가 제대로 되지 않고 있으며, 정부 부처 간의 칸막이 행정으로 복지사업의 통합관리가 잘 안 되고 있다. 또한, 대다수 복지 분야에서 공공보다는 민간이 주도적 역할을 하고 있음에도 불구하고 정부와 민간 간의 협력 체계가 확고하게 정립되어있지 않기 때문에 복지 시스템의 비능률 문제가 상존하고 있다.

세계가치관 조사(World Values Survey)에 의하면, "당신에게 가장 중요한 것은 무엇인가?"라는 질문에 한국인의 75%가 '경제 안정'을 택함으로써 세계 어느 나라보다도 한국인은 경제 문제에 삶의 의미를 두고 있는 것으로 나타났다. 또한, 한국의 자살률은 2018년 기준 10만 명당 27명으로 OECD 국가 중 가장 높으며, 한국인의 행복지수 역시 세계 최하위 수준이라는 것이 각종 조사의 공통된 결과이다. 심지어 경제발전으로 삶이 윤택해지고 있음에도 불구하고, 한국인의 행복지수는 하락하고 자살률은 상승하고 있다.

최근 행복에 대해 연구하는 사람이 많다. 이들 연구[81]의 공통적인 결론은 사람은 보람 있는 일을 함으로써 행복을 느끼고, 대다수 사람이 돈이나 권력보다는 사랑의 나눔 활동을 통해 진정한 삶의 의미를 발견한다는 것이다. 다시 말해, 한국인의 행복지수를 높이기 위해서는 경제적

---

81 Viktor Frankl(2006), 『Man's Search for Meaning』, Edward Deci(1996), 『Why We Do What We Do』, 전게서 참조.

여유보다는 현재의 이기적 물질주의 사고를 사랑 나눔의 공동체 의식으로 바꾸는 것이 필요하다는 결론에 도달한다. 현재 우리 사회에서도 나눔 문화 확산을 위한 활동이 다양하게 전개되고 있다. 이제 남은 과제는 산발적으로 진행되고 있는 나눔 문화 활동을 수요자 중심의 사회복지 전달 체계와 연계하여 '행복한 복지공동체'를 만드는 일이라고 생각한다. 이렇게 될 때 우리가 염원하는 '지속가능한 복지'로의 길이 활짝 열릴 것이다.

왜 지금 복지경영인가?[82]

복지와 경영의 융합인 '복지경영'은 경영과 복지의 두 가지 측면에서 살펴볼 수 있다. 경영 측면에서 복지경영은 기업이 사회적 책임을 다하고 기업 활동의 사회적 가치를 제고하는 것을 의미한다. 또한 복지 측면에서 복지경영은 경영적 시각을 복지 부문에 적용하는 것이다. 역사적으로 복지는 과학보다는 이념적 특성을 갖고 유럽 국가를 중심으로 발전되었으나, 경영은 이념보다는 과학적 접근을 강조하면서 미국을 중심으로 발전되었다. 따라서 복지와 경영의 융합은 이념과 과학의 만남이라는 의미가 있다. 또한 복지는 형평과 분배에 역점을 두는 반면, 경영은 효율성과 효과성을 강조하기 때

82 복지저널 기고문(2018. 6).

문에 두 분야의 접목은 이념적으로 진보와 보수를 아우르는 정치 · 사회적 기능도 수행할 수 있을 것이다.

최근 한국자본주의가 심상치 않은 조짐을 보이고 있다. 경제성장세 둔화로 청년실업이 증가하고 노동시장 양극화로 분배 구조 역시 악화되고 있는 상황에서 성장과 분배라는 두 마리 토끼를 동시에 잡아야 하기 때문이다. 국제적으로 널리 알려진 '한강의 기적'은 고도성장과 더불어 소득분배도 양호한 상태를 이룬 것으로 요약할 수 있는데 지금 우리 현실은 정반대다.

자본주의 역사를 살펴보면 경제가 위기에 처할 때마다 패러다임 전환으로 새로운 해법을 제시했고, 그 결과 자본주의는 위기 극복은 물론 새롭게 도약하는 계기를 마련했다. 애덤 스미스로 대표되는 자유주의 경제철학에 바탕을 둔 시장경제가 1929년 경제 대공황이라는 암초에 걸리자 케인즈 경제학이 대두되었다. 그 결과는 대공황 극복에 더해 '복지국가'라는 선물을 선진국에 안겨주었다. 이러한 성과에도 불구하고 복지국가 모델 역시 1970년대 두 차례의 석유파동과 인구 고령화라는 새로운 도전에 직면하면서 대대적으로 수정되었다. 1980년 이후 대두된 신자유주의 경제학 이론은 정책의 효율성과 지속가능성을 제고하기 위해 복지 분야에서 일자리와 기업가정신을 강조하는 계기가 되었고, IT혁명과 금융시장의 세계화라는 새로운 물결을 일으키는 기폭제가 되었다. 그러나 2008년 세계 금융위기가 발생하고 양극화 현상이 점차 심화되면서, 신자유주의에 대한 회의론과 더불어 경제 운용에 있어 새로운 패러다임을 찾아야 한다는 목소리가 커지고 있다.

이 같은 경제 운용 패러다임 변화는 우리나라에서도 지속적으로 있었다. 1961년 집권한 박정희 정부는 시장자유주의와 국가기획주의의 융합이라고 할 수 있는 '박정희 패러다임'[83]을 수립·시행함으로써 고도성장을 이루었고, 일자리 창출과 실질임금 향상을 통한 소득분배 개선도 동시에 이룩할 수 있었다. 또한 1970년대 초부터 중화학공업을 육성한 결과 우리나라 산업 구조는 대기업 집단 중심으로 고도화되었고 고도성장 추세도 지속되었다. 그러나 양적 성장 중심의 기업경영은 대기업 집단의 경쟁력 약화와 금융기관 부실화로 이어졌고 그 결과 1997년 외환위기가 발생했다. 국가적 위기 상황에서도 우리 정부는 과감한 재벌 개혁, 금융 개혁과 공공 개혁을 추진했고, 이러한 처방의 이론적 근거는 신자유주의 경제학이었다. IMF 개혁안을 성공적으로 집행한 결과, 우리 정부는 불과 1년이라는 짧은 기간에 위기를 극복하여 경제를 정상궤도에 올려 놓았다.

이러한 외환위기 극복 경험은 대기업, 금융기관과 정부 운영 행태를 양적 성장에서 질적 개선 중심으로 크게 전환시키는 계기가 되었다. 기업은 성장 중심의 공격적 경영에서 수익 중심의 보수적 경영을 함으로써, 수익의 상당액을 사내 유보금으로 적립할 수 있었고, 국내 투자보다 해외 투자를 선호하는 새로운 현상이 발생하고 있다. 금융기관의 보수적 경영으로 인해 자금 지원이 필요하나 신용도가 상대적으로 낮은 중

83 황병태(2011), 『박정희 패러다임』, 조선뉴스프레스.

소기업과 벤처기업의 투자가 위축되고 있다. 정부 역시 공무원과 공공기관 신규직원 채용에 신중을 기하게 되었고, 고용 축소와 임금 억제는 공공기관장을 평가하는 주요 지표가 되었다. 이러한 상황에서 강성 노조의 집단이기주의와 정부의 미온적 대응으로 인해 노동시장의 유연화 정책은 실효를 거두지 못하였고, 비정규직 증가로 인한 임금의 양극화 현상은 오히려 심화되고 있다.

새 술은 새 부대에 담아야 한다. 현재 우리 현실이 바로 여기에 해당한다고 생각한다. 필자는 지속가능한 자본주의와 복지국가를 만들어가는 새로운 패러다임으로 경제와 복지의 융합을 의미하는 '웰페어노믹스' 개념을 제시한 바 있다.[84] 복지와 경영의 융합인 '복지경영'은 경영과 복지의 두 가지 측면에서 살펴볼 수 있다. 경영 측면에서 복지경영은 기업이 사회적 책임을 다하고 기업 활동의 사회적 가치를 제고하는 것을 의미한다. 최근 기업경영 추세는 이러한 방향으로 가고 있다. 또한 복지 측면에서 복지경영은 경영적 시각을 복지에 적용하는 것으로 정의할 수 있는데, 이 역시 시대적 대세로 정착되어가고 있다. 각종 복지사업의 사회적 성과를 측정하여 그 결과에 따라 공공지원을 연동시키기도 하고, 공공이 운영하던 복지사업을 민간에게 위탁하는 사례도 증가하고 있다. 또 복지사업을 사회적 기업가에게 맡기고 이를 사회금융 등의 방법으로 지원하기도 한다.

역사적으로 복지 분야는 과학보다는 이념적 특성을 갖고 유럽 국가

84 서상목(2013), 『웰페어노믹스』, 전게서 참조.

중심으로 발전되었으나, 경영 분야는 이념보다는 과학에 역점을 두면서 미국 중심으로 발전되었다는 차이점이 있다. 따라서 복지와 경영의 융합은 이념과 과학의 만남이라는 차원에서 새로운 지평을 여는 효과가 있다. 또한 복지는 형평과 분배에 역점을 두는 반면 경영은 효율성과 효과성을 강조하기 때문에, 이와 같이 서로 다른 두 분야의 접목은 이념적으로 진보와 보수를 아우르는 정치 · 사회적 기능도 수행할 수 있을 것이다.

우리나라에서 복지경영이라는 용어는 2009년 필자가 이사장으로 있던 경기복지재단이 서울대학교와 공동으로 '복지경영 최고지도자 과정'을 개발 · 운영하면서 처음으로 사용하기 시작했다. 2011년 복지와 경영 전문가로 구성된 한국복지경영학회가 결성되어 현재 활발하게 활동하고 있다. 학술적 차원에서 복지경영 개념의 발전과 사회복지 현장에서 이를 실천하는 것은 지속가능한 복지국가 발전에 초석이 될 수 있을 것이다.

한국의 사회개발 경험도 수출할 수 있다[85]

우리에게는 경제개발뿐만 아니라 사회개발 분야도 개도국에 전수할 수 있는 성공 사례가 많다. 건강보험 등 사회보험 분야가 대표적인 예다. 사회복지관 등 사회서비스도 개도국이 부러워하는 분야다. '포용적 발전' 시대를 맞아 국제사회에서 한국의 선도적 역할이 기대된다.

우리나라는 1960년대 초 이후 수출산업의 급신장을 통해 높은 경제성장과 산업 구조의 고도화를 이룩했다. 이는 단기간에 세계 최빈국에서 선진국으로 도약한 경제개발의 성공 사례로 국제사회에 널리 알려져 있다. 많은 개발도상국은 이러한 우리의 경제개발 경험을 배우려 하

85 서울경제 기고문(2018. 10. 18.)

고 있고, 이에 부응해 정부는 1997년 한국개발연구원(KDI) 내 국제정책대학원(KDI School)을 설립 · 운영하고 있다. 국제사회에서 '한강의 기적'이라고 불리는 한국 경제개발의 성공 비결은 시장원리와 정부 개입이라는 상이한 개념의 '절묘한 조화'에 기반한다. 최근 베트남과 중국의 성공 사례는 정치적 권위주의와 경제적 시장원리의 조합인 이른바 한국의 '박정희 패러다임'을 자국에 적용한 결과라 할 수 있다.

정부 차원의 사회개발 노력은 1970년대 후반에야 비로소 시작됐다. 경제개발 성공에 자신감을 갖게 된 정부는 1977년 국민건강보험제도를 도입했고 KDI에 사회개발부도 신설했다. 1962년 시작된 '경제개발 5개년계획'의 명칭을 1982년 '경제사회발전 5개년계획'으로 변경하면서 사회개발을 본격적으로 추진했다. 1988년 국민연금제도가 추진됐고 1995년 고용보험제도가 도입되면서 우리나라 사회개발은 완성 단계에 들어서게 됐다.

우리나라 사회서비스 부문 발전에는 정부보다는 민간이 선도적 역할을 했다. 한국전쟁으로 고아와 과부가 속출하자 민간단체(NGO)들은 외국 NGO의 지원을 받아 사회복지시설을 설립 · 운영하기 시작했다. 1970년 사회복지사업법이 제정됨으로써 사회복지사업의 범위가 정해졌고 이 분야에서 민간과 정부의 역할도 명시됐다. 또한 이 법은 전쟁 중이던 1952년 부산에서 설립된 한국사회복지협의회가 민관 간 가교역할을 하도록 명시했다. 1990년대부터 사회복지관 설치 · 운영이 활성화되면서 지역 단위의 민간 사회복지 활동은 사례관리를 통한 전문화의 길을 걷게 됐다. 이에 더해, 1988년 일선 지방행정 현장에 사회복지 전담 공무원이 배치되기 시작했고, 정부가 '읍 · 면 · 동 복지 허브화 사업'을 적극 추진하면서 공공부문의 사회복지 전달 체계 역시 자리 잡게 됐다.

이와 같이 우리는 '선(先) 경제개발, 후(後) 사회개발' 전략에 성공했다. 그러나 최근 세계은행과 국제통화기금(IMF) 등 경제 분야 국제기구는 경제개발과 사회개발을 동시에 추구하는 이른바 '포용적 성장(inclusive growth)' 전략을 권장하고 있다. 이는 경제개발과 사회개발이 동전의 양면과 같이 서로 분리할 수 없는 정책 목표라는 생각에 기초하고 있다. 이러한 인식의 변화는 1992년 브라질 리우 유엔환경개발회의에서 시작됐다. 이 회의에서 '지속가능한 발전(sustainable development)'이라는 용어가 개발도상국 발전 전략의 새로운 패러다임으로 채택되었다. 이는 2015년 유엔이 17개 분야 169개 '지속가능개발목표(SDGs)'를 설정해 전 세계가 이를 실행하는 단계로까지 발전하게 됐다. 우리도 이러한 국제적 추세에 따라 문재인 대통령이 지난 2018년 9월 6일 역대 정부 최초로 사회 분야 전략 회의를 주재하면서 '모두가 누리는 포용적 복지국가'를 국정 목표로 선정 · 발표한 바 있다.

이러한 국내외 환경 변화에도 불구하고 우리나라 국제협력 사업은 사회개발보다는 경제개발 부문에 편중돼있다. 예를 들어, 대표적인 대외협력 기구인 한국국제협력단(KOICA) 사업의 절대 다수가 경제개발 부문에 집중돼있다. 또한 한국의 발전 경험을 개도국에 전수하는 KDI의 '지식기반 개발협력사업(KSP: Knowledge Sharing Program)' 역시 경제개발 분야가 절대 다수를 차지하고 있다. 이제 포용적 발전이 강조되는 국내외 여건 변화와 함께 우리에겐 사회개발 분야의 성공 경험도 많다는 사실을 감안해, 국제협력 분야에서도 경제개발과 사회개발 간 균형을 잡아야 하는 전환기에 이르렀다. 일례로, 한국사회복지협의회는 최근 몽골 · 베트남 등 개발도상국은 물론 세계사회복지협의회(ICSW)로부터 사회복지 전문가 육성을 위한 국제협력 사업을 펼쳐줄 것을 요청받고 있다. 이를 위해서는 사회개발 분야 국제협력을 전담하는 전문기구 설립도 적극 검토할 필요가 있다고 생각한다.

초저출산 시대에 필요한 사고 전환[86]

우리나라 합계출산율이 세계 최저 수준이다. 이는 그동안 정부가 추진해온 저출산 정책이 별 성과를 거두지 못하고 있다는 증거인바 새로운 접근이 필요하다. 첫째, 가족의 중요성을 인식하고 인본주의적 가치관을 함양하는 사회교육을 활성화해야 한다. 둘째, 혼외출산을 금기시하는 사회 편견을 버려야 한다. 셋째, 임신, 출산, 양육 과정에서 정부 지원을 확대해야 한다. 넷째, 보건복지부 장관을 사회부총리로 격상시켜 정부 추진 체계를 강화해야 한다.

통계청 자료에 의하면 2019년 출생아는 30만3100명으로 1년 전보

86 월간 헌정 기고문(2018. 4.)

다 7.3% 감소했고 합계출산율은 0.92명에 그쳤다. 이는 1970년 관련 통계를 작성한 이래 최저치다. 이러한 사실이 널리 알려지면서 2006년부터 2019년까지 총 185조 원이라는 막대한 재원을 투입한 저출산 정책이 실패했다는 낭패감과 더불어 우리가 저출산 문제를 과연 극복할 수 있을 것인지에 대한 불안감마저 고조되고 있다. 따라서 지금은 그간 추진했던 정책이 실효를 거두지 못한 원인을 철저히 분석하고 이를 바탕으로 새로운 전략을 모색해야 할 시점이다.

저출산 정책이 성과를 내지 못한 가장 큰 이유는 1960년대 초 이후 거의 30년간 강력하게 추진해온 출산 억제 정책이 너무 성공했기 때문이다. 경매에서 지나치게 높은 가격으로 낙찰된 승자가 과도한 지출로 후유증을 겪게 되는 것을 '승자의 저주(winner's curse)'라고 한다. 우리나라 인구 정책이 바로 이런 경우라고 할 수 있다. 우리 정부는 1961년 이후 가족계획 사업을 강력히 추진함으로써 출산율을 급속히 떨어뜨리는 성과를 거두었다. 그러나 이 과정에서 '성공의 환상'에 빠져 1980년대 중반 출산율이 이미 인구 대체 수준인 2.1명에 이르렀는 데도 불구하고 정책 전환은커녕 1990년대 중반까지 출산 억제 정책을 지속했다.

예를 들어, 1991년 6월 발간한 『인구정책 30년』에는 그간 가족계획 사업의 성공담만 상세히 기술되어있을 뿐, 출산율 급락에 따른 문제점에 대해서는 아무런 언급이 없다. 불행 중 다행으로 당시 보건복지부 장관이던 필자가 1995년 가족계획 사업을 중단시켰으나, 출산율 전망에 대한 불확실성 때문에 출산 장려로의 정책 전환은 이루어지지 않았다. 결국 2003년 출산율이 1.18명에 이르자 문제의 심각성을 인식한 정부는 2005년 '저출산 · 고령사회기본법'을 제정했고, '저출산 · 고령사회 기본계획'을 5년 단위로 수립하기 시작하면서 국가 차원의 대책을 마련하였다.

출산 억제의 기본 생각은 '아이를 적게 낳아 잘살아보자.'라는 것이었다. 그러나 장기간 가족계획에 대한 범국가 차원의 홍보로 인해 국민 의식은 물질주의에 물들었다. 따라서 저출산 정책의 첫 번째 과제는 우리가 지닌 물질주의적 가치관을 인본주의적으로 바꾸는 것이다. 이러한 사고의 전환을 위해서는 학교교육은 물론 시민 대상 사회교육에 가족의 중요성과 인본주의적 가치관을 강조하는 내용을 담아 이를 적극 추진해야 한다. 이를 위해서는 무엇보다도 인구보건복지협회의 교육 및 홍보 기능이 대폭 강화되어야 할 것이다.

출산율 제고를 저해하는 또 하나의 가치관 문제는 혼외출산을 금기시하는 사회 편견이다. 흔히 저출산의 원인으로 만혼 및 비혼 등 혼인 상태와 출산율을 강하게 연결 지어 설명한다. 그러나 사실 우리나라 혼인율은 OECD 국가 평균에 비해 오히려 높은 편이다. 혼인율과 출산율 관계에서 보이지 않는 숨은 고리는 혼외출산율이다. 세계적으로 합계출산율과 혼외출산율은 대체로 양(+)의 상관관계에 있다. 2016년 기준 OECD 주요 국가의 합계출산율과 혼외출산율은 프랑스(1.89명, 56.7%), 스웨덴(1.85명, 54.6%), 미국(1.82명, 40.2%), 덴마크(1.79명, 52.5%), 호주(1.79명, 34.4%) 등이다. 이들과 비교했을 때 우리나라는 합계출산율이 1.17명이었을 때 혼외출산율은 겨우 1.9%였다. OECD 평균 혼외출산율 39.9%에 비해 20분의 1 수준이다.

이같이 낮은 혼외출산율은 높은 수준의 낙태와 기아(棄兒) 문제로 이어진다. 법적으로, 사회 · 문화적으로 혼외출산이 금기시되기 때문이다. 또한 혼외출산을 하더라도 입양으로 이어지는 경우가 대부분이다. 이를 입증하듯 2019년 전체 입양 아동 중 미혼모 아동의 비율이 국내 83.3%, 국외 99.7%를 차지할 정도로 압도적이다. 이제 우리도 법적 부부가 아니면 '정상 가정'으로 받아들이지 않는 사회 · 문화적 인식을 바꿀 때가 되었다.

혼외출산율을 높이기 위해서는 '모든 아이는 국가가 책임져야 한다.'라는 데 국민이 공감해야 한다. 임신 시기부터 정부 지원을 강화하고 특히 미혼모 · 미혼부에 대한 인식 개선과 지원 강화 정책이 동시에 추진되어야 한다. 통계청 인구조사에 따르면 2018년 우리나라 미혼모는 약 2만1200명, 미혼부는 약 7800명으로 총 2만9천 명에 이른다. 이들 대다수는 경제적 빈곤과 더불어 사회적 차별에 시달리고 있다. 출산율 제고에 가장 성공적인 나라로 꼽히고 있는 프랑스는 1999년 '시민연대협약(PACS)'이라는 새로운 형태의 가족제도를 도입했다. PACS를 선택한 동거 커플은 법적으로는 미혼이지만 정식 혼인한 부부와 차별 없는 각종 혜택을 받고 있다. 이제 우리도 '한국형 PACS' 제도의 도입을 전향적으로 검토할 필요가 있다고 생각한다.

저출산 정책이 실효를 거두지 못한 또 하나의 원인은 정책 추진 체계가 취약했기 때문이다. 이는 범정부 차원에서 강력히 추진한 가족계획 체계와는 대조적이라고 할 수 있다. 이를 개선하기 위해서는 사회부총리 제도를 강화하고 활성화해야 한다. 경제 분야에서 '한강의 기적'은 경제부총리 제도의 도입과 활성화에 기인한 바 컸다. 이 시대 최대 정책 현안인 저출산 문제 해결을 위해 이를 총괄하는 보건복지부 장관을 사회부총리로 보임해 저출산 종합 대책을 수립케 하고 관련 예산을 집행 · 조정하는 책임을 맡길 것을 제안한다.

국민연금, 조기 신뢰 회복과 중장기 개혁 방향 제시해야[87]

국민연금이 어려움에 처하게 된 원인은 첫째, 장기 재정 전망 발표로 기금 고갈에 대한 불안감 상존, 둘째, 여러 차례의 축소 지향적 개편으로 '푼돈 연금'으로 전락, 셋째, 공무원연금에 비해 낮은 급여 수준 등을 지적할 수 있다. 근본적인 개선을 위해서는 첫째, 지급 보장을 법에 명기하고, 둘째, 연금기금 운용의 전문성을 제고하며, 셋째, 특수직역연금과 통합하는 등의 개혁 조치가 필요하다.

국민연금제도발전위원회가 국민연금 재정 조기 소진을 막기 위해 보험료율을 올리고 납입 기간을 늘리는 것을 골자로 한 개혁안을 발표

---

87 월간 헌정 기고문(2018. 10.)

하자 젊은 세대의 불만이 들끓고 있다. "지금 당장 먹고살기 힘든데 무슨 연금을 올리고 65세까지 내라고 하나!", "평생직장이 없어진 시대에 그나마 연금을 내기도 벅찬데 수령 나이 올리고 연금 보험료 인상하려는 게 제정신인가!", "차라리 국민연금을 폐지하라!" 등이 청와대 국민청원 게시판에 올라온 댓글이다.

이처럼 국민연금이 어려움에 처하게 된 원인은 크게 세 가지다. 첫째, 기금 고갈에 대한 불안감이다. 1998년 이후 5년마다 국민연금기금이 몇 년도에 소진될 것이라는 보도가 뉴스 헤드라인을 장식하면서 젊은 계층이 자신들은 보험료만 내고 연금은 받을 수 없게 될 것이라는 불안감을 갖게 되었다. 특히, 출산율이 지속적으로 낮아지고 재정 추계 때마다 기금 고갈 시기가 앞당겨지면서 국민연금에 대한 국민 불신은 더욱 고조되었다. 5년마다 재정 추계를 의무화하여 재정 건전성의 중요함을 부각시키려는 당초 의도와는 달리, 국민연금에 대한 국민 불안이 조장되는 부작용을 야기하고 있는 것이다.

두 번째 원인은 국민연금이 '푼돈'이 되었다는 사실이다. 국민연금은 그간 두 차례 큰 제도 변혁이 있었다. 1998년 소득대체율을 당초 70%에서 60%로 낮췄고, 2008년 다시 50%로 하향 조정했다. 그 후 2028년까지 매년 0.5% 포인트씩 감소시켜 40%까지 떨어지게 했다. 연금 급여 수준이 제도 도입 초기보다 이처럼 대폭 축소된 것은 세계적으로도 유례없는 일이다. 그리고 5년마다 기금 고갈 문제가 부각되자 여야 정치권은 이를 보완하기 위해 1998년부터 보험료율은 9%로 동결시키고 그 대신 연금 급여 수준을 지속적으로 하향시키는 미봉책을 선택했다. 또한 소득대체율은 가입 40년을 기준으로 추계했으나, 실제 국민연금 평균 가입 기간은 17년에 불과하기에 현재 실질 소득대체율은 24%에 그치고 있다. 따라서 국민연금만으로 노후 생계비를 충당하기는 턱없이 부족한 실정이다.

세 번째 원인은 군인연금, 공무원연금, 교직원연금 등 특수직역연금에 비해 연금 급여 수준이 낮아 국민연금 가입자들의 상대적 박탈감이 크다는 사실이다. 1986년 국민연금 설계 당시 소득대체율을 70%로 높게 책정한 것은 특수직역연금의 소득대체율과 형평을 맞추려는 의도였다. 그러나 지난 30년간 있었던 연금 개혁 과정에서 국민연금 소득대체율은 급속히 낮아진 반면, 특수직역연금은 기금이 소진되었어도 크게 낮아지지 않아 소득대체율이 62% 대 45%라는 큰 격차를 보이게 되었다. 실제로 2019년 1인당 평균 급여액은 국민연금이 월 42만 원인데 반해 공무원연금은 240만 원으로 약 6배나 많았다. 이에 더해, 월 소득 상한이 공무원연금은 830만 원대이나 국민연금은 460만 원대로 낮고, 국민연금은 소득재분배 기능도 크기 때문에 고소득층의 실질 소득대체율은 매우 낮다. 그 결과 국민연금에 대한 불신은 연령이 낮을수록 그리고 소득 수준이 높을수록 큰 것으로 나타나고 있다.

필자는 1986년 당시 전두환 대통령이 공적연금제도 도입에 매우 부정적일 때 국민연금 설계와 정책 결정 과정에서 주도적인 역할을 했다.[88]

---

88 국민연금 도입과정에 대한 자세한 내용은 『한국의 사회보험, 그 험난한 역정』(나남, 2019) 중 "제1장: 국민연금 도입, 깃발을 들다"를 참조.

1995년 보건복지부 장관 재임 당시 재정경제원의 반대에도 불구하고 국민연금의 농촌지역 확대로 '전 국민 연금화'를 추진하는 등 국민연금과는 인연이 매우 깊다. 이러한 경험을 토대로 위기에 처한 국민연금에 대해 다음과 같은 장단기 개혁안을 제시한다.

첫째, 국민연금법에 지급 보장을 명기함으로써 연금기금이 고갈되어 연금을 받을 수 없게 될 것이라는 젊은 층의 불안감을 불식시켜야 한다. 국민연금은 도입 당시부터 국가 지급 보장을 당연시하였으나, 이러한 조항을 법에 명시하지 않음으로써 불필요한 오해를 야기하게 되었다. 이를 위한 법 개정이 순조롭게 진행되기를 기대한다.

둘째, 국민연금기금 운용본부를 전주에서 서울로 이전해 2020년 4월 말 현재 726조 원에 달하고 2039년 1431조 원이 될 것으로 추계되는 국민연금기금 운용이 우수한 전문 인력에 의해 높은 수익률을 달성할 수 있도록 해야 한다. 그간 서울에 있던 기금운용본부를 전주로 옮김으로써 많은 우수 인력이 그만두었다. 기금운용본부를 지방으로 이전해 투자자와 자본시장 간 네트워킹에 문제가 있다는 지적도 귀 기울여야 한다. 기금운용본부가 전주에 있다고 해서 전주 지역이 발전하는 것은 아니라는 사실을 지역 주민에게 설득하는 한편, 국민연금공단의 지역사회 공헌 사업을 활성화하는 '솔로몬의 지혜'가 필요하다고 판단된다. 이에 더해, 국민연금기금 운용의 전문성과 정치적 중립성을 보장하기 위한 제도 개선책도 마련함으로써 기금 운용에 대한 국민 신뢰도를 높여야 할 것이다.

셋째, 장기적으로 국민연금과 특수직역연금과의 격차를 해소하여 궁극적으로는 이들을 통합한다는 원칙을 확고히 함으로써 국민연금 가입자의 상대적 박탈감을 원천적으로 해소해야 할 것이다. 이를 위해서는 국민연금과 퇴직연금 성격을 동시에 지니고 있는 특수직역연금에서 퇴직연금을 별도로 분리하는 작업이 선행되어야 한다. 또한 기초연금이 없는 상황에서 설계된 국민연금에는 소득재분배 기능이 강하게 내재되어있는 바, 기초연금이 도입된 지금은 국민연금을 특수직역연금과 같이 '소득비례 연금화'하는 작업이 동시에 추진되어야 할 것이다.

넷째, 이러한 개혁 과정에서 가장 중요한 것은 국민연금의 소득대체율을 정하는 것이다. 향후 특수직역연금과의 통합을 위해서도 소득대체율이 50%는 돼야 한다는 것이 필자의 의견이다. 이는 문재인 대통령의 대선 공약과도 일치한다. 이를 위해서는 보험료율을 단계적으로 인상하는 게 필수 과제다. 다행히 적립식으로 운영되는 국민연금은 2039년까지 계속 적립금이 쌓이게 될 것으로 전망되기 때문에 보험료율 인상은 장기간에 걸쳐 단계적으로 하면 된다. 참고로 공무원연금의 보험료율은 18%이고, 대다수 선진국의 연금 보험료율 역시 평균 18%이다. 또한 국민연금의 초기 모델인 일본의 후생연금 역시 처음에는 한국과 같이 보험료율 3%에서 시작하였으나 현재는 18%에 이르고 있다.

다섯째, 국민연금은 이른바 '다층 노후소득보장 체계'의 일부에 불과하기 때문에 국민연금 개혁안은 종합적인 노후소득보장 방안 차원에서 다루어져야 할 것이다. 다층 체계에서 0층은 기초연금으로 모든 노인에게 최소한의 생계를 보장하는 기능을 수행한다. 1층은 국민연금으로 자신이 납부한 보험금을 기초로 은퇴 후 연금을 통해 노후생활 안정에 기여한다. 2층은 퇴직연금으로 안정된 직장이 있는 경우 근로자와 사업자가 공동으로 부담하는 보험금을 토대로 국민연금에 더해 노후소득을 보장하는 기능을 수행한다. 3층은 개인연금으로 개인이 별도로 연금보험에 가입해 추가적인 노후소득을 마련하도록 한다. 우리의 경우 기초연금은 모든 노인에게 정액을 지급하는 것으로 변경하고, 국민연금은 소득비례 연금으로 개편할 필요가 있다. 또한 대기업에서만 운용되는 퇴직연금은 그 기능이 제한적이기 때문에 확대 방안이 마련되어야 한다. 개인연금 역시 부담 능력이 있는 계층에게만 한정되어있는 바, 중 · 저소득층에 확대될 수 있는 유인책이 필요하다. 따라서 국무총리 산하에 이러한 복합적 문제를 포괄적으로 다루어 개선 방안을 제시할 수 있는 '노후소득보장위원회'를 새로 구성 · 운영할 것을 제안한다.

고령화와 저출산이 보편화되면서 공적연금은 모든 선진국에서 가장 어려운 사회보장 문제로 부각되고 있다. 사회적 합의 도출이 상대적으로 잘 되는 일본, 독일, 북유럽 국가에서는 연금 개혁이 지속가능한 방향으로 잘 이루어지고 있다. 반면, 그리스 등 남유럽 국가, 니카라과 등 중남미 국가와 러시아에서는 연금 개혁이 정치 · 사회적 갈등과 혼란을 야기하는 원인으로 작용하고 있다. 우리 나라 연금 개혁 역시 우리가 당면한 가장 어려운 혁신 과제로, 이의 성공 여부는 우리 사회의 성숙도를 가늠하는 잣대가 될 것이다.

수요자 중심의 복지서비스 제공해야[89]

복지서비스를 어디서 어떻게 받아야 할지 막막하다. 그 이유는 서비스가 공급자 중심으로 제공되기 때문이다. 경기도 무한돌봄센터는 사례관리를 바탕으로 수요자 중심의 맞춤형 복지서비스를 제공하기 위해 만들어진 전달 체계다. 이를 통해 복지 선진국으로의 도약이 앞당겨지기를 기대한다.

현재 중앙정부가 제공하는 복지서비스는 무려 290여 개에 달한다고 한다. 그러나 서비스 전달 체계가 복잡다단해 주민들은 원하는 서비스를 어디서 어떻게 받아야 할지 막막한 것이 현실이다. 가까운 복지관이나 주민자치센터를 찾아가지만 그럴 때마다 상담해야 하고, 그렇게 하

89 중앙일보 기고문(2010. 4. 2.)

고도 정작 필요한 서비스를 받지 못하는 경우가 많다. 이런 문제가 발생하는 이유는 복지서비스 제공기관이 서로 연계돼있지 않고 공급자 중심으로 복지서비스가 제공되기 때문이다. 이런 차원에서 복지서비스를 수요자 중심으로 제공해야 한다는 주장은 그간 여러 차례 제기됐으나 아직 실현되지 못하고 있다.

수요자 중심의 사회복지서비스를 갖추려면 서비스 전달 체계의 중심을 개인과 가족으로 이동할 필요가 있다. 이러한 사회복지서비스 제공 방식을 사례관리(case management)라고 한다. 개인과 가족을 중심으로 서비스를 제공하기 때문에 복합적 문제가 있는 경우 여러 기관에서 서비스를 받게 된다. 물론 중복된 서비스가 아니라 욕구별로 다양한 서비스가 제공되는 것이다. 그러나 사례관리 방식의 서비스 제공이 쉽게 이뤄지는 것은 아니다. 지역 단위로 이를 독려하고 지원해야 한다. 민간복지기관 간 연계를 강화하고, 사례관리 방식으로 서비스가 제공될 수 있도록 지원하는 역할을 하는 기구가 있어야 한다.

2010년 경기도 28개 시 · 군에 '무한돌봄센터'가 설치되었다. 이 센터는 주민의 복지서비스에 대한 다양한 욕구가 한 번의 방문으로 해결되도록 지원하는 곳이다. 운영은 민관 협력 방식으로 이뤄진다. 따라서 공공이 주도해 민간기관의 적극적인 참여가 어렵거나 민간이 주도해 공공의 힘을 얻지 못하는 것이 아니라, 전문성과 함께 민간의 적극적인 참여와 공공의 힘을 동시에 제공받을 수 있다.

이렇게 사회복지서비스 전달 체계가 개편되면 위기 가정은 편리하게 원하는 서비스를 받을 수 있게 된다. 즉 주민자치센터나 집 근처 사회복지시설을 방문해 한 차례 기본적인 상담을 받고 나면 이 기관 저 기관 다니면서 상담할 필요도 없고, 직접 어떤 서비스가 있는지 찾아보지 않아도 된다. 사례관리 과정에서 위기 가정의 욕구를 충족시킬 수 있는 사회복지사가 가정에 찾아와 필요한 서비스를 제공하기 때문이다. 이 과정에서 지역 단위 각종 복지 자원이 연계됨에 따라 복지서비스의 중복 수혜와 사각지대 문제도 저절로 해결된다. 또한 위기 가정에 대한 지원이 어려워 발을 동동 굴렀던 현장의 사회복지사들, 읍 · 면 · 동 사회복지 공무원 업무가 줄어들 뿐만 아니라 사례관리의 전문성과 질을 높임으로써 복지 선진국으로의 도약을 앞당길 수 있을 것이다.

국민 복지 만족도 제고를 위한 해법[90]

사회복지 부문 최대 현안은 전달 체계에서 민간부문의 역할을 확립하고 이를 공공 전달 체계와 연결시키는 것이다. 이를 위해서는 시 · 군 · 구 단위 사회복지협의회 조직을 활성화해 해당 지역에서 복지 현안을 발굴하여 그 해결책을 제시하고, 이의 추진에 필요한 인적 · 물적 자원을 동원하는 업무를 담당케 해야 한다. 이 과정에서 사회복지 분야의 여러 '톱니바퀴'가 제대로 연결돼 '복지 시계'가 원활히 작동되면 국민의 복지서비스에 대한 만족도 역시 제고될 것이다.

정부는 1994년 말 '보건사회부'의 명칭을 '보건복지부'로 바꾸면서,

---

90 경인일보 기고문(2017. 1. 31.)

1995년을 '선진 복지 원년'으로 선포하고 처음으로 범정부 차원의 '선진 복지 청사진'을 만들어 추진했다. 당시 국무위원으로 이 과정을 주도한 필자는 마지막 보건사회부 장관과 초대 보건복지부 장관을 역임하게 되었다. '복지'라는 단어가 정부 부서명에 처음으로 명시되는 것을 계기로 필자는 1995년을 '선진복지 원년'으로 선포할 것을 김영삼 대통령께 건의했다. 이를 계기로 정부는 1995년 6월 범정부 차원의 '국민복지기획단'을 설치했고, 1995년 말 종합적인 복지 청사진을 만들었다. 그리고 그 내용은 김영삼 정부는 물론 김대중 정부에서도 거의 그대로 추진되었다.

그 후 25년이 지난 지금 우리나라 복지 수준은 양적으로 크게 발전했고, 2020년 보건 · 복지 · 고용 부문 예산은 180조 원에 달해 전체의 35%를 차지하고 있다. 그러나 아직도 국민이 피부로 느끼는 복지 수준은 이러한 양적 성장에 미치지 못하고 있다.

여러 가지 이유가 있겠으나, 그중 핵심은 사회복지 전달 체계가 확고히 정립돼있지 않기 때문이다. 국민에게 복지서비스를 전달하는 수많은 '톱니바퀴'가 있으나, 이들이 적절하게 연결되어있지 않아 '사회복지 시계'가 제대로 작동하지 않는 것이다. 2015년 '사회보장급여법'이 통과되면서 공공부문의 전달 체계는 시 · 군 · 구 사회보장협의체와 읍 · 면 · 동 '복지 허브화' 사업을 중심으로 그 골격이 갖춰졌다고 할 수 있다. 그러나 현장에서 주로 복지서비스를 전달하고 있는 민간 복지 부문의 역할은 아직도 불명확한 상태이다.

따라서 지금 시점에서 사회복지 분야 최대 현안은 전달 체계에서 민간부문의 역할을 확립하고, 이를 공공 전달 체계와 연결시키는 것이다. 이를 위해서는 사회복지협의회가 해당 지역의 민간과 공공 복지 부문을 연계하는 중추 기능을 수행해야 할 것이다. 이에 더해, 지역사회복지협의회는 지역의 사회복지 현안을 발굴하여 해결 방안을 제시하고, 이를 집행하기 위한 물적 및 인적 자원을 사회복지공동모금회와 함께 마련하는 역할도 해야 할 것이다.

그렇게 되면 사회복지협의회가 사회복지 분야의 여러 '톱니바퀴'를 연결하여 '복지 시계'가 원활하게 작동될 것이며, 국민의 복지서비스 만족도를 높일 수 있을 것이다. 사회복지협의회의 지방 조직 강화는 시대적 대세라고 할 수 있는 '복지행정의 지방화'에도 크게 기여할 것이다. 또한, 사회복지협의회가 사회복지인의 친목단체 차원을 넘어 지역사회의 복지 문제를 발굴하고 필요한 자원을 조달하여 사회문제를 해결하는 명실공히 사회복지 실천 기관으로 발전하는 계기가 될 것이다.

우리나라 복지는 지난 20여 년간 엄청난 양적 성장에도 불구하고 선진국과 비교할 때 대체로 '저부담-저복지' 국가로 분류되고 있다. 우리나라가 그간의 노력으로 복지 선진국이 되긴 했지만, 그 수준은 아직 선진국 중 상대적으로 낮은 상태에 머물고 있음을 의미한다. 예를 들어, 2018년 기준 한국의 공적사회지출(public social expenditure)은 GDP 대비 11.1%로 2005년 6.2%에 비해 약 5% 포인트 상승했다. 하지만 1인당 국민소득 3만 달러 시 미국 14.4%, 독일 25.2%, 스웨덴 27.8% 그리고 OECD 평균 18.2%와 비교해 볼 때 우리의 공적사회지출은 아직 낮은 수준임을 알 수 있다.

그러면 앞으로 우리가 추구해야 할 복지국가의 방향은 무엇인가? 필자는 복지 시스템의 효율성 제고와 나눔 문화 확산에 국가 복지 전략의 역점을 둠으로써 '중부담-고복지'를 추구할 것을 제안한다. 앞에서 제기한 사회복지협의회의 기능 활성화를 통해 복지 시계의 톱니바퀴들이 맞물려 제대로 작동하게 하는 것은 그 첫 번째 요건이 될 수 있을 것이다. 두 번째 요건은 국민의 조세부담을 과다하게 증가시키지 않으면서 필요한 복지 재원을 마련하기 위해 기업의 사회 공헌 활동과 시민사회의 나눔 문화를 활성화하는 것이다. 나눔 문화 분야에서도 사회복지협의회가 수요자와 공급자를 연결시키는 '플랫폼' 역할을 담당할 수 있을 것이다.

기본소득제, 양극화 해법인가? 포퓰리즘인가?[91]

'기본소득제(UBI)'는 국가가 모든 국민에게 일정 수준의 소득을 매월 현금으로 지급하는 제도다. 이 제도는 역사적으로 뿌리가 깊다. 18세기 계몽주의자들은 자신들의 이상을 실현하는 수단으로 UBI를 주장했다. 현재 진보 진영은 시민권을 강화한다는 차원에서, 보수 진영은 제도 운영이 간단하고 운영비가 적게 든다는 차원에서 UBI를 지지한다. 이러한 장점에도 이 제도의 도입이 어려운 것은 막대한 규모의 추가 재정이 필요하기 때문이다.

'기본소득제(UBI: Universal Basic Income)'는 국가가 모든 국민에

91 데일리경제 기고문(2016. 8. 25.)

게 매월 일정 수준의 현금을 지급하는 제도이다. 스위스는 성인에게 월 275만 원, 아동에게 월 78만 원을 지급하는 제도 도입을 국민투표에 붙였으나 77%가 반대해 부결된 바 있다. 이유는 이 제도가 실시되면 정부 예산이 현재보다 세 배나 늘어나야 하는 등 추가 재정 부담 문제가 매우 심각했기 때문이다.

핀란드는 2017년부터 월 900달러 정도의 소득을 보장하는 제도를 시험적으로 실시하였다. 새로운 제도의 실시와 더불어 소득보장 성격의 유사 제도를 모두 폐지하였다. 이러한 시도는 개발도상국에서도 부분적으로 추진되고 있다. 예를 들어, 마리카(Marica)라는 브라질의 작은 도시에서는 모든 주민에게 매월 3달러를 주는 제도가 실시되고 있다. 이에 소요되는 재원은 마리카시가 소유한 국영석유회사 주식에 대한 배당금으로 충당한다고 한다. 비록 금액은 적지만 주민에게 새로운 세금 부담이 없다는 장점이 있다.

이외에도 미국에서는 1972년 대선에서 맥거번(McGovern) 민주당 후보가 월 1천 달러 수준의 기본소득제를 선거공약으로 제시한 바 있다. 알래스카주는 1982년부터 석유 판매 수입의 일부를 기본소득 형태로 모든 주민에게 지급하고 있다.

과거에는 이상주의 경제학자나 정치인이 주장했던 기본소득제가 최근 전문가들 사이에서 활발한 토론의 대상이 되고 있는 것이다. 그 이유는 1990년대 이후 IT혁명이 급속한 속도로 진행되면서 소득분배가 계속 악화되고 있기 때문이다. IT혁명은 이로 인해 혜택을 본 산업, 기업 또는 개인에게는 부가가치와 소득을 획기적으로 개선시킬 수 있는 기회이나, 이 과정에서 소외된 다수에게는 분배 구조를 악화시키는 원인으로 인식되고 있다. 이러한 현상은 우리나라에서도 그대로 나타나 지난 20년간 소득분배가 지속적으로 나빠져 양극화가 심화되는 추세에 있다. 특히 최근 IT기술과 다른 분야와의 융합을 의미하는 이른바 4차 산업혁명이 활발히 진행되면서 이러한 양극화 추세는 더욱 빨라지고 있다. 기술 발달로 경제 전체의 생산성은 증가하고 있으나 국가 간, 산업 간, 기업 간, 그리고 개인 간 격차는 더욱 벌어지고 있는 것이 현실이다.

우리나라를 포함한 선진 각국 정부가 나름대로 양극화 해소 대책 마련에 부심하고 있으나 현재까지 뚜렷한 해결책이 나오지 않는 것이 문제다. 예를 들어, 우리의 경우 1960년대에는 수출산업이 노동집약적이었기 때문에 수출 확대가 고용 증대와 실질임금의 상승으로 자연스럽게 연결되어 이른바 '형평 속의 성장(growth with equity)'을 달성할 수 있었다. 하지만 수출산업의 자본 및 기술 집약도가 지속적으로 높아지면서 수출 증가가 고용 창출로 연결되지 않고 있다. 이에 더해, 1997년 외환위기 이후 고용시장마저 정규직과 비정규직으로 이원화됨으로써 임금 구조의 양극화와 소득분배 악화가 빠른 속도로 진행되고 있다. 이는 우리뿐 아니라 미국 등 거의 모든 선진국에서 공통적으로 일어나는 현상으로 정상적인 경제 정책으로는 이 추세를 반전시키는 것이 매우 어렵기에 기본소득제라는 '극단의 처방'이 새롭게 관심 대상이 되는 것이다.

기본소득제는 역사적으로 뿌리가 깊다. 18세기 프랑스 철학자이며 수학자였던 콩도르세(Condorcet)는 계몽주의와 합리주의의 이상을 실천하기 위한 정책으로 기본소득제를 제안했다. 영국 태생으로 미국 건국 지도자였던 토마스 페인(Tomas Paine) 역시 그의 저서 『토지 정의』(agrarian justice)[92]에서 기본소득제를 주장한 바 있다.

최근 '작은 정부' 원칙을 고수하는 미국 카토연구소(Cato Institute)가 재분배의 가장 간단하고(simplest), 덜 거슬리며(least intrusive), 가장 낮은 자세(least condescending)라는 이유로 기본소득제를 찬성하고 있다. 로봇과 인공지능이 고용 창출에 나쁜 영향을 끼치는 것을 가장 잘 아는 실리콘밸리에서도 기본소득제 도입에 많은 관심을 보이고 있다. 벤처캐피털리스트인 웽지(Wenge)는 그의 최근 저서 『자본 이후의 세계(World After Capital)』에서 기본소득제를 적극 지지하고 있다. 벤처 창업자 알트만(Altman) 역시 캘리포니아주 오크랜드(Oakland)시에서 자신의 사재를 털어 월 1천 달러 수준의 기본소득제를 시험적으로 추진하고 있다.

이러한 일련의 움직임은 1924년 출간된 『사회 신용(Social Credit)』의 저자 영국인 더글러스(Douglas)가 주장한 "기술은 총생산과 근로자의 소득 간 격차를 확대한다. 정부는 모든 국민에게 '국가 배당(national dividend)'을 지급함으로써 이러한 격차를 줄일 수 있을 것이다."라는 견해에 공감하고 있음을 의미한다. 결국 최근 거론되고 있는 기본소득제는 90여 년 전 더글러스가 제안한 '국가 배당'과 같은 개념이라고 할

---

92 토마스 페인은 1797년 그의 저서 『토지 정의』에서 "모든 토지 소유자는 토지 사용료를 사회에 환원해야 하며 이 토지 사용료가 기본소득의 재원이 될 수 있다"며 토지 과세를 통해 기본소득 재원을 마련해야 한다는 주장을 한 바 있다.

수 있다.

기본소득제 지지자들은 두 가지 추가적인 이유를 꼽는다. 첫째, 이 제도가 실시되면 산업 구조조정이 한층 용이해진다는 것이다. 기본소득제는 근로자들이 재취업을 위해 좀 더 느긋하게 다양한 준비를 할 수 있는 여유를 갖게 한다. 또한 퇴직 근로자의 기본 생계가 제도적으로 보장되기 때문에 기업은 필요에 따라 인력 감축 등의 구조조정을 더욱 자유롭게 할 수 있다. 이에 더해, 기본소득제 하에서는 실업자도 최소 수준의 소비를 할 수 있기 때문에 경제 활성화에도 큰 도움이 될 수 있을 것이다.

둘째, 기본소득제는 현대적 의미의 사회복지 정책의 기본 목표라고 할 수 있는 시민의 '사회권(social right)'을 확실히 보장하는 수단이 될 수 있다. 취약계층의 소득보장을 위해 다양한 형태의 공공부조 제도와 최저임금제 등이 실시되고 있으나 시행 과정에서 많은 부작용이 야기될 수밖에 없다. 기본소득제는 복잡한 제도를 폐지하고 복지행정을 단순화시키는 효과를 거둘 수 있을 것이다.

이 제도 주창자들은 다음 다섯 가지 장점을 꼽고 있다. ① 누구에게나 최소한의 생계비를 지급하기 때문에 빈곤 함정(poverty trap)[93] 문제를 일거에 해결한다. ② 일을 해도 기본소득을 지급하기 때문에 복지 정책으로 인한 근로 의욕 저하 문제를 초래하지 않는다. ③ 보편주의적 복

93 국가가 빈곤층에게 보조금을 지급할 경우, 일시적으로는 빈곤이 완화되지만 빈곤층이 보조금에 의존함으로써 근본적으로는 빈곤으로부터 벗어나지 못하는 현상을 의미한다.

지 성격상 정치적 지지자의 폭이 넓어진다. ④ 제도 운영이 간단하고 비용이 적게 든다. ⑤ 모든 시민의 시민권을 강화한다.

이러한 장점에도 불구하고 기본소득제 도입을 꺼리는 가장 큰 이유는 막대한 규모의 새로운 재정이 소요되기 때문이다. 스위스는 기본소득을 성인 1인당 월 2천5백 달러로 상정하고 이를 국민투표에 붙인 결과, 정부 재정 규모가 현재보다 세 배로 늘어나기 때문에 국민 다수가 이에 반대했다. 그러나 기본소득의 수준을 합리적인 선으로 조정하고 기존 제도 중 소득보장적 성격의 제도를 폐지 내지 대폭 축소함은 물론 각종 조세감면제도를 정비하는 등의 개혁 조치를 단행한다면 실천 가능한 기본소득제를 만들어낼 수도 있을 것이다.[94] 예를 들어, 공공부조, 기초연금, 아동수당, 실업수당 등 소득보장 성격의 제도가 폐지 또는 대폭 축소의 대상이 될 수 있다. 또한 기존의 연금제도도 장기적으로 적자가 발생하지 않는 방향으로 개혁할 수 있을 것이다.

이미 코로나19 대책의 일환으로 2020년 5월 긴급재난지원금이 지급되었고 최근 야당인 미래통합당 김종인 비상대책위원장이 기본소득제 검토 가능성을 언급하면서 언론계와 정치권에서 이에 대한 토론이 활발히 진행되고 있다. 논쟁의 핵심은 기본소득제 도입에 필요한 재원의 조달방안이다. 기본소득제의 도입은 복지제도는 물론 재정 전반에 걸친 대대적인 개혁을 의미하기 때문에 이를 실제로 집행하는 일은 현

---

94 시민단체인 'LAB2050'은 최근 보고서 『국민기본소득제』(2019)에서 모든 국민에게 월 30만 원을 지급하는 기본소득제 실시에 필요한 187조 원의 재원을 기존 현금성 복지제도의 조정과 조세감면 및 재정 제도의 재정비로 충당할 수 있다고 주장하고 있다.

실적으로 쉽지 않을 것이다. 그러나 나름대로 장점이 많기 때문에 중장기적 관점에서 연구와 토론의 대상이 될 가치가 충분하다고 생각한다.

기본소득제 찬성, 단 복지와 재정 개혁해야[95]

기본소득제가 우리 사회의 새로운 화두로 떠오르고 있다. 기본소득제는 진보 진영은 물론 보수 진영에서도 지지자가 많기 때문에, 차제에 이에 대한 진지한 토론과 심도 있는 연구가 동시에 진행되어야 한다. 특히 기본소득제 실시에 필요한 막대한 규모의 재원을 어떻게 확보할 것인가에 대한 구체적 대안이 제시되고, 이에 대한 여야정치권 그리고 보수와 진보 간 합의가 이루어질 수 있기를 기대한다.

기본소득제(UBI: Universal Basic Income) 도입 논쟁이 우리사회의 새로운 화두로 떠오르고 있다. 전 국민에게 매달 일정액의 현금을 주는

95 주간동아 인터뷰(2020. 6. 12.) 내용을 요약 · 정리한 것임.

기본소득제는 지금까지는 주로 진보 진영 담론이었다. 그런데 이번엔 미래통합당 김종인 비상대책위원장이 이 문제를 꺼내들면서 보수 진영이 먼저 깃발을 들고 나선 것이다. 필자는 일찌감치 기본소득제는 이념이 아니고 복지 및 재정 정책의 효율성 문제임을 강조한 바 있다. 따라서 필자는 보수와 진보 모두 기본소득제에 관심을 가져야 한다고 주장하면서 보수와 진보 성향 전문가들이 함께 참여하는 '사회안전망 4.0 포럼'을 2019년부터 운영하고 있다.

기본소득제 도입을 주장하는 근거는?

기본소득제를 지지하는 사람들은 진보, 보수를 넘나든다. 진보 진영의 사람들은 4차 산업혁명 이후 심각해지고 있는 양극화를 해결하기 위해 전통적 복지시책의 부작용을 최소화하는 정책이라고 주장한다. 모든 시민의 '사회권'을 보장한다는 차원에서 가장 이상적인 사회보장제도라는 거다. 이에 비해 보수 성향 지지 인사들은 제도가 매우 간단하고 비용이 적게 들어 복지행정 효율화에 기여한다는 측면에 주목한다.

국민이라면 누구나 혜택을 받는 보편적 복지이므로 근로의욕 감퇴라는 부작용도 발생하지 않고 근로자들이 실직 상태에서도 기본생활이 보장되니 더 나은 직장을 찾을 수 있는 시간적 여유를 가질 수 있어 4차 산업혁명 시대에 예상되는 고용절벽이나 산업 구조 조정 문제 해소에 도움이 된다는 것이다. 미국에서도 자유주의 진영에서 찬성론자들이 꽤 있다. 예를 들어, '작은 정부'를 주장해온 대표적 시장경제연구소인 케

이토연구소(Cato Institute)는 '재분배를 이룰 수 있는 가장 단순하고 효과적인 방법'이라고 주장하고 있다.

실리콘밸리에서도 사업으로 일군 엄청난 부를 사회에 돌려주어야 한다는 생각에 벤처사업가 지지자들이 많다. 예를 들어, 벤처사업가 샘 알트만(Sam Altman)은 2016년부터 미국 캘리포니아주 오클랜드(Oakland)시 주민들에게 월 1000달러를 지급하는 시범사업을 사비(私費)로 추진하고 있다. 지난 미국 대선에서 민주당 예비후보였고 벤처사업가인 앤드류 양(Andrew Yang)은 18세 이상의 국민에게 매달 1000달러를 주겠다고 공약했고, 바로 이런 이유에서 세계적 벤처사업가인 일론 머스크(Elon Musk)의 지지를 얻어냈다. 이와 같이 기본소득제는 이념의 문제가 아니라 복지와 경제정책에 대한 효율성에 대한 논쟁이다. 기본소득제가 사회주의적 발상이라는 주장은 기본 개념에 대한 이해가 부족한 거라고 할 수 있다.

이 개념이 나온 것이 어제 오늘 일은 아닌 것으로 아는데?

기본소득제에는 상당한 역사적 배경이 있다. 18세기 프랑스 계몽주의 철학자 마르크 드 콩도르세(Marquis de Condorcet)와 미국 정치가 토마스 페인(Thomas Paine)은 보편적 인권을 강조하는 차원에서 기본소득제를 주장했다. 1924년 엔지니어 출신인 영국인 더글라스(C. H. Douglas)는 그의 저서 『사회적 신용』에서 모든 근로자에게 기술발전에 따른 사회적 보너스를 '기본소득' 형태로 나눠줄 것을 주장한 바 있다.

그리고 1972년 미국 대선에서 당시 민주당 후보였던 조지 맥거번(George McGovern)은 노벨상 수상 경제학자 제임스 토빈(James Tobin)의 건의를 받아들여 모든 시민에게 월 1000달러를 지급하겠다는 공약을 내세웠지만 대선에서 패함으로써 실현되지는 못했다.

세계가 관심을 갖게 된 이유가 갈수록 심각해지고 있는 양극화 때문인가?

본래 사회복지는 산업혁명 과정에서 생긴 사회문제를 해결하기 위한 수단으로 역사에 등장했다. 역대 산업혁명 때 모두 그랬다. 4차 산업혁명은 기존 산업혁명과는 다른 차원의 혁명이라고 할 수 있다. 새로운 일자리를 만들어 낼 것이라는 낙관적인 전망도 있지만 양극화 심화, 고용절벽 같은 심각한 사회문제가 발생할 수도 있다.

분배가 나빠지고 있다는 문제는 2008년 OECD 보고서에 의해 처음으로 제기됐다. OECD는 2011년 보고서에서 1988년부터 20년간 상위 10% 소득증가율은 연 1.9%였던 반면 하위 10% 소득증가율은 1.3%에 그쳤다고 분석했다. 그나마 북유럽이 좀 나았고 이탈리아, 한국, 일본, 영국은 소득배율[96]이 10배로 평균보다 조금 나쁘고 이스라엘, 터키, 미국은 14배, 멕시코와 칠레는 27배로 분배 상태가 매우 나쁜 것으로 조

---

96 소득 불균등도를 나타내는 지표로, 소득 상위 20% 계층의 소득점유율을 소득 하위 20% 계층의 소득점유율로 나눈 값이다.

사됐다. 앞으로 누가 집권해도 분배 문제를 감당하기 어려운 상황이 된 것이다.

여러 나라에서 시범사업을 했는데, 그 결과는?

핀란드가 2017년부터 월 900달러 상당을 주는 내용의 시범사업을 실시하다 중단했다. 고용 창출 효과가 예상보다 크지 않다는 이유였다. 네덜란드, 캐나다도 비슷한 형태의 시범사업을 도시별로 추진한 적이 있다. 이에 더해, 인도와 아프리카 등 개발도상국에서도 시범사업이 추진되었다. 그 결과는 나라별로 약간씩 다르다. 나름 큰 성과가 있는 곳도 있다. 예를 들어, 인도 마디아오라데시(Madhya Oradesh) 주에서 실시된 시범사업에서는 대상 가구의 식품 소비가 증가했고, 건강 상태가 개선되었으며, 68% 가구에서 자녀 학교 성적이 올랐다. 아프리카 경우에도 긍정적인 결과가 나왔다. 기본소득으로 생계를 해결하니 오히려 근로의욕을 끌어올렸다는 것이다. 이와 같이 저소득층이 '빈곤의 악순환'에서 벗어날 수 있다는 대목이 자유주의자들이 기본소득제를 옹호하는 이유인 것이다.

스위스에서는 국민투표에서 기본소득제가 부결되었는데?

2016년 6월 스위스에서 실시된 국민투표는 기본소득제에 관해 세계적인 관심을 끄는 계기가 되었다. 당시 안은 찬성 23%, 반대 77%로 부결됐다. 기본소득 지지자들은 기본소득제 자체에 대한 반대보다 투표에 올린 월 275만 원이 너무 비현실적으로 큰 액수여서 무산되었다고 주장하고 있다. 이에 더해, 기본소득제가 실시되면 해외로부터 스위스로 이민 올 사람이 많아질 것이라는 우려 역시 안이 국민투표에서 부결된 이유였다고 한다.

긴급재난지원금에 대한 의견은?

나라에서 돈 나눠준다는데 반대할 사람이 어디 있겠나. 하지만 '소는 누가 키우나'에 대한 우려도 있는 것이 사실이다. 이번 긴급재난지원금처럼 가구주 월 30만 원, 4인 가구 기준 월 100만 원이면 기본소득제로서 현실성이 상당히 있다고 본다. 매년 총 187조 원이 필요한데 사회정책 연구를 전문으로 하는 국내 시민단체인 LAB2050 연구결과에 따르면 1인당 30만 원 수준의 기본소득제는 세금 신설이나 세율 인상 없이 기존 제도의 개편만으로 가능하다고 한다. 더 심층적인 분석이 필요하겠지만 일단은 증세 없이 기본소득제가 실현 가능할 수 있다는 기대를 주었다는 점에서 큰 의미가 있다고 생각한다. 단, 기존 복지제도와 조세 감면제도를 전면적으로 개편해야 한다. 이러한 제도 개혁이 이루어지면 내년부터 당장 월 30만 원 수준의 기본소득제를 시행할 수 있다는 것이 LAB2050의 주장인 것이다.

증세 없는 기본소득제라면 많은 국민이 찬성할 것 같은데?

필자가 기본소득제를 새로운 사회안전망의 중심에 두자고 주장하는 이유는 그 때문이다. 이참에 정치권은 복지제도와 조세제도를 포함한 경제 및 복지정책 전반을 원점에서 재검토하고 혁신해야 한다는 것이다. 우리나라 사회안전망은 해방 이후 70여 년간 진화과정을 거치면서 나름대로 기본골격을 갖추어왔지만 자세히 보면 허점이 많다.

우선 복지사업 가짓수가 너무 많다. 자격요건이 너무 다양하고 복잡하다보니 '복지 사각지대' 문제가 생겼다. 2014년 송파 세 모녀 사건이나 2019년 탈북자 모자 아사(餓死) 사건이 대표적이다. 그러는 한편에는 중복과 탈법으로 다양한 복지혜택을 받는 사람들도 있다. 그래서 '정부 돈은 아는 사람만 타먹고 모르는 사람을 못 타먹는다'는 말이 나오는 것이다.

현행 사회안전망의 두 번째 문제는 지속가능하냐는 것이다. 예를 들어 공적연금 문제는 매우 심각하다. 공무원연금과 군인연금은 2019년 현재 각각 2조2000억 원, 1조6000억 원 적자다. 그리고 적자 규모는 계속 늘어나 2028년에는 각각 5조1000억 원, 2조4000억 원이 될 것이라고 국회예산정책처는 전망하고 있다. 모두 국민 세금으로 충당해야 한다. 국민연금마저도 2058년에는 바닥이 난다고 한다. 여기에 '문재인 케어'로 건강보험 재정도 보험료 인상을 하지 않으면 위기를 맞을 것이다. 현재 정부와 정치권에서 논의되고 있는 '전 국민 고용보험' 역시 재정에 큰 부담이 될 것이다.

이제까지 내놓은 사회안전망은 평생 고용을 전제로 설계된 것이다. 하지만 지금처럼 소득격차가 벌어지고 고용불안이 커지는 4차 산업혁명 시대에는 맞지 않는다. 엎친 데 덮친 격으로 코로나19로 인한 팬데믹(Pandemic)이 발생하였다. 세계경제가 마비되고 있는 상황에서 기존 사회안전망은 무력하기 짝이 없다. 현재 중앙정부가 운용하는 복지제도가 건강보험제도를 포함해 주택지원, 생계지원, 교육지원 등 290개가량 있다고 하는데 지방정부까지 포함하면 셀 수 없을 정도다.

이들을 정리하고 여기에 기존 조세 감면제도를 전면 개편한다면 정부재정의 효율성은 물론 소득재분배 기능 역시 크게 개선될 것이다. 최저임금제, 주 52시간 근로제 등 저소득층을 보호하려는 목적의 경제정책을 추진하고 있는데, 모든 국민에게 기본소득을 보장하는 사회안전망이 확고히 구축된다면 이런 정책은 필요 없어진다. 기초생활보장사업, 기초연금, 아동수당, 실업수당도 축소 또는 폐지 대상이 될 수 있다. 그러면 모든 국민의 기본적 사회권이 보장되면서 경제정책은 그야말로 경제 논리에 충실한 방향으로 추진될 수 있을 것이다.

말은 쉽지만 그런 개혁이 가능할까요?

그래서 정치권 특히 여당의 역할이 중요하다. 대체로 복지는 개혁이 어렵다. 국민적 합의가 없으면 안 되기 때문이다. 하지만 어차피 기본소득은 다음 대선에서 중요한 이슈가 될 것이다. 이 과정에서 무조건 세금 늘려 나눠주는 식으로 생각하는 정치인들이 정책을 독점하면 안 된다.

복지는 그냥 나눠주는 게 아니라 사람들을 일할 수 있게 하는 사회투자(social investment) 개념으로 봐야 한다. 지금까지 진보 보수 간 정책 차이는 대북정책에서만 선명했는데 문재인 정부 출범 이후 경제정책 분야에서도 이념 차이가 나타나고 있다. 이런 상황에서 야당의 역할 역시 중요하다. 단지 정책 이슈를 선점하는 것에서 끝내지 말고 주도면밀하게 복지 및 조세제도 개편안을 내놓아야 한다.

2010년 김상곤 경기도 교육감이 무상급식을 들고 나왔을 때 보수정당은 '복지 망국론'을 내세우며 무상급식을 '복지 포퓰리즘'이라고 몰아붙였다. 결국 오세훈 서울시장이 시장 자리를 내놓았다. 그러나 그 후 보수정당은 선거에서 오히려 무상보육과 반값 등록금 이슈를 먼저 내세우면서 포퓰리즘 대열에 올라탔다. 그러나 이번에는 달라야 한다. 기존 제도의 개혁 없는 기본소득제 추진은 매우 위험한 상황을 초래할 수 있다는 생각으로 여야정치권 모두가 제도 개혁과 기본소득제를 함께 만들어가는 과업에 동참해야 할 것이다.

우리나라가 기본소득제를 세계에서 처음으로 실시하게 된다면 그 의미는 매우 크다고 생각한다. 여타 선진국이나 개도국에 비해 우리는 기본소득제 시행에 유리한 여건이다. 대다수 개도국은 기본소득제 실시에 따른 재원을 확보할 수 없으나, 우리는 이미 상당 수준의 복지재정이 있고 그 규모는 계속 증가할 것이다. 그래서 지금이 개혁해야 하는 적기라고 생각하는 것이다. 복지제도의 비효율성이 더욱 확대되기 전에 이를 효율적이고 지속가능한 방향으로 개편해야 하기 때문이다. 반면 북유럽국가와 같은 복지선진국은 이미 복지제도가 거의 완성 단계에 이르렀고 이에 대한 국민만족도 또한 매우 높기 때문에 개혁의 필요성을 우리보다 상대적으로 덜 느끼고 있어 기본소득제를 추진하지 않고 있는 것이다. 그러나 우리 국민은 현행 복지제도에 만족하지 않고 있다. 기본소득제를 중심으로 4차 산업혁명 시대에 적합한 사회안전망을 새로 짜 우리나라가 국제사회에서 이 분야를 선도할 수 있게 되기 바란다.

4차 산업혁명과 '사회안전망 4.0'[97]

4차 산업혁명 시대를 맞아 빈부 격차 확대, 고용 불안 등으로 사회적 위험이 증가하고 있다. 이에 더해, 최근 발생한 코로나19 팬데믹과 미중 간 갈등 심화로 인해 새로운 사회안전망 구축의 필요성이 날로 높아가고 있다.

정보통신기술(ICT)이 기계공학, 생물학 등 다른 학문 분야와 융합해 시너지 효과를 내는 '4차 산업혁명 시대'가 본궤도에 오르면서, 고용 불안, 임금 격차 확대 등으로 인한 사회문제가 크게 부각되고 있다. 2019년 7월 서울 관악구 한 아파트에서 탈북민 모자가 아사 상태로 숨진 채 발견됨으로써 기존 사회안전망의 취약점이 적나라하게 들어났다.

---

97 서울경제 기고문(2020. 5. 25.)

또한 40%가 넘는 노인 빈곤율과 이에 따른 높은 노인 자살률 역시 사회 문제화된 지 오래되나, 아직도 정부와 정치권은 근본적인 해결책을 제시하지 못하고 있다. 이에 더해, 최근 코로나19 사태로 수많은 사람이 직장을 잃고 경제적으로 어려워지면서, 현대 복지국가(welfare state)의 핵심인 사회안전망(social safety net)을 새로운 시각에서 재정비해야 한다는 목소리가 높아지고 있다.

미래학자 제러미 리프킨(Jeremy Rifkin) 등은 4차 산업혁명이 새로운 기술을 활용해 생산 방식의 효율화와 삶의 질 개선을 도모함은 물론, 경제 · 사회 패러다임을 '대립과 분리'에서 '융합과 순환'으로 전환시킬 것이라는 장밋빛 전망을 내놓은 바 있다. 그러나 이제까지는 임금 및 소득의 양극화와 고용 불안으로 인한 사회적 위험의 증가만 눈에 띄게 나타나고 있다. 2011년 출간된 OECD 보고서는 3차 산업혁명이 시작된 1988년부터 세계 금융위기가 발생한 2008년까지 20년 간 거의 모든 회원국에서 소득분배가 지속적으로 악화된 원인으로 임금 격차의 심화를 꼽았다. 최근 프랑스 경제학자 토마 피케티(Thomas Piketty)는 분배 양극화의 심각성을 다시 제기했다. 1980년대 이후 자본에 대한 수익률이 경제성장률을 상회하면서 부의 집중 현상이 두드러졌다고 주장한다. 이러한 현상은 우리 사회에서도 나타나고 있다는 사실 역시 동국대 김낙연 교수 등 이 분야 연구자들의 공통된 결론이다.

4차 산업혁명 시대를 맞아 사회적 위험이 증가하는 또 다른 이유는 고용 불안 또는 '고용 절벽' 현상에 있다. 로봇과 인공지능의 등장으로 단순하고 반복적인 일자리는 직격탄을 맞았다. 상점 계산원이 무인 계산대로 대체되고, 무인 자동차가 도입되면 운전기사 대다수가 일자리를 잃을 것으로 전망되고 있다. 세계적인 회계 컨설팅 회사인 PwC는 2030년까지 미국, 독일, 영국, 일본 일자리의 각각 38%, 35%, 30%, 21%가 사라질 것으로 내다 봤다. 이 중 대다수가 저소득층에 속하는 단순노동 일자리일 것이기 때문에, 이로 인한 분배와 빈곤 문제는 더욱 심각해질 것이다.

이에 더해 이번 코로나19 팬데믹으로 세계화 추세는 더욱 뒷걸음질 칠 것이고 이는 사회적 위험을 증가시키는 또 하나의 요인으로 작용할 것이다. 코로나19 이후의 세계 경제를 진단한 『이코노미스트(Economist)』[98] 최신 호는 세계화의 후퇴를 불가피한 부작용으로 지적하고 있다. 해외 투자는 30~40%, 국제 교역은 33%, 그리고 외국인 근로자 송금은 20% 정도 감소할 것으로 전망하고 있다. 또한, 코로나19 사태로 인해 최근 악화일로에 있는 미국과 중국 간 갈등도 세계화를 퇴보시키는 데 적지 않은 영향을 끼칠 것이다. 세계화의 후진은 개발도상국의 경제발전을 저해하는 요인으로 작용할 가능성이 크기 때문에 국가 간 빈부 격차 역시 증가할 것이다.

이와 같이 점증하는 사회적 위험에 대비하기 위한 방안으로 최근 우리나라에서도 기본소득제(UBI: Universal Basic Income)에 대한 관심이 높아지고 있다. 정부가 코로나19 대책의 일환으로 전 국민에게 '긴급재난지원금'을 지급하면서 '보편적 복지' 성격의 사회안전망에 대한 욕구

98 Economist지(2020년 5월 16일), "Goodbye Globalization" 기사 참조.

가 크게 증가하고 있는 것이 사실이다. 새로운 세금 신설이나 세율 인상 없이 기존 복지제도와 조세감면제도의 전면적 개편만으로도 UBI 실시에 따른 추가 재정 조달이 가능하다는 연구 결과도 이미 나와 있다. 필자는 이번 코로나19 사태가 UBI 도입에 대한 연구와 토론을 활성화하는 계기가 될 것으로 기대한다. 사회적 위험이 날로 증가하는 4차 산업혁명 시대에 걸맞은 '사회안전망 4.0'의 기본 틀이 기본소득제를 중심으로 새롭게 마련되기를 기대해 본다.

포스트 코로나19 시대의 새로운 사회안전망[99]

우리나라 사회안전망은 70여 년의 진화 과정을 거치면서 기본 골격을 갖추었다고 할 수 있다. 그러나 자세히 살펴보면 복지 사각지대, 지속가능성에 대한 의문, 4차 산업혁명 시대와 비적합성 등의 문제점을 안고 있다. 따라서 기본소득제를 새로운 사회안전망의 중심에 두고, 기존 복지제도는 물론 조세감면제도를 포함한 경제 정책 전반의 대대적인 개혁 추진을 건의한다.

99 복지저널 기고문(2020. 6.)

한국 사회안전망의 진화과정

한국은 '선(先) 경제개발-후(後) 사회개발 전략'을 추진해 성공한 나라로 국제사회에 널리 알려져 있다. 이러한 사실은 우리나라 사회안전망의 진화 과정을 살펴보면 잘 알 수 있다. 사회안전망의 기본이라 할 수 있는 저소득층을 대상으로 하는 공적부조 사업은 1961년 생활보호법이 제정된 이후 1981년 필자가 주도한 KDI 연구 결과를 토대로 영세민 자립 기반 조성 사업과 빈곤 세습화 방지 대책 등의 개선안이 추진되었다. 1999년에는 국민의 생존권을 법적 권리로 인정하고 보호 수준도 높이는 등의 개혁 조치와 함께 법명도 국민기초생활보장법으로 변경해 오늘에 이르고 있다.

한국전쟁 직후인 1953년 근로자의 권익 보호를 위한 근로기준법이 시행되었고, 1963년 산업재해보호법이 제정됨으로써 근로자 보호를 위한 사회안전망의 기초가 마련되었다. 사회보험의 경우 1960년 공무원연금법을 시작으로, 1962년 군인연금법, 1975년 사립학교교원연금법이 시행됐으며, 1988년 국민연금법이 제정됨으로써 전 국민 연금화의 기반을 구축하였다. 2007년 국민연금 혜택을 못 받는 노인을 위한 기초노령연금법이 제정되어 공적연금 분야 사회안전망도 기본 골격을 갖추었다. 건강보험 분야는 1977년 저소득층을 위한 의료보호제도 실시와 아울러 대규모 사업장에 의료보험이 강제 적용되는 의료보험법 개정을 통해 획기적인 전기가 마련되었다. 이에 더해, 2008년 노인장기요양보험제도가 도입됨으로써 건강 부문 사회안전망도 완성되었다.

우리나라 사회복지서비스 분야 발전은 민간부문이 주도했다. 한국전쟁으로 고아원 등 사회복지시설 수요가 급증했고, 이들 시설의 설립과 운영은 민간 독지가들의 몫이었다. 이 과정에서 외국 원조와 구호가 큰 몫을 했고, 1952년 부산에서 민간 복지시설 연합체로 설립된 한국사회복지협의회 역시 민간과 정부 간 가교 역할을 해왔다. 1970년 제정된 사회복지사업법은 민간 복지 활동의 범위와 책임을 규정하는 기본 틀이 되었다. 1983년 사회복지사 자격증 제도를 구체화하고, 법정 단체로서 사회복지협의회의 기능을 명시하는 법 개정이 있었다. 1990년 전후로 종합사회복지관이 건립되기 시작했고, 영유아법 제정으로 보육시설이 급증함은 물론, 동 주민센터에 사회복지 전담 공무원이 배치됨으로써 사회복지서비스 분야에서 정부의 역할이 크게 확대되었다.

우리나라 사회안전망 진화 과정은 크게 네 단계로 나눌 수 있다. 첫 번째 단계는 해방 이후 1961년까지 외국 원조에 의지하던 시기로 1953년 근로기준법과 1960년 공무원연금법 제정 외에는 별다른 업적이 없었다. 두 번째 단계는 1961년부터 1977년까지로, 생활보호법 제정을 통해 영세민 구호사업을 체계화하고 군인, 교원 등을 위한 특수직역연금을 추진하는 등 경제개발 성과를 바탕으로 사회안전망을 단계적으로 구축해나갔다. 세 번째 단계는 1977년부터 2010년까지로, 경제발전에 대한 자신감을 바탕으로 사회안전망에 대한 정부의 관심이 크게 높아진 시기다. 그 결과 공적부조는 물론 사회보험 더 나아가 사회복지서비스 분야에 이르기까지 사회안전망 체계를 견실하게 세웠다. 따라서 이 기간은 경제발전과 사회발전 간 나름대로 균형을 이루었고, 경제 정책과 사회복지 정책의 발전 방향에 대한 보수와 진보 세력 간 합의도 가능했던 시기였다. 네 번째 단계는 2010년 이후 현재까지로, 2010년 지방자치 선거에서 무상 급식이 쟁점이 되면서 사회복지 분야의 정책과 사업이 선거의 핵심 공약으로 부각됨은 물론 득표 전략으로 활용됨으로써 사회복지의 지속가능성 문제가 제기되고 있는 시기라고 할 수 있다.

현행 사회안전망의 문제점

우리나라 사회안전망은 해방 이후 70여 년의 진화 과정을 거치면서 나름대로 기본 골격을 갖추었다고 평가할 수 있다. 그러나 자세히 살펴보면 몇 가지 문제점이 있다. 첫 번째 문제는 저소득층 보호를 위한 복지사업 가짓수가 너무 많고 수급 자격 요건 역시 다양하고 복잡해 복지 수혜자가 누락되는 '복지 사각지대'와 중복과 탈법으로 복지 혜택을 받는 경우가 동시에 발생하고 있다는 사실이다. 2014년 2월 송파 세 모녀 사건, 2019년 7월 발견된 탈북자 모자 아사 사건 등 참상이 간헐적으로 발생하는 것은 한국사회보장정보원 설치 등 정부 차원의 노력에도 불구하고 복지 사각지대 문제가 아직 해결되지 않고 있다는 증거이다. 40%를 상회하는 노인 빈곤율과 연령이 높을수록 증가하는 높은 자살률 문제를 오랜 기간 해결하지 못하고 있다는 사실도 우리나라 사회안전망의 허점을 보여주는 좋은 사례이다.

우리나라 사회안전망의 두 번째 문제는 지속가능성에 관한 의문이다. 이는 특히 공적연금의 경우 매우 심각하다. 역사가 비교적 오래된 공무원연금과 군인연금은 2019년 현재 각각 2조2천 억 원, 1조6천 억 원의 적자를 내고 있으며 그 규모는 매년 증가할 전망이고 이는 전액 국고로 충당해야 한다. 국민연금 역시 현재는 연금 수급자가 적어 적립금이 2019년 7월 기준 700조 원에 달하고 있으나, 현재 9%의 보험료가 그대로 유지된다면 2058년에는 기금이 모두 소진될 전망이기 때문에 이에 따른 정부의 재정 부담 역시 막대한 수준이 될 것이다. 이에 더해, '문재인 케어' 정책 추진으로 건강보험 재정도 보험료를 인상하지 않으면 위기를 맞을 것이다. 코로나19 후속 대책으로 논의되고 있는 '전 국민 고용보험' 정책도 복지재정에 큰 짐이 될 것이다.

기존 사회안전망의 세 번째 문제는 고용 안정과 평생직장을 전제로 설계된 기존 사회안전망이 소득 격차가 확대되고 고용 불안이 커지는 4차 산업혁명 시대에도 적절할지에 대한 의문이다. 이러한 사실은 최근 코로나19 사태를 겪으면서 우리 모두 피부로 느낄 수 있었다. 전혀 예상치 못했던 팬데믹으로 세계 경제가 마비되는 상황에서 기존 사회안전망은 무력하기 짝이 없었다. 한국은 물론 미국, 일본 등 선진국 대다수가 어려움에 처한 기업에 대한 긴급자금 지원과 동시에 모든 국민을 대상으로 긴급재난지원금을 지급하는 상황에 이르렀다.

새로운 사회안전망의 기본 골격

필자는 기존 사회안전망에 대한 대안으로 최근 국제사회는 물론 우리 사회에서도 관심이 높아지고 있는 '기본소득제'를 중심으로 한 새로운 사회안전망 설계를 제언한다. 흔히 기본소득제를 도입하려면 엄청난 규모의 새로운 재원이 필요하기 때문에 현실성이 없다고 생각하기 쉽다. 그러나 최근 사회 정책 연구를 전문으로 하는 시민단체인 LAB2050 연구 결과[100]에 따르면 성인 1인 기준 월 30만 원 수준의 기본소득제 추진에 필요한 재원을 새로운 세금 신설이나 세율 인상 없이 기존 복지제도와 조세감면 및 재정 제도의 전면적인 개편만으로 충당할 수 있다고 한다. 물론 이 연구 결과에 대한 심층적인 분석이 필요하나, 기본소득제가 현실적으로 실현 가능한 대안이 될 수 있다는 기대감을 주었다는 점에서 큰 의미가 있다.

필자가 기본소득제를 새로운 사회안전망의 중심에 두려는 이유는 이 제도가 다음과 같은 장점이 있기 때문이다. 첫째, 저소득층 지원 제도의 맹점인 근로 의욕 감퇴 문제가 발생하지 않는다. 예를 들어, 대표적인 공적부조 제도인 국민기초생활보장제의 경우 일단 수혜 대상이 되면 무상 의료, 생계비 지원, 주거 지원 등 각종 혜택이 주어지기 때문에 수혜자들은 추가 소득으로 인해 자격 대상에서 탈락하지 않으려고 애쓴다. 그래서 각종 복지 혜택을 누리는 이들을 '준 공무원'이라고 부른다. 물론 근로 능력이 있는 수혜자에게는 직업 훈련 및 안정 과정을 거쳐 취업해야 하는 의무가 주어지나 실제로는 잘 이루어지지 않고 있다. 그러나 소득에 관계없이 누구나 혜택을 보는 기본소득제에서는 이러한 문제가 발생하지 않는다.

---

100 LAB2050(2019), 『국민기본소득제』 참조.

둘째, 선별복지의 경우 항상 문제가 되는 대상자 선별 기준과 과정에 대한 시비가 기본소득제에서는 발생하지 않는다. 이러한 사실은 이번 긴급재난지원금 추진 과정에서도 확연히 드러났다. 처음에는 하위 70%에게만 지급하려 했으나, 대상자 선정에 대한 사회적 논란이 급증하자 정부는 지급 대상을 모든 국민으로 바꾸었다. 정부가 인위적으로 정한 재난지원금 사용처에 대한 논쟁은 지금까지 지속되고 있다. 그러나 현금을 주는 기본소득제에서는 이러한 문제가 있을 수 없다.

셋째, 기본소득제는 현행 사회안전망의 최대 취약점인 복지 사각지대 문제를 일거에 해결할 수 있다. 복지 사각지대는 기본적으로 수혜자 선정 기준이 까다롭기 때문에 발생한다. 모든 국민에게 똑같은 혜택이 돌아가는 기본소득제에서는 복지 사각지대가 발생할 수 없다. 또한 기본소득제가 정착되면 만성 적자를 내고 있는 공적연금 개혁도 가능해질 것이다.

새로운 세금의 신설이나 세율 인상 없이 기본소득제를 추진하려면 기존 복지제도와 조세감면제도를 포함한 경제 정책의 전면적인 개편이 불가피하다. 우선 우리나라 복지제도의 가장 큰 문제점은 가짓수가 너무 많고 수혜 기준이 복잡하다는 것이다. 최근 언론 보도에 의하면 현재 중앙정부가 관장하는 복지제도가 290여 개에 달하고, 복지제도 수혜 기준이 무려 100여 개에 이른다고 한다. 그러나 기본소득제 실시로 현금성 복지제도의 통폐합이 이루어진다면 이 문제는 저절로 해결될 수 있을 것이다. 우리나라 조세감면제도 역시 복잡하기는 마찬가지다. OECD는 한국의 조세감면제도가 고소득층에게 유리하게 설계되어있기 때문에 재정의 소득재분배 효과가 OECD 국가 중 가장 낮은 것으로 평가하고 있다. 따라서 기본소득제 도입을 계기로 기존의 조세감면제도를 전면 개편한다면 조세의 효율성은 물론 소득재분배 기능 역시 크게 제고될 수 있을 것이다. 이에 더해, 우리는 최저임금제, 주 52시간 근로제 등 저소득층 보호를 목적으로 하는 여러 가지 경제 정책을 추진하고 있다. 모든 국민에게 기본소득을 보장하는 사회안전망이 확고히 구축된다면 경제 정책은 경제 논리에 충실한 방향으로 추진될 수 있을 것이다.

끝으로, 기본소득제 추진과 더불어 사회복지서비스 분야에서도 민간의 자발성과 혁신성을 촉진하는 한편, 공공은 서비스 기준을 정하고 이의 준수를 확인하는 역할을 담당하는 새로운 생태계를 만들어가야 한다. 우리는 사회복지서비스 분야에서 민간 차원의 많은 인적 자원과 시설 운영 경험이라는 무형 자산을 보유하고 있다. 따라서 이번 코로나19 사태 수습 과정에서 민간 의료계가 보여준 성공 사례를 교훈 삼아, 가칭 '한국형 사회서비스(K-SS) 모델'을 개발해 이를 국내에 정착시키고 더 나아가 국제사회에 전파할 것을 건의한다.

4

The Age of Balance

사회적 가치가 우선인 시대

인간은 사회 공헌 활동을 통해 행복해질 수 있다고 한다. 그 이유는 대다수 사람이 권력이나 물질적 부(富)보다는 봉사, 기부 등 남을 돕는 행위를 통해 삶의 의미를 찾고 있기 때문이다. 따라서 개인 차원에서 사회 공헌을 활발히 하는 것은 개인의 행복감을 높이고 우리 사회를 좀 더 따뜻하고 훈훈하게 하는 촉매제가 될 것이다.

기업의 사회 공헌은 최근 공유가치 창출 개념으로 진화했다. 사회적 성과의 중요성과 더불어 사회문제 해결을 위한 '임팩트 투자(impact investment)'에 관심이 쏠리고 있다. '협력의 힘(collective impact)'은 사회문제 해결을 위해 여러 분야 전문가의 힘을 모으는 것이다. 우리 사회도 '협력의 힘'을 통해 더욱 효율적으로 사회 공헌을 하는 새로운 문화를 만들어가야 할 것이다.

– 서상목(2020), 『4차 산업혁명 시대, 사회복지가 갈 길은?』, 한국사회복지협의회.

사회적 가치가 우선인 시대[101]

20세기는 경제적 가치 창출 과정에서 대혁신이 일어난 시기다. 반면 21세기는 경제적 가치 시대를 넘어 사회적 가치의 중요성이 새롭게 부상하는 시대가 될 것이다. 사회적 가치가 지속적으로 창출되기 위해서는 시장원리를 과감히 도입해야 한다. 사회금융 시장 육성을 통해 기업가정신으로 무장된 사회적 기업이 활성화되고, 배분된 자원의 사회적 가치가 극대화되는 생태계를 만들어가야 한다.

20세기 초 세계 경제 주도권이 영국에서 미국으로 넘어가면서 대량생산 방식을 의미하는 포디즘(Fordism)과 경영의 과학화를 상징하는 테

101 서울경제 기고문(2019. 11. 18.)

일러리즘(Taylorism)을 기반으로 한 '경제적 가치가 우선인 시대'가 열렸다. 그러나 20세기 후반 실리콘밸리를 중심으로 IT혁명이 일어나고 고객 중심, 인재 양성 중심의 '휴렛팩커드 기업문화(HP Way)'가 새로운 경영 패러다임으로 자리 잡게 되면서 기업 활동의 사회적 가치가 부각되는 새 시대가 펼쳐지고 있다.

이러한 추세는 최근 금융부문으로 확산돼 투자의 사회적 가치를 강조하는 임팩트 투자(Impact Investment)가 급성장하고 있다. 국가경영 전략 측면에서도 세계은행(WB), 국제통화기금(IMF) 등 국제 경제기구가 성장과 분배를 동시에 고려하는 '포용성장'을 새로운 개발 전략으로 제시하고 있다. 유엔도 17개 분야 169개 '지속가능개발목표(SDGs)'를 회원국 모두가 준수할 것을 촉구하고 있다. 바야흐로 '사회적 가치가 우선인 시대'가 열리고 있는 것이다.

사회적 가치를 강조하는 추세는 우리나라도 예외가 아니다. 문재인 정부는 출범 초 '정부가 할 일은 포용국가를 만드는 것'이라고 선언하면서 전 세계에 과시할 수 있는 모델이 되겠다는 야심 찬 목표를 제시했다. 이를 위해서는 몇 가지 조건이 충족돼야 할 것이다.

무엇보다도 사회적 가치는 사회혁신을 통해 구현되어야 한다. 지난 2~3세기 동안 세계적 기업이나 국가의 경제적 가치는 기술혁신을 통해 극대화됐다. 1차 산업혁명 시대의 스팀엔진, 2차 산업혁명 시대의 전기, 3차 산업혁명 시대의 PC와 인터넷 기술이 그 대표적인 사례다. 사회적 가치 역시 사회혁신을 통해 극대화됐음을 역사가 증명하고 있다. 일례로 1880년대 독일의 사회보험제도는 획기적인 사회혁신이었다. 사회혁신 전통은 최근 사회적 기업, 사회금융 시장의 성장으로 이어지고 있다. 이렇듯 기술혁신과 사회혁신은 현대 국가 발전을 견인하는 양 날개라고 할 수 있다.

한 가지 우려스러운 점은 사회적 가치를 사회혁신보다는 정부의 재정 지출 확대로 창출하려는 안이한 생각이 우리 사회에 만연해있다는 것이다. 특히 2010년 지방선거 이후 여야 정치권이 앞다투어 선심성 사회복지 정책을 득표 전략으로 활용하면서 사회적 가치 창출 과정의 효율성이 크게 낮아졌다. 우리 기업은 경쟁이 치열한 국제시장에서 경제적 가치를 창출하기 때문에 효율성이 높다. 반면, 사회적 가치는 국내시장에서 정치권에 의해 인기 영합적으로 이뤄지는 경향이 있기 때문에 효율성이 상대적으로 낮은 것이다.

이를 바로잡기 위해서는 사회적 가치 창출 과정에도 시장원리를 과감하게 도입해야 한다. 사회금융 시장을 통해 사회혁신에 필요한 자금이 사회적 가치를 가장 잘 만들어 낼 수 있는 사회혁신가에게 공급되는 생태계를 조성해야 한다. 토니 블레어 영국 노동당 정부는 '제3의 길' 정책 추진을 위해 2000년 '사회금융발전특별위원회'를 설치해 10년간 운영함으로써 영국이 사회혁신의 메카가 되는 계기를 마련했다. 미국 실리콘밸리 역시 혁신 기업가에게 사업 자금과 경영 노하우를 함께 제공하는 벤처캐피털 전통을 이어받은 사회 벤처캐피털 시장의 신장을 통해 사회혁신에 기반한 사회적 가치 창출 활동을 선도하고 있다.

그러나 우리는 정부가 인위적으로 만든 지침에 따라 선정된 사회적 기업에 다양한 지원을 해 사회적 기업가가 진정한 사회혁신가가 되지 못하고 있다. 따라서 사회혁신을 통한 사회적 가치 창출을 촉진하기 위해서는 사회적 기업 정책 방향을 지금의 직접 지원에서 시장원리와 사회금융 시장을 통한 간접 지원 방식으로 전환해야 한다. 이에 더해, 기업 역시 경제적 가치와 동시에 사회적 가치를 추구하는 '공유가치 창출(CSV)' 추세에 동참함으로써 '포용국가' 건설의 주역으로 거듭 태어나야 할 것이다.

‘사회적 가치 시대’와 지역복지공동체[102]

지역공동체는 정부, 시장과 함께 균형 사회가 갖춰야 할 세 기둥 중 하나라 할 수 있다. 지역공동체는 경제공동체, 복지공동체 그리고 문화공동체 등으로 나눌 수 있는데, 이 중 상대적으로 취약한 복지공동체 구축 과정에서 사회복지협의회가 적극적인 역할을 수행해야 한다. 이를 위해서는 첫째, 사회복지협의회가 회원 구조와 운영 방식에 있어 사회복지인만이 아닌 주민 전체의 협의회로 거듭나야 한다. 둘째, 사회복지협의회는 지역복지공동체 구축에 필요한 사업을 개발 · 추진하는 사회혁신가 역할을 수행해야 한다. 셋째, 사회복지협의회는 모금 기능을 활성화하고 유관 기관과의 협업

102 백세시대 기고문(2020. 6. 5.)

체계를 구축하여 사업 추진에 필요한 재원을 마련해야 한다.

경제적 가치와 사회적 가치의 균형을 강조하는 경제학자 라구람 라잔(Raghuram Rajan)은 그의 최근 저서 『제3의 기둥(The Third Pillar)』에서 국가(State), 시장(Market), 그리고 공동체(Community)를 균형 사회가 갖춰야 할 세 가지 기둥으로 꼽았다. 이 책에서 그는 미국 등 대다수 선진국의 역사 발전 과정에서 지속적으로 막강한 권한을 유지해온 '국가', 산업혁명 이후 영향력이 급격히 증가한 '시장'에 비해 '공동체'는 발전이 상대적으로 미약하다는 사실을 지적하고 있다. 그는 이 문제를 해결해야 사회 안정과 국가 발전을 도모할 수 있다고 주장한다. 이러한 해법은 오늘날 우리 사회에도 그대로 적용된다고 필자는 생각한다.

인류학자들은 인류 역사에서 인간이 무리 지어 살면서 공동체를 형성한 것을 다른 동물과의 경쟁에서 승리하게 된 근본적인 원인으로 꼽는다. 농업혁명이 시작되면서 호모사피엔스는 한 곳에 정착하여 농사를 짓고 가축을 기르며 안정된 삶을 살게 되었다. 그 결과 인구가 급속히 증가했고 국가가 형성되었다. 농토를 새로 확보하고 지키려는 경쟁은 전쟁으로 이어졌고, 이는 국가와 지배계급의 권력 팽창을 초래하였다. 결과적으로 농업혁명으로 인해 힘의 중심이 '공동체'에서 '국가'로 이동했다.

18세기 말 영국에서 시작된 산업혁명은 경제적 가치 창출 과정에 일대 혁신을 일으켰다. 기술혁신과 이의 사업화는 산업혁명의 불씨를 댕겼다. 1900년을 전후해 산업혁명의 중심이 영국에서 미국으로 옮겨

가면서 기업 규모가 커지고 경영의 효율화와 과학화의 중요성이 부각되었다. 20세기 초 미국에서 시작된 경영 과학화의 상징인 '테일러리즘(Taylorism)'과 대량 생산을 통한 경영 효율화의 대명사인 '포디즘(Fordism)'은 경제적 가치 시대를 완성시켰다고 할 수 있다. 따라서 산업혁명은 '정부' 못지않은 힘을 '시장'에 실어주었다고 할 수 있다.

산업혁명의 진전과 함께 정치 · 사회 부문에서 진행된 민주화는 모든 선진국으로 하여금 복지국가 건설 경쟁에 뛰어들게 했다. 국가 운용 패러다임 역시 경제개발과 사회개발을 동시에 추진하는 방향으로 바뀌었다. 이는 시장자본주의의 본산지라고 할 수 있는 미국에서 '기업의 사회적 책임(CSR)'이 경영의 새로운 패러다임으로 정착되어가는 사실로도 잘 알 수 있다. 유엔(UN) 역시 1990년대 초부터 '지속발전'을 강조하고 있다. 최근에는 분야별 '지속가능발전목표(SDGs)'를 선정하여 모든 회원국이 이를 이행하도록 하고 있다. 바야흐로 세계는 경제적 가치에 더해 사회적 가치를 강조하는 시대로 발전하고 있는 것이다.

이 과정이 성공하려면 라잔(Rajan) 교수가 지적한 공동체 역할의 강화가 절대 필요하다. 이는 지역공동체 활동의 활성화를 통해 이루어질 수 있다. 지역공동체는 크게 경제공동체, 복지공동체와 문화공동체로 나눌 수 있으며 이에 대한 부문별 대책을 수립하여 추진해야 한다. 우리의 경우 경제공동체 분야는 농협, 수협, 신협 등을 중심으로 각종 사업이 활성화되어있다. 문화공동체 분야 역시 지방자치제가 정착되면서 지역 단위의 문화원 활동, 지역문화축제 등이 활발히 전개되고 있기 때문에 여기에서는 복지공동체 활성화 문제를 중점적으로 다루고자 한다.

복지공동체 활성화를 효율적으로 추진하기 위해서는 중심이 되는 추진 주체가 필요하다. 현시점에서 볼 때 전국 및 시도는 물론 시군구 단위 조직을 갖추고 있는 사회복지협의회가 이러한 기능을 수행하기에 가장 적합하다고 판단된다. 일본은 지역복지공동체와 관련된 모든 사업이 사회복지협의회 중심으로 운영되고 있다. 그러나 우리는 다양한 조직이 각기 독자적 기능을 수행하여 그 효율성이 크게 낮기 때문에 다음과 같은 개편이 필요하다.

첫째, 사회복지협의회가 사회복지인의 협의체 차원을 넘어 주민 전체의 협의회가 될 수 있도록 회원 구조 및 운영 방식을 개선해야 한다. 이를 위해서는 사회복지사업법의 개정도 필요하다. 둘째, 사회복지협의회는 기존의 협의체 성격을 넘어 지역복지공동체 구축에 필요한 사업을 개발하고 추진하는 주체로 거듭나야 한다. 이를 위해서는 사회복지협의회 구성원 모두가 새로운 사업을 개발 · 추진하는 사회혁신 전문가가 되도록 많은 노력을 기울여야 한다. 셋째, 사업 개발에 필요한 재원을 마련하기 위해서는 직접 모금 활동을 추진하고 이와 더불어 유관 기관과의 협업 체제를 조속히 구축해야 한다. 이를 위해 사회복지계 구성원 모두가 '단독의 힘(isolated impact)'보다는 '협력의 힘(collective impact)'을 통해 더욱 큰 성과를 거둘 수 있다는 인식을 바탕으로 서로 협력하는 전통을 새롭게 만들어가야 할 것이다.

나눔 문화가 행복을 불러온다[103]

인간은 자신이 보람된 일을 하고 있다고 생각할 때 행복하고, 남을 도울 때 가장 보람을 느낀다고 한다. 결국 나눔 활동은 사람에게 행복이라는 신의 선물을 가져다주는 것이다. 우리 한국인은 상대적으로 행복하지 않은 것으로 나타났다. 따라서 사회 공헌 활동 활성화는 우리 사회문제를 해결하는 '만병통치약'이 될 수 있다.

인간은 대체로 자신이 보람된 일을 하고 있다고 생각할 때 행복하고, 남을 도울 때 보람을 가장 많이 느낀다고 한다. 결국 나눔과 봉사활동은 이런 행위를 하는 사람에게 '행복'이라는 신(神)의 선물을 주는 셈

103 백세시대 기고문(2018. 12. 28.)

이다. 이는 각종 과학적 연구를 통해 사실로 확인되고 있다. 영국 옥스퍼드대학은 주민을 두 그룹으로 나눠 일정 기간 한 그룹은 취미 생활을 하게 하고 다른 그룹은 봉사활동을 하게 했다. 그 후 혈액 검사를 통해 옥시토신(oxytocin)을 측정했더니, 전자보다 후자에서 옥시토신의 증가 폭이 훨씬 컸다. 옥시토신은 어머니가 아이를 분만할 때 그리고 젖을 먹일 때 분비되는 호르몬으로 흔히 '사랑 호르몬'으로 알려져 있다. 몸에서 옥시토신 호르몬이 많이 생성되면 기분을 진정시키고 행복감을 느끼게 하며 공감 능력을 높여 타인과의 유대도 증진시킨다고 한다.[104]

나눔 활동과 옥시토신과의 상관관계는 하버드대학 실험에서도 확인되었다. 학생을 두 그룹으로 나눠 한 그룹은 당시 인기 있는 영화 비디오를 보게 하고 다른 그룹은 테레사(Teresa) 수녀의 봉사 활동 비디오를 보게 한 후 혈액 검사를 해보았더니, 후자에서 옥시토신 증가 폭이 훨씬 높았다. 또한 일본 아자부대학에서는 주인이 애완견을 일정 시간 쓰다듬어준 후 호르몬 검사를 해보았다. 주인과 애완견 공히 옥시토신이 증가했는데, 애완견보다는 주인의 증가 폭이 더 컸다. 이로써 사랑은 받는 쪽보다 주는 쪽이 더 큰 행복감을 느낀다는 사실이 확인되었다.

우리 국민은 '삶의 질에 대한 만족도(life satisfaction)'에 관한 한 문제가 많은 것으로 나타났다. OECD '삶의 질 보고서'[105]에 의하면 2018년 '주관적 만족도(subjective well-being)' 분야에서 한국 순위는 38개국

---

104 서상목(2019), "왜 가치 창출 사회 공헌인가", 『가치를 창출하는 사회 공헌』, 한국사회복지협의회.

105 OECD(2020), 『How's Life? 2020: Measuring Well-Being』, OECD Better Life Initiative.

중 37위로 최하위인 것으로 조사되었다. 또한 "어려울 때 도움을 받을 수 있다고 생각하느냐?"에 대한 답으로 평가하는 '사회안전망에 대한 신뢰도 수준(social interactions)' 분야에서도 한국은 38개국 중 37위였다. 이와 같이 우리의 낮은 '삶에 대한 만족도'와 '사회안전망에 대한 신뢰도'는 낮은 행복도와 높은 자살률의 근본적인 원인이 되고 있다.

'행복 경제학'의 선구자이면서 영국에서 '행복 운동'을 전개하고 있는 리처드 레이어드(Richard Layard)[106]는 인간의 행복감을 결정하는 요인이 소득이나 교육 수준이 아니라 개인의 정신적 그리고 육체적 건강 상태와 대인관계라는 사실을 실증적 연구를 통해 입증하고 있다. 심지어 소득 불균등도 국가 간 행복도 차이의 2% 정도밖에 설명하지 못한다는 사실을 밝히고 있다. 특히 우리의 경우 어릴 때부터 대학입시 등 지나친 경쟁 풍토가 행복도를 낮추는 주요 원인으로 꼽히고 있다.[107]

우리 사회의 입시 경쟁은 학력 면에서는 세계 최고 수준에 이르게 하나, 학업 만족도는 세계 최저 수준을 기록하는 상반된 결과를 초래하고 있다. 입시 경쟁은 졸업 후 취업 경쟁, 승진 경쟁, 주택 마련 경쟁 등으로 이어지면서 우리를 더욱 불행하게 하고 있는 것이다. 2008년 세계 130여 개 국가를 대상으로 실시한 세계가치관 조사에 의하면, 한국인의 75%가 경제 안정을 가장 중요한 가치로 꼽고 있다. 이는 프랑스 26%, 영국 30%, 스웨덴 39%, 미국 53%보다 훨씬 높은 수치이다. 급속한 경

---

106 Richard Layard(2006), 『Happiness: Lessons from a New Science』, Penguin.

107 리처드 레이어드(2010), 『행복의 함정: 가질수록 행복은 왜 줄어드는가?』, 북하이브.

제발전 과정에서 발생한 치열한 경쟁이 우리를 물질주의자로 만들었고 더 나아가 정신적으로 행복하지 않은 국민이 되었다는 결론에 도달하게 된다.

그러면 해법은 무엇일까. 행복감을 높이기 위해서는 무엇보다도 기존의 이기적이고 물질주의적인 사고를 공동체 중심 그리고 삶의 가치 중심으로 전환해야 한다. 필자는 나눔 문화 확산을 통해 이러한 변화를 이끌어낼 수 있다고 생각한다. 나눔 활동은 이를 통해 도움을 받는 측에는 고통 해소와 더불어 사회적 신뢰감을 높여주는 계기가 됨은 물론, 도움을 주는 측에는 삶의 보람을 느끼고 행복감이 고조되는 결과를 가져다줄 수 있기 때문이다.

우리는 1970년대 '새마을'이라는 경제공동체를 만드는 사회운동을 성공적으로 펼친 경험이 있다. 이제 21세기 4차 산업혁명 시대에 필요한 것은 나눔 문화 확산을 통한 '따뜻하고 활기찬 지역복지공동체'를 구축하는 운동을 전개하는 것이다. 새마을사업은 정부가 주도한 반면, 지역복지공동체 사업은 민간이 주도하고 정부가 지원하는 형태로 추진하는 것이 현재의 시대 상황에 맞다고 생각한다. 특히, 민간 복지계를 대표하면서 전국적인 조직을 갖춘 사회복지협의회가 이러한 과업을 추진하는 데 앞장서야 할 것이다.

당신은 행복하십니까?[108]

국제사회에서 국가 발전의 목표가 '경제성장'에서 '삶의 질'로 바뀌고 있다. 이러한 추세에 부응하여 우리 정부도 '포용국가'를 표방하고 있다. 그러나 우리 한국인의 행복 수준은 세계 중위권에 머물고 있음은 물론 최근 지속적으로 나빠지고 있다. 이를 개선하기 위해서는 정부 차원의 사회안전망 확충과 더불어 민간 차원의 지역복지공동체 구축 노력이 동시에 전개되어야 할 것이다.

국제사회에서 국가 발전의 목표가 '경제성장'에서 '삶의 질'로 바뀌고 있다. 세계은행은 포용적 성장(inclusive growth)을 성장의 속도와 내

108 서울경제 기고문(2019. 2. 6.)

용을 동시에 고려하는 전략으로 정의하면서, 성장의 과실이 저소득층에도 고루 돌아가는 분배적 성과의 중요성을 강조하고 있다. OECD 역시 2009년 스티글리츠(J. Stiglitz) 교수 등 경제 전문가들이 발표한 '삶의 질 지표 개발'에 관한 연구 결과[109]를 시작으로 이 분야를 지속적으로 발전시키고 있다. 이의 일환으로 2018년 11월에는 인천 송도에서 OECD가 주관하는 '삶의 질에 관한 세계포럼'이 개최되었다.

이러한 세계적인 추세에 부응해 2013년 박근혜 정부는 '국민행복시대'를 새로운 국정 목표로 내세웠다. 문재인 정부 역시 2017년 '사람 중심의 포용국가'를 국정 목표로 제시했으나 지금까지 객관적 지표로 나타난 성과는 미흡하다. 유엔이 2012년부터 매년 발표하는 '세계행복보고서(World Happiness Report)'에 의하면,[110] 한국의 국가 행복 수준은 2018년 세계 141개 국가 중 57위로 중위권이며, 34개 OECD 국가 중에서는 32위로 거의 최하위권이다. 특히 놀라운 것은 행복 수준이 지난 5년간 지속적으로 나빠지고 있다는 사실이다. 한국의 국가 행복 순위는 2013년 41위에서 2015년 47위, 2017년 56위 그리고 2018년 57위로 떨어졌다.

세계행복보고서는 국가 행복 수준을 결정하는 요인으로 크게 다음 6가지를 꼽고 있다. 행복의 객관적 요건이라고 할 수 있는 '건강 수명(healthy life expectancy)'의 한국 순위는 2018년 세계 4위로 최상위권

---

109 Stiglitz, Sen, Fitoussi(2010), 『Mismeasuring Our Lives: Why GDP Does Not Add Up?』, New Press.

110 Helliwell, Layard & Sachs(2019), 『World Happiness Report 2019』, UN.

이고, '1인당 국민소득(per capita GDP)'은 상위권인 28위이다. 그러나 행복의 주관적 요건을 나타내는 지표는 모두 중위권 또는 하위권에 머물고 있다. 예를 들어, '자선 활동 수준(generosity)'과 '부패 정도에 대한 인식(perception of corruption)'의 국제 순위는 모두 39위로 소득이나 건강을 나타내는 객관적 지수에 크게 못 미치고 있다. 특히 '사회적 지지(social support)'는 95위, 그리고 '자신의 삶을 선택할 수 있는 자유(freedom to make life choices)'는 139위로 후진국을 포함한 조사 대상국 가운데 하위권에 머물고 있다.

유엔이 설정한 지표의 기술적 한계를 감안하더라도 '국민행복' 그리고 '포용발전' 측면에서 우리 현실은 문제가 있다. 이는 자살률이 세계 최고 수준인 반면, 출산율은 세계 최저 수준이라는 사실로도 잘 입증되고 있다.

이에 대한 해법은 과연 존재하는가. 그리고 있다면 이를 어떻게 추진해야 하는가. 이는 우리가 직면한 가장 시급하고도 중차대한 과제라 할 수 있다. 경제와 건강 문제에 관한 연구는 많고 그 해법 역시 다양한 형태로 제시되고 있다. 그러나 우리가 당면한 행복의 주관적 평가에 관한 연구는 상대적으로 매우 부족하고 해법 역시 불분명하다. 그간 정부 차원의 문제 제기에도 불구하고 성과가 미흡한 것도 바로 이런 이유에 기인한다고 생각한다.

한 가지 다행스러운 점은 영국, 미국 등 선진국은 물론 OECD, 유엔 등 국제기구에서 행복의 주관적 판단에 관한 연구가 활발히 진행되고 있다는 사실이다. 예를 들어, 영국에서는 런던대학을 중심으로 한 '주관적 삶의 질과 행복 연구팀'이 최근 연구 결과를 책자로 발간했다.[111] 이를 통해 우리는 영국 청소년과 성인의 행복에 대한 주관적 평가에 있어 그 결정 요인이 무엇이며, 이를 개선하기 위한 정책 과제에 관해 많은 지식을 얻을 수 있게 되었다. 따라서 우리가 지금 해야 할 일은 선진국과 국제사회 연구 결과를 참조해 행복의 주관적 인식에 대한 연구를 활성화하고, 이를 바탕으로 우리 고유의 해결책을 마련하는 것이다. 우선 학계, 언론계와 함께 '당신은 행복하십니까'에 대한 정부 차원의 관심을 높이고, 이에 관한 연구와 정책 개발에 대한 정부의 재정 지원 확대를 건의한다.

111 Clark, Fleche, Layard, Powdthavee & Ward(2018), 『The Origins of Happiness: The Science of Well-Being over the Life Course』, Princeton Press.

사회 공헌 활동으로 사회적 갈등 치유하자[112]

사회 공헌 활동과 시민정신 확립으로 우리 사회 갈등을 치유하자. 사회 공헌 활동도 성과 측정 기법 개발 및 사회금융 시장 육성을 통해 사회적 성과를 높여야 한다.

정치학자 브루스 시버스[113]는 서구 문명의 기초가 된 시민사회를 '사람들이 건전한 시민정신을 바탕으로 자발적으로 공동의 이익을 추구하는 활동 공간'으로 정의하고, 자유, 법치, 사회 공헌 활동 등을 시민정신의 기본 요소로 규정했다. 최근 우리 사회는 이념 대립과 사회 갈등이 더욱 심해지고 있다. 이를 치유하기 위해서는 무엇보다 사회 공헌 활동

112 조선일보 기고문(2019. 6. 11.)

113 Bruce Sievers(2010), 『Civil Society, Philanthropy, and the Fate of the Commons』, 전게서 참조.

을 통해 건전한 시민정신을 확립할 필요가 있다.

점점 어려워지는 경제 여건과 저출산 · 고령화 추세를 감안할 때, 정부 재정에만 의존하는 복지국가 전략은 한계에 봉착할 가능성이 높다. 정부의 포용적 복지 정책 전략을 '모두가 누리는 복지'에서 '모두가 함께 만드는 복지'로 전환해야 할 때다.

인간은 다른 동물에 비해 미성숙 상태로 태어나기 때문에 오랜 기간 어머니의 헌신적인 보살핌을 받으며 자라난다. 이 과정에서 공감, 배려, 정의, 희생 같은 이타심이 생겼다는 것이 종교학자 배철현의 주장이다.[114] 그리고 인간은 남을 배려하고 돕는 활동을 통해 인생의 의미를 찾고 더 깊은 행복감을 느끼게 된다는 것이 심리학에서의 연구 결과이다.[115]

사회 공헌 활동에서도 '사회적 성과'를 높이는 데 역점을 두어야 한다. 우선 사회적 성과 측정 기법을 지속적으로 개발하고, 그 결과를 다양한 사회 프로젝트의 기획, 집행, 평가 과정에 적극 활용해야 한다. 또 사회적 성과를 사회투자의 평가 기준으로 삼아 '가장 잘하는 사람'에게 자금이 지원되도록 사회금융 시장을 육성해야 한다. 기업의 역할도 중요하다. 기업이 경제적 · 사회적 가치를 동시에 창출하는 사업을 개발 · 추진하는 것은 가치를 창출하는 사회 공헌의 성패를 좌우하기 때문이다.

---

114 배철현(2017), 『인간의 위대한 여정』, 전게서 참조.

115 Victor Frankl(2006), 『Man's Search for Meaning』, 전게서 참조.

포용적 복지와 가치 창출 사회 공헌[116]

정부주도 '복지국가'에서 모두 함께 만드는 '복지사회'로 승화 · 발전되어야 한다. 그리고 경제 발전이 복지 발전을 선도한 동아시아형 복지국가의 강점을 최대한 활용해야 한다. 개인 차원의 사회 공헌 활동은 개인을 행복하게 한다. 또한 기업 차원의 사회 공헌 활동 역시 기업에 더 큰 이익을 가져다준다. 따라서 사회공헌을 위한 생태계를 만들어가야 한다.

'복지국가'에서 '복지사회'로

현대적 의미의 사회복지는 빈곤 등 산업혁명 과정에서 발생한 사회

116 월간 복지저널 기고문(2019. 7.)

문제를 해결하려는 사회혁신 수단의 일환으로 발전하였다. 19세기 중반 산업혁명 발상지인 영국이 미국, 독일 등 신흥공업국과의 경쟁에서 밀리면서 도시지역 빈곤이 새로운 사회문제로 대두되었다. 부스(Booth)와 라운트리(Rowntree)의 빈곤 조사, 자원봉사자 연합체인 자선조직협회(COS) 그리고 지역사회 운동인 토인비홀(Toynbee Hall) 중심의 인보관운동은 최초의 민간 사회복지 활동이라 할 수 있다.

민주주의와 시민사회가 발달한 영국은 민간이 복지 분야를 선도했다. 반면 정치적 통일로 강력한 중앙 권력을 형성한 독일은 비스마르크 재상이 사회보험이라는 혁신적인 제도를 도입함으로써 정부가 복지 정책 수립 및 집행 과정에서 중심 역할을 하는 새로운 역사를 만들었다. 독일에서 시작된 사회보험제도는 유럽 전역으로 확산되었다. 2차 세계대전 중 영국 처칠 수상은 국민에게 희망을 주기 위해 최초의 복지국가 청사진인 '베버리지 보고서'를 내놓았다. 2차 세계대전이 연합국의 승리로 끝나고 세계 경제 호황이 장기간 지속되면서, 서구 선진국은 더 나은 '복지국가'를 만드는 경쟁에 돌입했다.

그 결과 전반적인 복지 수준은 크게 향상되었으나, 복지 재정 팽창으로 인한 '큰 정부'와 이에 따른 비효율이 새로운 도전 과제로 등장했다. 복지국가와 큰 정부에 대한 반작용으로 1980년대부터 이른바 신자유주의가 부상하였고, 복지 분야에서 민간의 역할이 새롭게 부각되었다. 예를 들어, 영국의 블레어(Blair) 노동당 정부는 총리실에 '제3섹터청'을 신설하고, 총리실 산하에 특별위원회를 구성하여 사회금융 시장의 활성화를 통한 혁신적인 민간 복지 활동을 지원하였다.

2010년 집권한 보수당 정권도 명칭을 '제3섹터(The Third Sector)'에서 '큰사회(Big Society)'로 바꿔 사회금융 시장을 통한 민간 복지 활동 활성화 노력을 지속했다. 정부 중심의 '복지국가'를 시민사회와 기업 등이 모두 참여하는 '복지사회'로 개편하려는 노력은 영국에서 시작돼 미국, 호주 등 자유주의 복지국가는 물론 독일, 프랑스 등 보수주의 복지국가와 스웨덴, 덴마크 등 사회민주주의 복지국가로 확산되고 있다. 특히, 사회복지에서 사회혁신이 강조되면서 사회혁신의 주체로서 사회적 기업가의 역할이 중요시되고 있다. 이를 뒷받침하기 위한 사회금융의 활성화는 물론, IT 등 기술혁신을 복지 분야에 접목시키려는 노력 역시 덴마크 등 북유럽 국가를 중심으로 활발하게 진행되고 있다.

우리나라는 일본과 같이 사회보험제도를 도입해 경제발전 수준에 상응하는 사회복지 발전을 이루기 위해 지속적으로 노력해왔다. 1998년 사회권에 근거한 기초생활보장제도를 실시했고, 2008년 노인장기요양보험제도 도입을 계기로 각종 사회보험제도가 완성 단계로 진입하였다. 또한 1952년 한국사회복지협의회 설립으로 꾸준히 발전해온 사회서비스 분야 역시 1989년부터 정부 차원의 지원이 강화됨으로써 경쟁력을 갖춘 서비스산업으로 발전하고 있다.

한국, 일본, 대만이 주축인 '동아시아형' 복지국가는 사회보험제도에 기초하는 '보수주의형'을 기본으로 하면서도 정부 못지않게 민간의 역할을 강조하는 '자유주의형'을 가미한 '혼합형' 복지국가 모델이라 할 수 있다. 동아시아형 복지국가의 가장 두드러진 특징은 경제발전이 복지발전을 선도했다는 점이다. 이에 대해 불균형 발전이라는 비판도 있으나,

경제발전으로 인해 복지발전에 필요한 재원 조달을 가능하게 했다는 장점이 있다. 특히 1980년대 이후 복지국가 위기를 경험한 유럽 국가와는 달리 동아시아형 복지국가는 1997년 외환위기는 물론 2008년 세계 금융위기 과정에서도 복지사업을 지속적으로 추진할 수 있었다.

복지국가의 성격은 인위적 정책 설계의 결과물이라기보다는 그 나라의 역사, 정치 · 사회 및 경제 여건이 빚어낸 산물이다. 따라서 이제 한국형 복지국가를 설계하는 과정에서도 기존 동아시아형에 새로운 요소를 가미하는 형태가 되어야 할 것이다. 특히 우리가 속한 동아시아형은 복지와 경제가 상호보완적이고, 정부와 민간부문이 파트너십을 형성하여 역할을 분담하기 때문에 국가 간 경쟁이 치열한 세계화 시대에 적합한 복지국가 모형이라 하겠다.

특히 강조되어야 할 점은 경제는 시장에 맡기고 정부는 촘촘한 사회안전망을 구축하는 역할 분담 원칙을 정립하는 것이다. 이는 복지국가의 본보기인 스웨덴, 덴마크 등 북유럽 국가가 지속적으로 추구하고 있는 전략이기도 하다. 이에 더해, 복지 분야에서도 기업을 포함한 민간의 역할을 강조함으로써 복지재정의 부담을 줄이는 한편 사회혁신을 통해 복지사업의 사회적 성과가 극대화되는 생태계를 만들어가야 한다. 따라서 정부의 역할만 강조하는 '복지국가'에서 정부와 민간의 협치에 기반한 '복지사회'로의 사고 전환이 필요하다.

사회공헌은 개인을 행복하게 한다

인간이 만물의 영장이 된 것은 인간의 사회성 때문이라는 것이 인류학자들의 공통된 결론이다. "인간은 사회적 동물이다." 그리스 철학자 아리스토텔레스의 말이다. 그리스 정치사상의 이념은 윤리이며, 국가는 시민을 공동체에서 윤리적으로 결속시키는 교육기관 역할을 했다. 중세에는 빛을 보지 못한 시민사회가 르네상스 시대가 열리고 민주주의가 정착되면서 서양문화의 중심축으로 부활했다. 정치학자 브루스 시버스(Bruce Sievers)는 법치주의, 개인의 자유에 더해 자선 및 박애 등 사회공헌 활동을 시민정신의 기본 요소로 꼽고 있다.

인간은 기본적으로 이기적인 동물이지만 이타심 역시 인간의 본성이라는 것이 정설이다. 자유주의 경제의 창시자인 애덤 스미스(Adam Smith)는 물론 『이기적 유전자』의 저자인 생물학자 리처드 도킨스(Richard Dawkins)도 인간의 이타적 행동 역시 이기심의 또 다른 형태로 인식하고 있다.[117] 이에 더해, 고고학자이며 종교학자인 배철현은 인간의 이타심이야말로 우리가 오랜 진화 과정에서 살아남은 단 하나의 이유라고 주장하고 있다.[118] 따라서 이타적 본능에 근거한 사회 공헌 활동은 시민사회 구성원으로서 인간이 해야 하는 매우 기본적인 행동이라 할 수 있다.

---

117 Richard Dawkins(1976), 『The Selfish Gene』, 전게서 참조.

118 배철현(2017), 「인간의 위대한 여정」, 전게서 참조.

인간은 사회 공헌 활동을 통해 행복해질 수 있다는 것이 행복 연구 전문가들의 공통된 견해다. 정신과 의사 빅터 프랭클(Viktor Frankl)은 인생의 의미를 찾는 것은 인간이 사는 데 가장 기본적인 동기부여가 되기 때문에 환자에게 삶의 의미를 찾아줌으로써 그를 정신적으로 치료할 수 있다고 주장한다.[119] 또한 심리학자 에드워드 데시(Edward Deci)는 내면적 삶을 열망하는 사람이 외형적인 삶에 관심 있는 사람보다 더 큰 행복감을 느낀다는 사실을 발견했다.[120] 이에 더해, 교육 전문가 켄트 키스(Kent Keith)는 설문 조사를 통해 응답자의 대다수가 권력이나 물질적 부보다는 봉사, 기부 등 남을 돕는 사회 공헌 활동을 통해 삶의 의미를 찾고 있다는 사실을 밝혀냈다.[121]

사회공헌활동은 기업에 이익이 된다

1953년 미국 경제학자 하워드 보웬(Howard Bowen)의 저서에 처음 등장한 '기업 사회 공헌(CSR: Corporate Social Responsibility)'은 오늘날 기업경영 전략의 핵심으로 인식되고 있다.[122] CSR은 '지속가능경영'을 위한 중심축이 되고 있다. 유엔은 지속가능경영의 3대 원칙으로 기업의

---

119 Viktor Frankl(2006), 「Man's Search The for Meaning」, 전게서 참조.

120 Edward Deci(1996), 「Why We Do What We Do」, 전게서 참조.

121 Kent Keith(2010), 『Do It Anyway』, New World Library.

122 Howard Bowen(1953), 『Social Responsibilities of Businessmen』, 전게서 참조.

경제적 성과, 사회적 성과, 그리고 환경적 성과 간 균형과 융합을 강조하고 있다. 한편, 국제표준협회(ISO)는 2010년 사회 공헌에 관한 국제규정인 'ISO 26000'을 제정·발표했다. 국제표준협회는 기업이 권고사항인 ISO 26000을 실천함으로써 기업의 신뢰도를 높여 더 많은 수익을 창출하게 될 것이라는 점을 강조하고 있다.

앤서니 기든스(Anthony Giddens)의 『제3의 길』은 복지국가의 위기와 세계화 시대를 맞아 정부 역할을 강조하는 진보 진영이 내놓은 대안이었다.[123] 반면, CSR은 환경 파괴, 양극화 심화 등으로 기업 활동과 시장경제에 대한 부정적 인식이 확산되는 가운데 시장과 기업의 역할을 강조하는 보수 진영이 제시한 대응 전략이다. 포터(Porter)와 크래머(Kramer)는 단순한 CSR을 넘어 기업이 경제적 가치와 사회적 가치를 동시에 달성할 수 있는 사업을 찾아 적극적으로 활동해야 한다는 '공유가치 창출(CSV: Creating Shared Value)' 이론을 새롭게 제시한 바 있다.[124]

우리나라에서도 기업 사회 공헌의 중요성이 강조되면서 대다수 기업이 CSR 활동을 적극적으로 펼치고 있다. 한국사회복지협의회가 펴낸 『2018 사회 공헌 백서』에 의하면, 민간기업과 공공기관의 58%가 사회 공헌 전담 조직을 설치·운영하고 있다. 또 229개 주요 기업 및 기관의 사회 공헌 활동비 총액은 2018년 2조7천 억 원에 이르는 것으로 나

---

123 Anthony Giddens(1998), 「The Third Way」, 전게서 참조.

124 Porter & Kramer(2011), "Creating Shaerd Value", 전게서 참조.

타났다. 한국사회복지협의회는 『사회 공헌 백서』와 계간지[125] 출간에 이어 2019년 하반기 '지역사회 공헌 기업 · 기관 인정제'를 추진함으로써 기업 사회 공헌 활동을 선도하고 있다.

사회혁신 생태계 만들기

사회 공헌 가치 창출의 중요성이 부각되면서 사회적 가치 창출을 전담하는 비영리기관(NPO) 경영에 관심이 높아지고 있다. 경영학의 대부 피터 드러커(Peter Drucker)는 비영리기관은 영리기업보다 한층 높은 차원의 사회적 임무를 수행해야 하기 때문에 경영을 그저 잘하는 것으로 만족해서는 안 되고 매우 잘해야 한다는 점을 강조하고 있다.[126] 비영리기관은 우선 단순 기부자를 사회 공헌자로 바꿔야 하고, 지역사회에 공통의 목표를 부여함은 물론 무보수 자원봉사자에게 사명 의식을 불어넣어야 하는 등 매우 어려운 일을 해야 하기 때문이다. 이러한 과업을 성공적으로 수행하기 위해서는 무엇보다도 CEO의 역할이 중요하다. 비영리기관 CEO의 가장 중요한 자질은 카리스마보다는 사명 의식이라는 게 이 분야 전문가들의 공통된 의견이다. 또한 NPO의 사회적 성과를 가급적 계량화하여 이를 경영에 반영하는 노력이 필요하다.

사회적 성과의 중요성과 함께 최근 급속히 발전하고 있는 분야가

125 한국사회복지협의회, 『Social Innovation in the Community: 사회혁신과 지역복지공동체 매거진』.

126 Peter Drucker(1990), 『Managing the Non-Profit Organizations』, HarperCollins.

'사회성과투자(social impact investment)'다. 재무적 수익과 함께 사회문제를 해결하는 것을 목적으로 하는 사회성과투자는 근래 빠르게 성장해 2017년 그 자산 규모가 1140억 달러에 이르고 있다. 우리나라 사회성과투자는 아직 태동기에 있지만, 최근 정부 차원의 노력과 지원이 확대되고 있기에 전망은 매우 밝다고 할 수 있다.

사회문제 해결을 위해 여러 분야 전문가와 기관이 힘을 모으는 것을 '협력의 힘(collective impact)', 그리고 각자 독자적으로 일을 수행하는 것을 '단독의 힘(isolated impact)'이라고 한다. 후자가 전자에 비해 큰 성과를 거두지 못하고 기관 간 불필요한 경쟁심만 유발한다는 것이 이 개념을 처음으로 제안한 카니아(Kania)와 크래머(Kramer)의 주장이다.[127] 이들은 '협력의 힘'이 성공하기 위해서는 공통의 아젠다와 성과 측정 시스템이 있어야 하고, 참가자 간 긴밀한 의사소통을 통해 상호 보완적 역할을 해야 한다고 역설하고 있다. 우리도 어려운 사회문제를 해결하는 데 있어 여러 주체가 힘을 합쳐 '협력의 힘'을 발휘하는 새로운 전통이 만들어지기를 기대한다.

127 John Kania & Mark Kramer(2011), "Collective Impact", Stanford Social Innovation Review, Winter.

시민사회의 활성화와 시민교육[128]

공생 발전의 생태계를 조성하기 위해서는 시민정신에 기반한 시민사회의 활성화가 필요하다. 민주화가 정착되기 전에는 시민사회 활동의 핵심 의제가 민주화였으나, 이제는 사회 공헌 활동으로 전환되어야 한다. 이를 통해 우리나라에서도 공생 발전의 생태계가 자연스럽게 만들어질 수 있을 것이다.

고대 그리스 철학자들은 시민사회를 시민이 공동의 이익과 정의를 위해 협력하고 대화를 나누는 '좋은 사회'로 인식했다. 중세 봉건사회가 시작되면서 시민사회는 역사에서 거의 사라졌으나, 르네상스 시대가 열리면서 시민사회와 시민정신은 부활했다. 18세기 후반 프랑스혁명으로

128 경인일보 기고문(2014. 3. 23.)

민주주의가 새로운 정치 체제로 부상하면서 시민사회는 개인의 자유를 침해하는 국가 차원의 개입에 대한 시민의 저항운동 형태로 나타났다. 지금도 민주화가 이루어지지 않은 나라에서 시민사회 활동은 시민의 자유를 침해하는 독재정권에 대한 시민의 체계적 저항 양상을 띠고 있다.

민주화를 오래전에 완성한 서구 사회에서는, 1980년대 이후 복지국가 모델이 경제적 어려움을 겪자 시민사회가 복지 분야에서 정부 역할을 대체하는 세력으로 부상하고 있다. 예컨대, 1997년 집권한 영국의 블레어 사회당 정부는 '일자리 복지(workfare)'를 추진하는 과정에서 시민사회 활동 영역을 '제3 섹터'로 규정하면서 이들의 경제 영역인 사회적 경제의 중요성을 강조했다. 2010년 집권한 캐머런 보수당 정부 역시 시민사회의 도덕성과 시민정신 회복을 위해 '큰 사회(Big Society)'를 기치로 내걸었다.

우리 시민사회의 시작은 근대사상이 태동한 구한말이라고 할 수 있다. 일제 강점기에서도 독립운동 형태로 시민사회가 발전하였다. 예를 들어, 1896년 설립된 독립협회는 독립신문 발간, 만민공동회 개최 등 사회 개혁을 전개한 근대적 의미의 시민 활동이라 할 수 있다. 그러나 해방 이후 좌우 이념 대립이 극심해지면서 시민운동은 이념화되었다. 이승만 정권에서 시작된 확고한 반공 정책 기조가 1980년대 중반까지 이어지면서 시민사회 활동은 크게 위축되었다. 1987년 6 · 29 민주화 선언을 전환점으로 민주화가 본격적으로 진행되면서 시민사회도 새로운 도약기를 맞게 되었다. 경제정의실천연합, 환경운동연합, 참여연대 등의 시민단체가 만들어졌고 사회정의 실천, 환경 및 복지 분야에서 왕성한 활동을 펼쳤다.

민주화 이후 시민사회의 양적 성장에도 불구하고 우리 시민사회는 몇 가지 문제점을 안고 있다. 우선, 시민사회는 다원적 가치를 지향하고 협력과 연대를 강조해야 하는데, 우리는 경직된 정치 이데올로기에 지나치게 경도되어 사회통합보다는 사회분열을 조장하고 있다. 또한, 시민의 참여가 매우 부족하고 소수의 전문가가 주도하기 때문에 '시민 없는 시민사회'라는 비판마저 받고 있다.

민주화가 된 현시점에서 우리 시민사회의 시대적 역할은 공생 발전의 새로운 생태계를 만드는 데 주도적 역할을 하는 것이어야 한다. 이를 위해서는 우선 시민사회가 보수와 진보라는 이데올로기 다툼에서 벗어나고, 집단이기주의적 행동을 자제하는 전통을 새롭게 정착시켜야 한다. 또 이제까지 시민단체는 주로 정부나 기업의 잘못을 고발하는 감시자 역할을 해왔다. 그러나 이제부터는 정부는 물론 기업과 파트너십을 구축해 환경, 빈곤 등 시대 과제를 해결하는 과정에서 공동전선을 형성하고 공생 발전 생태계를 조성하는 데 앞장서야 할 것이다.

시민사회가 활성화되어 공생 발전을 위한 생태계를 만들어가는 데 있어 무엇보다 중요한 것은 시민사회를 구성하는 시민 모두가 공생 발전의 시민의식으로 무장되어야 한다는 점이다. 그런데 우리는 어려서부터 입시 지옥을 거치고 졸업 후엔 직장과 사업장에서 치열하게 경쟁하는 와중에 지나치게 이기적이고 물질적인 가치관을 지닌 시민이 되어가고 있다. 이러한 사실은 한국자본주의가 저상장과 양극화라는 난제를 극복해나가는 데 있어 큰 걸림돌로 작용하고 있다.

건전한 시민의식 고취를 위해서는 가정과 학교는 물론 대중매체와 평생교육기관을 통한 새로운 시민교육이 체계적으로 이루어져야 한다. 시민정신은 다양한 방법을 통해 후천적으로 함양될 수 있다는 것이 전문가들의 공통된 견해이기 때문이다. 일찍이 도산 안창호 선생은 사회를 개조하려면 먼저 자기 스스로를 개조하려는 노력을 해야 하고, 이웃을 사랑하는 마음 역시 일상생활에서 꾸준한 노력을 통해 습관으로 만들 수 있다고 했다. 이제 우리 모두는 사랑하는 마음을 키우는 노력을 더욱 적극적으로 함으로써, 공생 발전의 생태계를 만드는 시대 과업에 동참해야 할 것이다.

사회 공헌 활동으로 완성되는 시민사회[129]

건전한 시민정신의 고양과 사회공동체의 복원이 필요하다. 이는 물질주의와 개인주의가 만연한 우리 사회의 복잡한 문제를 해결하는 원동력이 될 수 있을 것이다. 시민의식은 개인과 기업의 사회 공헌 활동을 통해 함양될 수 있다.

시민사회를 처음으로 정의한 로마시대 정치가 키케로는 시민사회는 스스로 공동선을 추구하고 평화를 유지할 수 있다고 믿었다. 물질주의와 개인주의가 만연하고 좌우 이념 대립으로 국론이 분열된 우리 사회 모습을 지켜보면서, 지금이야말로 사회공동체 복원과 건전한 시민정신의 함양이 필요한 시점이라는 생각이 든다.

129 서울경제 기고문(2019. 3. 17.)

시민사회는 자유민주주의 발전과 밀접한 관계가 있다. 민주주의가 정착된 선진 민주국가에서 시민정신은 개인이나 집단의 사회 공헌 활동 형태로 구현되는 경우가 많다. 시민사회가 발전하려면 다양한 의견을 존중하는 포용적 사회 분위기가 필요하고, 개인의 자유로운 활동을 보장하는 제도와 법치주의가 확립돼야 한다. 일단 이러한 기본 요건이 갖춰지고 나면 시민의 사회 공헌 활동이 시민정신의 핵심이 된다. 그래서 자유민주주의와 사회 공헌 활동은 시민정신의 양대 축이라고 할 수 있다.

6 · 29 민주화 선언 이후 30여 년이 지난 지금 우리 사회 민주화는 이미 이뤄졌다고 할 수 있다. 이제 남은 과제는 사회 공헌 활동 활성화로 시민사회를 더욱 성숙시키는 것이다. 무엇보다 사회를 구성하는 개인과 조직의 공감 능력을 높여 '공감 사회' 분위기를 만들어가야 한다.

자유주의와 시장경제 원리는 인간의 이기심에 기반하고 있으나, 공감 사회는 이기심보다는 이타심에 바탕을 두고 있다. 시장경제 이론의 창시자인 애덤 스미스는 개개인의 이기적 경제 활동으로 국가의 부가 극대화된다는 이론을 펼친 한편, 인간은 다른 사람의 고통을 함께 느끼는 본성도 있다고 주장하면서 이를 '동정심'이라고 했다.

20세기 들어서면서 인간의 이타적 본성은 '공감'이라는 단어로 진화했다. 공감은 인간이 다른 사람이 느끼는 고통의 감정 세계로 함께 들어가는 것을 의미한다. 동정심이 수동적 감정의 표현이라고 한다면 공감은 다른 사람의 감정을 자신의 것처럼 느끼는 능동적 감정의 표출이다.

최근 공감에 관한 연구가 활발하게 진행되면서 인간의 공감 능력 역시 지적 능력과 마찬가지로 다양한 방법을 통해 높일 수 있다는 사실이 입증되고 있다. 예를 들어, 유아의 공감 능력은 어머니로부터 보살핌과 사랑을 통해 배양된다는 사실로 미뤄 유아의 공감 능력을 기르는 데 부모의 사랑과 가정교육이 중요함을 새롭게 인식하게 됐다.

청소년의 공감 능력 역시 학교교육으로 향상될 수 있다는 것이 전문가들의 공통된 주장이다. 미래학자 제러미 리프킨은 경제가 발달하고 교육 수준이 높은 지식사회는 사회 구성원 모두의 공감 능력이 높아지는 새로운 시대가 될 것으로 전망한다.[130] 이러한 낙관적 견해가 실제로 구현되기 위해서는 입시 중심의 우리 교육 환경을 지적 능력에 더해 공감 능력을 높이는 방향으로 전환하는 노력이 선행돼야 할 것이다.

공감 능력의 제고는 개인에게만 필요한 것이 아니라 사회공동체를 구성하는 조직에도 절실히 요구된다. 특히 기업의 경우 사회 공헌 활동이 중장기적 시각에서 기업에 이익이 된다는 인식이 최근 널리 퍼져있다. 예컨데, 경영 전략 전문가 마이클 포터는 기업에 대한 신뢰 하락은 반(反) 기업 정서와 저성장의 악순환을 야기하지만, 기업이 경제적 가치와 더불어 사회적 가치를 추구한다면 혁신과 성장의 새로운 물결이 일어날 수 있다고 주장한다.

최근 우리나라에서도 대기업을 중심으로 사회 공헌 활동이 활발하게 이뤄지고 있으나 이러한 노력이 더욱 큰 실효를 거두기 위해서는 사회 공헌 활동이 기업의 홍보 차원을 넘어 기업경영의 핵심 가치가 되어

130 Jeremy Rifkin(2009), 『The Empathic Civilization』, 전게서 참조.

야 할 것이다. 이를 위해 한국사회복지협의회와 보건복지부는 지역사회 차원에서 사회 공헌 활동을 활발히 하는 기업을 격려하기 위해 '사회 공헌 인정제'를 2019년부터 실시하고 있다.

국민 신뢰와 사랑 받는 전경련이 되려면[131]

자본주의가 위기를 맞을 때마다 변신을 통해 오히려 더 높은 단계로 진화했듯이, 위기의 전경련 역시 사회 공헌 활동의 확대 · 강화를 통해 국민의 신뢰와 사랑을 받게 되기를 기대한다.

2020년 초, 매년 세계 저명한 기업인 · 경제학자 · 정치인 · 언론인 등이 참여하는 '다보스포럼'의 창립 50주년 회의가 스위스에서 열렸다. 올해 주제는 '화합과 지속가능한 세계를 위한 이해당사자(Stakeholders for a Cohesive and Sustainable World)'였다. 이 주제는 21세기 세계 흐름의 가장 큰 특징으로 국가경영은 물론 기업경영 패러다임이 경제적 가치와 사회적 가치를 동시에 추구하고 있음을 보여준다.

---

131 서울경제 기고문(2020. 2. 2.)

유엔은 지난 2000년 9월 '새천년정상회의'에서 기아 근절, 보편적 교육 실시, 영아 사망률 감소, 환경의 지속가능성 확보 등 '새천년개발목표'를 채택해 추진했다. 2016년 그 내용을 17개 분야, 169개 목표로 확대해 이를 모든 유엔 회원국이 실행하고 있다. 이에 더해, 유엔은 그 추진 상황을 매년 보고서 형태로 발간해 가을 연차총회 핵심 주제로 다루고 있다.

우리 정부도 이러한 활동에 동참해 '포용적 발전'을 국정 목표로 설정하고 이의 실천을 위해 노력하고 있다. 이러한 추세는 기업경영에도 그대로 반영돼 세계적 다국적 기업들은 앞다투어 경제적 가치와 사회적 가치를 동시에 추구하는 이른바 '공유가치 창출(CSV)' 전략을 모색하고 있다. 우리도 삼성 · SK 등 대기업들이 기업 활동의 사회적 가치 측정을 통해 사회혁신을 촉진하는 노력을 경주하고 있다.

이와 같이 개별 기업들은 새로운 세계적 흐름에 맞춰 기업경영 패러다임의 대전환을 모색하고 있다. 반면 우리나라에서 대기업을 대변해온 전국경제인연합회는 국민으로부터 '정경유착'의 상징으로 인식됨으로써 그 역할을 제대로 하지 못하고 있어 안타깝다. 따라서 '포용국가'를 기치로 내 건 지금이야말로 원점에서 전경련의 새로운 발전 방향을 모색해야 하는 적기라고 판단된다.

전경련 개혁의 첫 번째 본보기는 일본의 게이단렌(經團連)이다. 1946년 설립된 게이단렌은 정치적으로는 정치자금 지원 등을 통해 자민당 장기 집권의 후원자 역할을 했고, 경제 정책 분야에서는 정부와 긴밀한 파트너십을 통해 전후 일본 경제발전 과정에서 주도적 역할을 했다. 그러나 정치자금법이 강화되고 각종 비리 스캔들이 발생하자 게이단렌은 1990년부터 정치자금 후원을 하지 않고 있다. 개선책으로 새로운 '기업행동 헌장' 발표와 더불어 '사회공헌위원회' 구성 등 기업의 사회적 책임 활동을 강조하기 시작했다. 그 결과 게이단렌은 사회적 신뢰와 동시에 영향력을 서서히 되찾게 됐다. 이렇게 일본 게이단렌은 기업의 사회적 책임을 강조하는 방향으로 기능을 전환해 국민으로부터 신뢰를 얻을 수 있었다.

한편 영국에는 1982년 설립된 BITC(Business In The Community)라는 기업인 단체가 있다. '기업의 사회적 책임(CSR)'을 기치로 설립된 BITC는 찰스 왕세자가 회장이며, 전경련과 같이 영국의 대기업 회장들이 이사회를 구성하고 있다. 지역사회의 다양한 문제를 해결하기 위해 세워진 BITC는 이사회 산하에 사무국이 있으며, 런던 본부와 영국 각지에 설치된 지소에는 400여 명의 직원이 근무하고 있다. 사업비는 2016년 기준 약 3천만 파운드(약 450억 원)에 달한다.

BITC는 환경, 교육, 취약계층의 고용, 인종 및 성차별 해소, 지역 중소기업 육성 등의 분야에서 활동하고 있다. 2015년 사회적 경제 부문에서 3500개 일자리를 창출했으며, 500개 학교와 협력 사업을 했고, 전과자 10만 명의 취업을 도와준 바 있다. BITC는 처음부터 기업의 사회적 책임 차원에서 낙후 지역과 취약계층을 위한 사업을 개발하고 이에 필요한 물적 · 인적 자원을 동원해 각종 사업을 추진하는 일에 전념하고 있다. 이를 통해 BITC는 영국을 넘어 국제무대에서 기업의 경제적 가치와 사회적 가치를 동시에 추구하는 새로운 시대를 선도하고 있는 것이다.

1961년 '자유시장경제 창달, 글로벌 경쟁력 확보, 신뢰받는 기업상 정립'을 비전으로 내세워 설립된 전경련은 대기업 중심의 산업고도화와 고도성장을 이루는 과정에서 나름대로 선도적인 역할을 했다. 그러나 1970년대 후반부터 대기업 주도 경제 운용의 후유증이 나타나기 시작했고, 1997년 외환위기로 이어지면서 재벌 개혁의 필요성이 대두되었다. 그 결과 산업 정책에서 정부 역할이 크게 축소되었고, 외환위기 수습 과정에서 부실기업이 정리되면서 대기업 재무 상태도 많이 개선되었다. 이러한 대내외 여건 변화에도 불구하고 전경련이 새로운 역할을 찾지 못하고 종래 대기업들의 이익을 대변하는 역할만 수행함으로써 지금의 '정체성 위기'에 봉착하게 된 것이다.

새로운 시대여건에 맞춰 사회공헌 활동을 강화한 영국의 BITC, 일본의 게이단렌과 달리 한국의 전경련은 2016년 '최순실 사건'이 발생하자 그동안 추진하던 『사회 공헌 백서』 발간 등 소규모 사회 공헌 활동마저 중단했다. 그 결과 현재 전경련은 경제연구소 기능 외에는 별다른 역할을 하지 못하고 있는 실정이다.

그러나 만일 지금이라도 전경련이 사회 공헌 활동의 범위와 수준을 일본의 게이단렌을 뛰어넘어 영국의 BITC 수준으로까지 확대 · 발전시킨다면, 국민의 신뢰와 사랑을 동시에 받는 단체로 다시 태어날 수 있을 것이다. 재계의 현명한 판단과 선택을 기대해 본다.

‘공감 사회 시대’와 애기애타 리더십[132]

도산의 ‘애기애타 리더십’이 사랑과 섬김을 핵심으로 하는 그린리프의 ‘서번트 리더십’보다 70여 년이나 앞섰다는 사실에 국제사회가 놀라고 있다. 도산 안창호의 ‘애기애타(愛己愛他)’ 정신은 21세기 ‘공감 사회’ 구현의 정신적 밑거름이 될 수 있다.

최근 미국 캘리포니아주 의회는 도산 선생의 탄신일인 11월 9일을 매년 ‘도산 안창호의 날’로 선포하는 결의안을 채택했다. 주 의회에서 만장일치로 통과된 결의안에는 도산 안창호 선생은 국내외를 막론하고 모든 한국인에게 가장 존경받는 애국지사로서 인도의 마하트마 간디와

132 백세시대 기고문(2018. 9. 7.)

같은 존재이며, 그의 리더십은 미국에서 한인 사회가 성공적으로 정착하는 데 크게 기여했다고 적시돼있다.

캘리포니아 주 리버사이드(Riverside) 시청 앞 광장에는 세 개의 동상이 있다. 하나는 미국의 흑인 인권운동가로 유명한 마틴 루터 킹(Martin Luther King Jr.) 목사이고, 다른 하나는 인도의 영웅이자 세계적으로 비폭력 저항운동의 창시자인 마하트마 간디(Mahatma Gandhi)이다. 그 사이에 자랑스럽게도 한국의 도산 안창호 선생 동상이 세워져 있다. 이들 세 사람의 공통점은 더 큰 뜻을 위해 자신의 모든 것을 바쳤고, 대의 구현에 필요한 조직원의 협력과 단결을 이루려고 최선을 다했으며, 비폭력으로 이 모두를 이루었다는 점이다. 리버사이드시가 이들 세 인물의 동상을 시민들이 즐겨 찾는 시청 광장에 건립한 이유이다.

도산 안창호 선생은 '자신을 사랑하고, 자신을 사랑하듯 남을 사랑하라'는 의미의 "愛己愛他"라는 친필 유묵을 가족에게 남겼다. 간디, 킹, 도산 모두 '애기애타 리더십'을 몸소 실천한 지도자라고 할 수 있다. 도산 선생이 세월이 흐를수록 국내외에서 그 진가가 부각되는 이유는 그가 매우 높은 수준의 리더십 철학을 지녔고 이를 그의 삶에 녹였음은 물론, 리더십 교육을 통해 후진을 양성했기 때문이다.

리더십에 관한 서적만 수십만 권에 달하고 그 이론도 다양하게 많으나, '애기애타(愛己愛他)'가 상징하는 사랑과 섬김을 리더십의 핵심으로 인식한 것은 비교적 최근의 일이다.[133] 민주화가 정치는 물론 사회 부

133 서상목 · 안문혜(2011), 『도산 안창호의 애기애타 리더십: 사랑 그리고 나눔』, 북코리아.

문에서 시대적 대세가 됨은 물론 소셜 네트워킹 서비스(SNS)의 발달로 구성원 모두가 지도자에 대한 정보를 공유하게 되면서 권위와 카리스마형 리더보다 사랑과 섬김을 바탕으로 한 '애기애타형' 지도자가 높이 평가되고 있다.

예를 들어, 『좋은 기업을 넘어 위대한 기업으로』의 저자 짐 콜린스(Jim Collins)는 투철한 직업의식과 겸손한 인성을 갖춘 CEO가 수익을 많이 올린 이른바 '위대한 기업(great company)'을 경영했음을 실증적으로 입증했다.[134] 이에 더해, 그린리프 서번트리더십연구소(Greenleaf Servant Leadership Institute)는 CEO가 조직원을 '서번트 리더십'으로 대하는 기업은 '위대한 기업'보다 더 높은 수익을 올렸다고 분석하고 있다.[135] CEO가 구성원을 사랑으로 섬기면 구성원도 같은 마음으로 고객을 섬김으로써 기업은 고객으로부터 사랑받게 되고 그 결과 수익률이 크게 증가한다는 것이다.

필자는 2010년 미국 애틀란타시에서 열렸던 서번트 리더십에 관한 국제 심포지엄에서 도산의 애기애타 리더십에 관해 발표한 적이 있다. 그 자리에서 참석자들은 1970년대 말 개발된 서번트 리더십과 거의 같은 리더십 개념이 이미 1910년대 한국에 있었다는 사실에 놀라워했다. 도산 안창호 선생은 정을 서로 주고받는 것도 갈고 닦아야 한다는 의미의 '정의돈수(情誼頓修)' 개념을 정립해 이를 1913년 창단한 흥사단 단

---

134 Jim Collins(2001), 『Good to Great: Why Some Companies Make the Leap and Others Don't』, Harper Business.

135 Kent Keith(2010), 「Do It Anyway」, New World Library.

원 교육에 활용함으로써 '애기애타'를 리더십의 기본으로 삼았다. "아니 솟던 샘도 파면 솟는 일이 많습니다. 조금 파면 아니 솟던 것이 깊이 파면 솟는 일도 있습니다. 그것이 사랑 공부요, 사랑을 공부함으로 사랑하는 마음을 기를 수가 있습니다."라는 도산 선생의 말씀은 정의돈수를 통해 애기애타 리더십을 키울 수 있음을 잘 보여주고 있다.

사랑을 화두로 던지고 선종한 김수환 추기경은 우리나라에서 가장 존경하는 분으로 도산 안창호 선생을 꼽았다. 김 추기경은 도산을 목적이 수단을 정당화하지 않는다는 신념을 삶을 통해 꿋꿋하게 실천한 성숙한 인격이라고 생각했다. 김 추기경은 "도산 안창호 선생이 독립운동할 때 그 독립운동은 아주 고귀한 목적이었습니다. 그는 어디까지나 진실을 바탕으로 해서 민족의 독립과 자주를 차지해야 한다고 외쳤습니다. 독립투쟁을 한 분 중에서 안창호 선생 같은 분이 없다고 봅니다."라고 도산을 회고했다.

도산 선생은 흥사단 연설에서 "우리 중에 인물이 없는 것은 인물 되려고 마음먹고 힘쓰는 사람이 없는 까닭이다."라고 했다. 물질주의 팽배로 온갖 사회문제가 대두되고 있는 오늘날, 우리 모두가 애기애타 정신으로 무장함으로써 스스로 '사회적 가치 시대'의 리더가 될 노력을 하게 되기를 기대해 본다.

'사회적 가치 시대'와 변혁적 리더십[136]

이승만, 김구, 안창호는 20세기 우리나라를 대표하는 변혁적 지도자다. 이승만은 시대 흐름을 읽는 통찰력과 외교 능력으로 독립운동은 물론 해방 후 자유민주주의 전통을 확립했다. 김구는 투철한 애국심과 끈질긴 인내심으로 임시정부와 독립운동을 이끌었다. 안창호는 무실역행(務實力行)과 애기애타(愛己愛他) 정신을 청년들에게 가르치고 솔선수범함으로써 암흑기에 정신적 지도자가 되었다. '사회적 가치 시대'를 맞이한 지금 우리에게는 이런 변혁적 지도자가 필요하다.

---

136 백세시대 기고문(2019. 2. 28.)

2019년은 3 · 1운동과 임시정부 수립 100주년이 되는 해로 그 역사적 의의가 크다. 임시정부 수립과 그 후 전개된 독립운동 과정에서 큰 역할을 한 인물로는 우남(雩南) 이승만, 백범(白凡) 김구와 도산(島山) 안창호 세 분을 꼽을 수 있다. 이들 리더십의 특징은 조직이 가야 하는 방향을 제시하고, 이를 조직원에게 설득함으로써 현 상태의 변화를 시도한 '변혁적 리더'라는 점이다.

우선 우남(雩南)은 1910년 프린스턴대학에서 한국인으로는 최초로 국제정치학 박사학위를 취득한 지식인이다. 그는 적극적인 외교 활동을 통해 한국이 독립을 쟁취해야 한다는 확고한 신념으로 독립운동을 했다. 1919년 상해 임시정부가 수립되면서 초대 대통령으로 추대되었으나, 주로 미국에서 '구미위원회' 설립 · 운영을 통한 외교 활동에 주력했다. 이승만은 1940년 『Japan Inside Out』이라는 영문 저서를 출간했다. 이 책을 통해 당시 미국인들은 일본의 야욕을 처음으로 알게 되었으며, 이 책은 상당 기간 베스트셀러에 오를 정도로 미국 정계 여론 형성에 많은 영향을 끼쳤다. 우남은 정확한 국제 정세 분석에 근거하여 '힘의 원리'를 잘 활용한 정치가라고 할 수 있다. 이러한 그의 능력은 그를 독립운동과 정치 활동에서 최고의 지위에 오르게 했음은 물론, 정부 수립 후 한미동맹을 한국 외교의 기본으로 삼게 하는 업적을 이루게 하였다. 그러나 이승만의 힘에 바탕을 둔 '파워 리더십'은 자유당 정권의 몰락과 말년 해외 망명이라는 불행을 초래하였다.

백범(白凡)은 임시정부 수립 초기 경무국장에서 시작해 1922년 내무총장, 1926년 국무령, 그리고 1940년 주석직을 수행하면서 어려운 시기에 임시정부를 주도적으로 이끌어간 굳은 인내심과 강한 카리스마를 갖춘 지도자였다. 백범은 20세 젊은 나이에 국모 시해 사건에 격노해 맨주먹으로 일본인을 살해할 정도로 뜨거운 피를 가진 열혈 혁명가로 '무장투쟁론'을 추구했다. 임시정부에서도 '애국단'을 결성해 친일파와 일본 주요 인사에 대한 암살 활동을 주도했고, 독립군 창설 등 임시정부의 무력 증강에도 심혈을 기울였다. 김구는 해방 후 이승만과 공동으로 반탁운동을 성공으로 이끌었으나, "철학도 변하고 정치, 경제의 학설도 일시적이지만 민족의 혈통은 영구적이다."라는 민족주의 신념에 기반한 좌우 합작과 남북협상은 실패했다. 불행하게도 백범은 1949년 자신이 독립운동 과정에서 주로 활용했던 암살로 생을 마감했다.

반면 조직의 명수인 도산(島山)은 1919년 상해 임시정부를 실제로 조직하고 운영하는 역할을 했다. 이승만, 김구와 마찬가지로 안창호 역시 개혁을 시도한 '변혁적 리더'였다. 개혁의 수단으로 이승만은 국제정치 그리고 김구는 무력을 이용했으나, 안창호는 이와는 전혀 다른 인성 개조와 인재 양성에 역점을 두었다. 도산은 "우리 민족 전체를 개조하려면 그 부분의 각 개인을 개조하여야 하겠고, 각 개인을 다른 사람이 개조하여 줄 것이 아니라 각각 자기가 자기를 개조하여야 한다."라고 주장했다. 1908년 평양에서 대성학교를 설립했고, 1913년 미국에서 흥사단을 창립하였다. 그러나 도산 안창호의 이상주의는 현실 정치에서 성공하지 못했다. 도산은 1932년 자신과 무관한 윤봉길 사건으로 체포된 후 조국의 독립을 보지 못하고 1938년 서거했다.

100년 전에 비해 오늘날의 대한민국은 정치 · 경제적으로 그 위상이 비교할 수 없을 정도로 높아졌다. 그러나 북한 핵 문제를 둘러싼 한반도 긴장과 주변 강대국 간 대립을 고려할 때, 우리 사회가 새로운 '변혁적 리더십'이 필요하다는 점은 그때나 지금이나 큰 차이가 없다. 오히려 지금 우리 상황은 우남 이승만, 백범 김구, 도산 안창호의 강점을 두루 활용하는 통합적이면서도 변혁적인 리더십이 절실히 요청된다고 하겠다.

우선 당면한 북한 핵과 통일 문제를 슬기롭게 해결하기 위해서는 국제정치 분야에서, 우남과 같이 한미동맹을 기초로 북한과 이웃 강대국을 적절히 '요리하는' 외교 능력이 절실히 요청되고 있다. 또한 핵으로 무장한 북한을 상대하려면 국방 분야에서, 백범과 같이 강한 국방력을 바탕으로 북한의 변화를 유도하는 대북 정책 추진이 필요하다. 이에 더해, 자기계발 노력이나 사회 공헌 활동 같은 내면적 가치보다는 부귀, 명예 등 외형적 가치가 더 존중되는 우리 사회 분위기를 바꾸기 위해서는, 학교교육과 사회교육 과정에 도산의 '무실역행(務實力行)', '주인의식(主人意識)', '애기애타(愛己愛他)' 정신을 함양하는 교육이 적극적으로 전개돼야 할 것이다. 따라서 이들 애국지사들의 변혁적 리더십은 '사회적 가치 시대'를 여는 밑바탕이 될 수 있을 것이다.

리더십 위기, 어떻게 극복할 것인가?[137]

리더는 군림하는 사람이 아니라 하인같이 조직원을 섬기는 봉사자다. 이는 경영학자 콜린스가 주장하는 최상의 경영자 조건으로 '겸양과 강한 의지'와 맥을 같이 하고 있다. 일찍이 1910년대 애기애타(愛己愛他) 리더십을 주창한 도산 선생의 혜안에 놀라지 않을 수 없다.

최근 실시한 한 여론조사에서 우리나라 사회 지도층은 현재 우리 사회 최대 문제로 리더십 위기를 꼽았으며, 이를 극복하기 위해서는 정치권이 변해야 한다고 응답했다. 이러한 상황은 도산 안창호 선생이 활동하던 100년 전에도 마찬가지였던 것 같다. 당시 우리에게는 지도자다운

137 백세시대 기고문(2019. 4. 26.)

지도자가 없다는 말을 하는 사람들에게 도산은 "인물이 없다고 한탄하는 그 사람 자신이 왜 인물 될 공부를 아니 하는가?"라고 반문했다. 도산은 더 나아가 "우리 사회에서 지도자가 잘 만들어지지 않는 것은 지도자가 될 자격이 있는 사람이 없기 때문이 아니라 시기하고 질투하는 마음으로 인해 사람들이 지도자를 키우려 하지 않기 때문."이라고 지적했다. 이러한 도산의 설명은 전직 대통령 대다수가 불행하게 정치 인생을 마무리하는 오늘날에도 그대로 적용될 수 있다는 생각을 하게 된다.

어느 미국 병원에서 있었던 일이다. 병원 경영평가를 하는 과정에서 브라이언이라는 간호사가 일한 병동에 입원해있는 환자의 회복률이 타 병동보다 상대적으로 높다는 사실을 확인하고 그 간호사에게 비결을 물었다. 브라이언 간호사는 환자를 대할 때마다 자신에게 "이 환자를 간호하면서 나는 최선을 다하는가?"라는 질문을 던진다고 답했다. 그 후 이 병원의 거의 모든 경영 전략 회의에서는 "브라이언 간호사도 이 결과에 만족했을까요?"라는 질문을 하게 되었고, 이는 지금까지도 '브라이언 원칙'으로 전해지고 있다고 한다. 이는 자신의 맡은 바 책임을 다하는 한 평범한 간호사가 병원 전체의 경영 효율화를 일군 사례다. 변화를 끌어내는 진정한 리더십은 지위 고하에 관계없이 각자 자신의 위치에서 최선을 다함으로써 이룰 수 있음을 잘 보여주고 있다.

1970년대 최초로 '서번트(servant) 리더십' 개념을 도입한 그린리프(Greenleaf)[138]는 헤르만 헤세(Herman Hesse)의 『동방순례』를 읽고 이

138 Robert Greenleaf(1970), 『The Servant as Leader』, Greenleaf Center for Servant Leadership.

아이디어를 얻었다고 한다. 이 소설의 주인공 레오는 하인으로 동방순례에 나선 여행단에서 낮에는 짐을 나르고 밤에는 노래를 불러 여행단원을 즐겁게 하는 역할을 한다. 여행길은 레오 덕분에 순조롭게 진행되었는데, 어느 날 갑자기 레오가 사라지면서 여행단은 혼란에 빠지고 결국 여행 자체를 포기하게 된다. 여행단원들은 여행단의 진정한 리더는 하인인 레오였다는 사실을 깨닫고, 몇 년 동안 그를 찾아다닌 끝에 레오가 실제로는 여행단을 후원한 교단의 교주였음을 알게 된다. 레오는 진정한 리더는 조직원 위에 군림하는 사람이 아니라 하인같이 조직원을 섬기는 봉사자라는 사실을 단원에게 알려주기 위해 여행단을 꾸린 것이었다. 조직원을 봉사와 헌신 정신으로 '섬기는' 지도자가 조직원의 신뢰와 존경을 바탕으로 큰 성과를 거둔다는 것이 '서번트 리더십'의 기본 개념이다.

이는 실제로 기업경영 사례를 통해서도 입증되고 있다. '좋은(good) 기업'에서 '위대한(great) 기업'으로 변신하여 그 지위를 장기간 유지하고 있는 기업을 연구한 콜린스(Collins)는 이들 기업의 공통점으로 겸양(humility)과 강한 의지(fierce will)를 겸비한 경영자에 의해 운영되고 있다는 사실을 발견했다.[139] 이들의 한결같은 특징은 공(功)은 부하에게, 과(過)는 자신에게 돌리는 겸손한 성품의 소유자라는 것이다. 그러면서도 이들은 강한 결단력으로 어려운 여건에도 불구하고 최상의 성과를 내는 강인함을 동시에 지니고 있었다. 콜린스가 지적하는 자신보다 조

139 Jim Collins(2001), 「Good to Great」, 전게서 참조.

직 전체의 이익을 우선시하는 '최상의 리더(Level 5)'는 솔직함과 진실성으로 추종자의 신뢰를 얻는 그린리프의 '서번트 리더' 개념과 같다고 할 수 있다.

강인함과 따뜻함을 동시에 갖춘 사람이 가장 이상적인 리더라는 사실은 이제 리더십 분야의 정설로 자리 잡아가고 있다. 그러면 어떻게 따뜻함을 잃지 않으면서 강인함을 지닐 수 있는가? 이에 대한 답은 리더의 조직과 조직원에 대한 깊은 애정에서 찾을 수 있을 것이다. 조직에 대한 애정은 리더로 하여금 자신에게 주어진 사명을 다하기 위해 강인함을 갖게 하고, 조직원에 대한 애정은 리더로 하여금 조직원을 아끼면서 양육하는 부드러움을 동시에 갖게 하기 때문이다. 그래서 '사랑 리더십'을 리더십의 여러 유형 중 최상으로 규정한 브랜차드(Blanchard)는 "기업경영에 있어 사랑을 쏟는 것은 기업이 장기간 좋은 성과를 내는 데 있어 매우 필수적 요건이지만 많은 경영자가 이를 간과한다."라고 지적하고 있다.[140] 이제 우리 국민 모두가 사랑으로 무장한 리더가 되어 사회적 가치 시대를 열어가야 한다.

---

140 Ken Blanchard(2003), 『Servant Leader』, Thomas Nelson.

민관 협치의 사회복지 전달 체계 구축하자[141]

복지 분야에서 정부의 역할만 강조하면 비효율을 초래하고 재정 건전성을 해칠 수 있다. 따라서 민관 협치의 사회복지 전달 체계를 구축해 서로 역할을 분담할 것을 제안한다. 우선 민간 복지계가 사회적 기업가정신을 발휘하여 사회혁신을 선도하는 주체로 거듭나야 한다. 정부는 각종 규제를 대폭 완화하여 사회서비스 부문이 일자리를 창출하는 '성장산업'으로 발전할 수 있도록 유도해야 한다. 또한 복지 부문에서 민관 협치를 이끌어낼 수 있는 효율적인 전달 체계를 구축해야 한다.

---

141 서울경제 기고문(2017. 5. 16.)

문재인 정부 복지정책의 특징은 공공의 역할을 크게 강화하는 것이다. 이는 사회서비스의 질적 개선을 공공부문이 선도하는 장점이 있으나 엄청난 규모의 추가 재정이 소요됨은 물론 경쟁과 기업가정신의 결여로 공공 복지기관의 비효율을 초래하는 단점이 있을 수 있다. 이를 보완하고자 복지 부문에서 민관 협치 체계를 새롭게 구축할 것을 제안한다.

이를 위해서는 무엇보다 민간 복지 부문이 사회적 기업가정신을 바탕으로 사회혁신을 주도하는 주체로 새로 태어나야 한다. 우리는 경제는 물론 복지 부문에서도 눈부신 발전을 거듭해 외국 원조를 받던 수혜국에서 이제는 공여국이 됐다. 그 과정에서 어린이재단, 굿네이버스, 엔젤스헤이븐 등을 비롯한 민간 복지기관의 활약이 컸다. 예를 들어, 한국전쟁이 발발한 1950년부터 어린이 구호사업을 전개한 유니세프는 1994년부터 사업을 중단하고 개도국을 돕는 모금 사업을 시작했다. 지금은 연간 모금액이 1천억 원을 초과해 한국이 세계 제4위 모금 국가로 도약했다. 이러한 사실은 우리도 민간 복지 부문이 정부 보조금에만 의존하는 운영 행태에서 벗어나 사회적 기업가정신을 바탕으로 스스로 발전을 주도하는 새로운 역할을 충분히 해낼 수 있음을 입증한 것이다.

사회복지서비스 분야는 지난 10년간 일자리를 가장 많이 만들었고 앞으로도 성장 가능성이 매우 높기 때문에 '전략산업'으로 육성해야 한다. 예컨대, 한국고용정보원은 사회복지 부문의 취업 증가율이 전 산업 평균의 6배 이상이 될 것으로 예측하고 있다. 기술 및 자본집약도의 증가로 제조업 부문에서 취업 증가가 한계에 달한 현 상황에서 사회복지 분야가 일자리 창출의 보고(寶庫)로 부상하고 있는 것이다. 스웨덴 등 북유럽 국가의 사회복지서비스 시장 규모가 한국의 4~5배에 달한다는 사실로 미뤄볼 때 우리나라에서 사회복지서비스 부문의 성장 가능성은 무궁무진하다 할 수 있다. 따라서 정부는 보건복지부를 중심으로 '사회복지서비스산업 육성 중장기 계획'을 수립하고 신설될 대통령 직속 '일자리위원회'에 '보건복지일자리 분과'를 설치 · 운영할 것을 제안한다.

또 사회복지 부문에 대한 각종 규제를 완화 또는 폐지해 다양한 형태의 사회복지 일자리가 시장 기능에 따라 창출될 수 있도록 유도함은 물론, 사회복지시설과 법인들이 각종 수익사업을 자유롭게 추진할 수 있도록 해 정부 보조금 의존도를 줄여나가야 한다. 이에 더해, 사회금융시장 육성을 위한 중장기 계획도 수립 · 집행함으로써 '가장 잘하는 사람'에게 자금이 지원되는 금융 체계를 조속히 구축해 사회복지 부문 투자의 '사회적 성과'를 극대화해 나가야 할 것이다.

우리나라 사회복지 전달 체계는 민관 협력은 물론 각종 제도 간 연계성 부족으로 효율성이 크게 낮다. 예를 들어, 공공 전달 체계는 읍면동까지 확대되었으나 민간이 운영하는 복지사업은 각기 다른 전달 체계를 갖추고 있음은 물론이고 공공 전달 체계와의 연결고리도 약하다. 일본은 각종 민간 복지사업이 전국사회복지협의회(전사협)를 중심으로 서로 연결돼있고 전사협은 중앙 및 지방 정부와 긴밀한 협력관계를 유지함으로써 민관 협치 전달 체계가 자연스럽게 형성돼있다. 따라서 현재 관 주도의 사회복지 전달 체계 역시 민관 협치가 효율적으로 이뤄지는 방향으로 보완돼야 할 것이다. 이를 위해서는 지역사회보장협의체와 사회복지협의회 그리고 사회복지공동모금회 간의 긴밀한 협력 체계를 조속히 구축해야 할 것이다.

끝으로, 기업의 지역사회 공헌 활동을 체계적으로 지원할 수 있는 민간 지원 조직을 육성해야 한다. 또 사회 공헌을 하는 기업에 각종 인센티브를 제공함은 물론 기부 문화를 활성화하기 위한 세법 개정과 기부연금제도 도입도 적극 검토해야 한다. 지속가능한 복지국가 건설은 국가재정의 확대만으로 이뤄지지 않으며 성숙한 민관 협치로 완성될 수 있다는 것이 복지 선진국의 공통적인 교훈임을 강조하고자 한다.

경기도 '무한돌봄센터' 모델을 전국으로 확대하자[142]

> 2010년 경기도가 구축한 무한돌봄센터는 '생애주기별 맞춤 복지'를 구현하기에 적합하다. 이에 더해, 사회복지협의회 기능을 활성화하고, 사회복지공동모금회와 협치 체제가 이루어지면 사회복지 분야 전달 체계가 완성될 수 있다.

정부는 2015년 '사회보장급여법'을 제정해 읍 · 면 · 동을 '복지 허브화'하는 내용의 공공 전달 체계 방안을 확정해 시행하고 있다. 그러나 사회복지 현장에서 사회복지서비스 대부분은 민간 복지기관이 맡고 있기 때문에 공공부문의 전달 체계만을 언급한 '사회보장급여법'은 '미완성 작품'이라고 할 수 있다.

---

142 경인일보 기고문(2016. 11. 22.)

사회복지 정책의 기본 골격이라고 할 수 있는 전달 체계를 완성하려면, 현재 경기도가 시행하고 있는 '무한돌봄센터' 모델을 전국적으로 확대 · 실시하면 된다는 것이 무한돌봄센터를 구상하여 추진한 필자의 생각이다. 2010년부터 경기도 모든 시 · 군에서 운영되고 있는 무한돌봄센터는 취약계층 개개인을 상대로 지역 단위로 민간 복지기관과 공공기관 간 협력을 기반으로 통합적 사례관리가 이루어지는 우리나라 최초의 사회복지 전달 체계다. 시 · 군별로 크기에 따라 3~10개의 무한돌봄센터가 있고, 한 지역에 여러 개의 복지기관이 있는 경우 연락 및 업무 조정 역할을 하는 간사 기관을 지정하여 운영하고 있다. 경기도가 예산을 지원하고 경기복지재단이 사례관리 등 전문적인 자문을 제공하고 있다. 경기도가 센터 운영에 소요되는 추가 비용만 부담하기 때문에 지원 예산 규모도 연간 100억 원을 넘지 않을 정도다. 한 마디로 경제적이고, 민간과 공공이 협치하면서, 수요자 개개인에게 맞는 종합적 사례관리를 한다는 장점이 있다.

우리나라 사회복지 전달 체계 역사는 1981년 필자가 한국개발연구원(KDI) 연구팀장을 맡아 발간한 영세민종합대책 보고서에서 사회복지사무소 설치를 건의함으로써 시작되었다.[143] 하지만 40년이 지난 오늘날에도 전달 체계가 제대로 구축되지 못하고 있어 매우 안타깝다. 필자는 상기 보고서에서 전문적인 전달 체계의 필요성을 강조하면서 전국적으로 '사회복지사무소' 설치를 건의했다. 그러나 '작은 정부'를 지향

141 서상목 외(1981), 『빈곤의 실태와 영세민대책』, 한국개발연구원.

해야 한다는 전두환 정부의 당위론 때문에 진척이 없다가, 1988년 읍 · 면 · 동에 사회복지 전문 요원을 배치하는 절충안이 시행되었다.

1995년 필자가 보건복지부 장관 재직 시 '보건복지사무소' 시범 사업을 추진했으나, 시범 사업 도중 장관직에서 물러남으로써 전국적으로 시행되지 못했다. 그 후 노무현 정부가 '사회복지사무소' 시범 사업을 추진했으나, 행정자치부가 대안으로 제시한 '주민자치센터' 안이 정부 방침으로 확정되었다. 그러나 주민자치센터에서는 전문적인 사회복지서비스 제공이 사실상 불가능해 2015년 앞서 언급한 '읍 · 면 · 동 복지 허브화' 방안이 마련된 것이다.

이 과정에서 주목할 점은 사회복지서비스 전달 업무가 중앙정부가 아니라 지방정부 업무로 확정된 것이다. 또 하나 특징은 복지 현장 실태와는 달리 전달 체계에서 민간부문의 기능과 역할은 무시되고 공공 중심의 전달 체계만 강조되고 있다는 점이다. 복지행정을 지방정부가 담당하는 것은 세계적인 지방화 추세에 따라 타당하다고 생각된다. 그러나 대다수 사회복지서비스의 공급을 담당하는 민간부문의 역할이 도외시된 전달 체계는 큰 문제가 있음을 지적하지 않을 수 없다.

이를 개선하기 위해서는 사회복지협의회의 역할을 강화하는 조치가 필요하다. 사회복지협의회는 민간 사회복지계를 대표하면서 '사회복지사업법'에 명시된 유일한 법정 단체다. 시 · 군 · 구 사회복지협의회 설치 의무화와 동시에 사회복지협의회로 하여금 민간 복지 부문을 대표하여 민관 협력의 주체가 되도록 관련법을 개정하는 것이다. 이에 더해, 사회복지협의회와 사회복지공동모금회가 모금과 배분 과정에서 협력하는 전통이 새롭게 정착된다면, 사회복지 전달 체계가 완성됨은 물론, '나눔 문화'가 활성화되고, 모금과 배분 과정에서 효율성이 크게 개선될 것이다.

'사회복지 4.0'과 사회복지협의회의 새로운 역할[144]

역사적으로 사회복지는 사회문제를 해결하는 사회혁신가 역할을 담당했다. 4차 산업혁명 시대의 사회혁신 과제는 지역복지공동체를 구축하는 것이다. 19세기 후반 영국에서 출범한 자선조직협회(COS)는 바로 이런 역할을 했다. 우리나라에서도 이런 전통은 이어지고 있다. 지역 단위 조직까지 있는 사회복지협의회는 '공동체 구축을 위한 혁신 플렛폼' 역할을 수행해야 한다.

역사적으로 사회복지는 산업혁명 과정에서 발생한 사회문제에 대응하는 해결사 역할을 담당했다. 1차 산업혁명 당시 영국 상류사회와 지

144 월간 복지저널(2018. 1.)

식인들이 앞장서 자선조직협회(COS)를 결성하고 인보관 운동을 전개하는 등 도시 빈민을 위한 민간 차원의 활동이 활발했는데, 이를 '사회복지 1.0'이라고 할 수 있다. 그 후 산업혁명의 영향력이 거의 모든 산업 분야로 파급되고 지리적으로도 영국에서 유럽 전역과 미국 등으로 확산되는 2차 산업혁명 시대가 도래하고, 1880년대 독일에서 근로자의 권익과 복지를 동시에 증진시키는 사회보험제도가 도입되면서 '사회복지 2.0' 시대가 시작되었다. 서구 선진국이 국민 모두를 위한 복지국가 건설에 박차를 가하면서 '사회복지 2.0'은 그 전성기를 맞게 된다.

1970년대 두 차례 석유파동으로 경제가 어려워지고 고령화 추세로 복지재정의 지속가능성이 문제시되면서 복지국가의 축소 또는 합리화 정책이 추진되었는데 이를 '사회복지 3.0'이라고 할 수 있다. 1980년대부터 본격화된 3차 산업혁명으로 계층 간 소득 격차가 커졌고, 이러한 현상은 4차 산업혁명 시대를 맞아 더욱 두드러지고 있다. 특히 4차 산업혁명이 본격화하면서 로봇, 인공지능 등의 발전에 따른 인간성 상실과 자동화의 급진전에 따른 '고용절벽'이 새로운 사회문제로 부각되고 있다. 이러한 사회문제를 해결하는 것이 '사회복지 4.0' 시대에 우리가 당면한 시대적 과제다.

사회혁신은 기술혁신과 더불어 산업혁명 과정에서 국가 발전의 양대 축으로 작용했다. 사회혁신은 저출산, 양극화 등 사회적 도전 과제에 대처하는 새로운 전략, 개념, 아이디어, 그리고 조직을 의미한다. 4차 산업혁명 시대에 걸맞은 사회혁신은 '따뜻하고 활기찬 지역복지공동체'를 만드는 것이다. 그 이유는 지역복지공동체를 활성화함으로써 공동체

의식을 함양하고 양극화 문제를 해소함은 물론 필요한 일자리를 만들 수 있기 때문이다. 우리는 1970년대 '새마을운동'이라는 지역공동체 사업을 성공적으로 수행한 값진 경험이 있다. 당시 새마을운동은 정부주도 경제공동체 성격이 강했으나, 민주화가 정착되고 경제적으로도 선진국 수준에 이른 지금 우리가 추진해야 하는 지역공동체 사업은 민간주도로 이루어져야 한다.

지난 65년간 민간 복지를 대표하는 전국 단위 조직이면서 공공과 민간을 연결하는 조정자 역할을 해왔던 사회복지협의회는 '사회복지 4.0' 시대의 핵심과제인 '따뜻하고 활기찬 지역복지공동체'를 구축하는 과정에서 '중심축(hub)' 역할을 해야 할 시대적 책임과 사명이 있다. 그 구체적 실천 방법으로 필자는 다음 세 가지를 제시한다.

첫째, 사회복지협의회가 운영하는 다양한 인적 및 물적 자원의 나눔사업을 지역 여건에 맞게 통합적으로 운영함으로써 나눔 문화 확산을 통한 지역복지공동체를 만들 수 있다. 예를 들어, 현재 100개 지역에서 자원봉사자들이 소외된 이웃을 발견하여 문제를 해결해주는 '좋은이웃들' 사업과 연간 2천억 원 규모의 식품과 생필품을 취약계층에게 전달하는 전국 단위 '푸드뱅크' 사업은 협의회의 대표적인 나눔 사업이다. 또한 현재 800만 명에 이르는 자원봉사자 활동을 관리하는 '사회복지 자원봉사 인증관리시스템(VMS)'과 노인 돌봄 사업인 '사회공헌 기부은행'은 물론 1:1로 멘토링을 하는 '휴먼네트워크' 사업 역시 자원봉사 활동 활성화에 크게 기여하고 있다. 이에 더해, 불우 아동을 경제적으로 지원하는 '디딤씨앗통장', 난치병 환우를 돕는 '새생명지원사업', 그리고 다양한 취약계층을 경제적으로 돕는 1인 1계좌 '사랑나눔사업' 모두 나눔 문화 활성화에 큰 도움이 되고 있다.

문제는 이러한 나눔 사업이 지역 단위로 통합적으로 운영되지 않고 각기 다른 전달 체계를 갖고 있기 때문에 지역복지공동체 구축에 시너지 효과를 내지 못하고 있다는 점이다. 이를 개선하기 위해서는 시 · 군 · 구 사회복지협의회 조직을 조속히 확충하고 이를 기반으로 각종 나눔 사업의 전달 체계를 지역적으로 통합하는 노력이 동시에 이루어져야 한다.

둘째, 지역별 새로운 혁신 사업을 발굴하고 이의 추진에 필요한 인적 및 물적 자원을 발굴하여 추진하는 체계를 조속히 확립해야 한다. 이를 위해 시 · 군 · 구협의회는 물론 각종 NGO를 대상으로 지역 단위 사회혁신 프로젝트 아이디어를 공모하고, 이에 필요한 자원을 효과적으로 조달하는 방법을 강구해야 한다. 이의 효율적 추진을 위해 사회복지협의회 내 새로운 사업 아이디어 개발을 전담하는 '지역혁신센터' 설립이 필요하다. 또한 지난 10년간 기업의 사회 공헌 활동을 지원한 '사회공헌센터' 역시 기업의 사회 공헌 사업을 지역 혁신 현장과 연결하는 새로운 과업을 수행해야 한다. 이에 더해, 새로 도입된 '지역사회 공헌 기업 인정제'를 통해 지역 단위의 기업 사회 공헌 활동을 적극 권장하는 노력도 지속적으로 경주해야 할 것이다.

셋째, 지역복지공동체 조성에 필요한 인적 및 물적 자원의 공급자와 수요자를 연결하는 '지역 혁신 플랫폼'을 조속히 구축해 운영할 필요가 있다. 현재는 공공과 민간 그리고 주체별로 기능이 분산되어있어 실효성이 크게 떨어지고 있기 때문이다. 이를 위해 복지넷, VMS 등 사회복지협의회 내 각종 플랫폼의 통합 운영은 물론, 협의회 이외의 다양한 복지 플랫폼과도 연계해야 할 것이다. 이와 같이 다양한 수요자와 공급자를 연결하는 플랫폼 운용을 통해 '협력의 힘(collective impact)'이 발휘되어 시대적 과제인 지역복지공동체를 구축하는 과업이 효과적으로 이루어지기를 기대한다.

사회복지 양육하는 어머니 되자[145]

사회복지 분야에서 정부가 '아버지'라면 민간 복지계를 대표하는 사회복지협의회는 '어머니'라고 할 수 있다. 어머니 역할의 핵심은 '양육'이다. 따라서 지역 단위로 사회복지 문제를 발굴하고, 이를 사업 또는 프로그램으로 발전시키며 필요한 인적 및 물적 자원을 동원하여 사업을 추진하는 것이 사회복지협의회의 '어머니' 역할이라고 할 수 있다.

명작 뮤지컬 영화 「사운드 오브 뮤직(Sound of Music)」을 보지 않은 사람은 별로 없을 것이다. 이 작품은 1966년 5개 부문에서 아카데미상을 휩쓸었고, 50여 년이 지난 지금도 많은 사람의 뇌리에 음악과 영상은

145 월간 복지저널 기고문(2019. 2.)

물론 그 스토리가 새겨져 있다. 평생 군 생활을 한 요하네스 폰 트랩(배우 크리스토퍼 플러머) 대령은 부인을 잃자 일곱 자녀를 군대식으로 키운다. 이런 집에 가정교사로 온 견습 수녀 출신 마리아(배우 줄리 앤드루스)는 아이들에게 노래와 춤을 가르치면서 한 명 한 명을 사랑과 정성으로 양육한다. 결국 폰 트랩 대령과 마리아는 결혼함으로써 차갑고 딱딱하기만 했던 가정을 사랑과 웃음이 넘치는 가정으로 탈바꿈시키는 줄거리다. 폰 트랩 대령이 엄하기만 한 '아버지상'의 전형이라고 한다면, 마리아는 따뜻한 '어머니상'을 상징한다고 할 수 있다.

필자는 2017년 초부터 한국사회복지협의회 회장직을 수행하면서 사회복지협의회가 사회복지 분야에서 '마리아'와 같은 어머니 역할을 해야 한다고 생각했다. 사회복지계 예산 지원과 각종 법령을 마련하는 보건복지부가 '아버지'라고 한다면, 민간 사회복지계 대표기관인 한국사회복지협의회는 사회복지계를 보살피고 양육하는 '어머니'가 되어야 한다는 것이다.

필자는 몇 년 전 모 대학원에서 '사회복지법제론'을 강의한 적이 있다. 강의 준비를 위해 수십 개에 달하는 각종 사회복지 관련 법령을 검토하면서 이들이 지원이나 육성보다는 규제 위주로 되어있다는 사실에 적잖이 놀랐다. 그리고 처벌에 관한 규정도 어느 분야보다 더 엄하다는 걸 발견했다.

그 원인은 사회복지 현장에서 사고가 발생할 때마다 새로운 규제가 추가되었기 때문이다. 오늘도 사회복지 현장에서 사고는 계속 터지고 있다. 사회복지 수혜 대상은 어린이, 장애인, 노인, 노숙자와 같은 사회적 약자이기에 이들에 대한 인권 침해는 사회적으로 큰 충격이다. 시설에 대한 지원은 적고 규제만 많아지면 복지서비스에 대한 질은 점점 낮아지고 이는 규제 강화와 질 저하라는 악순환으로 이어질 수밖에 없다.

이러한 악순환의 고리를 끊기 위해서는 민간 사회복지계를 보살피고 양육하는 어머니 '마리아'가 필요하고, 이게 바로 사회복지협의회가 해야 할 일이라고 생각한다. 사회복지협의회가 어머니 역을 제대로 소화하기 위해서는 다음 몇 가지 기능이 대폭 강화되어야 할 것이다.

사회복지협의회는 민간 사회복지계를 대표하면서 정부 복지 정책을 지원하고 민간 사회복지 사업을 촉진하는 '사회복지사업법'상 유일한 법정 단체다. 그러나 실제로는 이러한 역할을 제대로 수행하지 못하고 있다. 그 이유는 이를 뒷받침하는 법적 · 제도적 장치가 미흡하기 때문이다. 예를 들어, 2015년 '사회보장급여법' 제정으로 공공부문 전달 체계는 시 · 군 · 구는 물론 읍 · 면 · 동까지 '사회보장협의체'를 구성 · 운영하도록 되어있다. 그러나 현장에서 주로 사회복지서비스를 공급하는 민간 사회복지기관이나 사회복지협의회 역할에 대해서는 이 법 어디에도 없다. 따라서 민관 협치를 통한 사회복지 전달 체계를 구축하기 위해서는 시 · 군 · 구에 사회복지협의회 설치를 의무화함은 물론, 동일 인물이 사회복지협의회 회장과 사회복지협의체 민간공동위원장을 맡아 협의체와 협의회가 상호보완적으로 기능해야 할 것이다.

사회복지협의회와 사회복지협의체 간 톱니바퀴 연결은 물론 사회복지협의회와 사회복지공동모금회 간 톱니바퀴 연결도 중요하다. 사회복지계 발전을 위한 모금 전담 기관인 사회복지공동모금회와 민간 사회복지계를 대표하는 사회복지협의회는 '숟가락과 젓가락'처럼 떼려야 뗄 수 없는 관계라 할 수 있다. 그러나 현재는 독자적으로 제각각 업무를 수행하고 있다. 따라서 모금 과정에서는 사회복지협의회가 사회복지공동모금회를 돕고, 배분 과정에서는 공동모금회와 협의회가 협력하는 새로운 파트너십을 구축한다면 '복지 시계'의 성능은 더 좋아질 것이다.

사회복지협의회가 '어머니' 역할을 제대로 수행하기 위해서는 사회복지 현장 지원 · 육성을 주 기능으로 인식하고 이를 뒷받침할 수 있는 자문, 연수, 연구 등 각종 지원 기능을 강화해야 한다. 이에 더하여, 사회복지 현장에서 필요로 하는 인권, 안전, 회계, 법령에 대한 교육 · 훈련 · 지도를 하는 '지원센터'를 중앙은 물론 시도협의회에 설치 · 운영함으로써 사회복지 시설에서의 각종 사고를 미연에 방지하고 국민에게 양질의 복지서비스를 제공해야 한다.

지역사회복지협의회의 핵심 기능은 해당 지역의 사회복지 문제를 발굴하고, 이를 해결하기 위한 프로그램 또는 프로젝트를 개발하며, 사업 수행에 필요한 인적 및 물적 자원을 확보해 문제를 해결하는 것이다. 따라서 이런 역할을 할 수 있는 지역사회 복지 전문가를 발굴하고 육성하는 것 역시 '지원센터'의 주 기능이 되어야 한다.

사회복지시설 대부분은 기본 운영 경비를 중앙정부 또는 지방정부로부터 지원받고 있으나, 운영에 필요한 최소 수준에 그치기 때문에 고품질 서비스를 제공하기 어렵다. 기업의 '사회적 역할'과 '나눔 문화'가 기업경영의 새로운 추세인 점을 감안하여 민간의 인적 · 물적 자원이 사회복지 현장에 투입될 수 있도록 하는 것 역시 사회복지협의회의 새로운 역할이 되어야 할 것이다.

한국사회복지협의회는 지난 10년간 '사회공헌센터'를 운영함으로써 이 분야에서 전문성을 키워왔다. 이러한 경험을 바탕으로 지역 단위 사회복지 수요를 전국 단위 인적 · 물적 자원 공급자와 연결하는 '사회복지 혁신 플랫폼'을 구축해 운영할 필요가 있다. 이를 위해서는 지역 및 대상자별 사회복지 수요와 기업의 사회 공헌 활동을 연계하는 사회복지사업 프로젝트를 개발 · 추진하는 시스템을 작동시켜야 한다.

한국전쟁으로 발생한 고아 등 빈민 구호사업으로 시작된 우리나라 사회복지는 1960년대 초 이후 경제성장 및 산업 구조의 고도화, 그리고 1970년대 후반 이후 복지국가를 국정 목표로 한 정부와 민간 복지계의 노력으로 지속적인 발전과 진화를 해오고 있다. 사회복지협의회 역시 전쟁 중이던 1952년 2월 15일 부산에서 고아원 등 복지시설에 대한 구호 물품을 배분하는 사회사업연합회로 발족된 후 거듭 성장하여 2019년 현재 약 8만 개에 달하는 사회복지 시설, 각종 사회복지 법인과 약 100만 명에 이르는 사회복지시설 종사자는 물론 보건의료계를 대표하는 법정 단체로 발돋움했다. 그럼에도 불구하고 사회복지협의회가 복지 현장에 큰 도움이 되지 않고 있다는 비판을 받는 실정이다. 그러나 사회복지협의회가 '복지 톱니바퀴'를 잘 연결하고, 사회복지 현장을 적극 지원 · 육성하는 '어머니' 역할을 제대로 한다면 우리 사회복지계는 새롭게 도약하게 될 것이다.

경제적 가치 시대를 넘어서[146]

1차 산업혁명으로 시작된 '경제적 가치 창출 시대'는 2, 3차 산업혁명을 거치면서 눈부신 발전을 거듭하였다. 그러나 1980년대 이후 지속되고 있는 빈부 격차 확대는 국가경영 전략 추진에 있어 '사회적 가치'를 강조하는 방향으로 발전하고 있다. '기업의 사회적 책임'을 중시하는 경영전략이 대세를 이루고 있고, 국제사회에서는 '지속가능발전'에 기반한 국가경영 패러다임이 확산되고 있다. 현재 흐름을 타고 있는 '사회적 가치 창출 시대'에 슬기롭게 대처하기 위해서는 개인은 사회공헌 활동을 통해 행복감을 높이고, 기업 역시 사회적 가치를 창출하는 방향으로 경영하며, 정부는 4차

144 『Social Innovation in the Community』 기고문(Spring 2020 Issue No.8, 한국사회복지협의회).

산업혁명 시대에 걸맞은 사회안전망을 구축하고 민간 활동의 사회적 가치가 제고될 수 있는 생태계를 조성하는 노력을 경주해야 한다.

경제적 가치 시대의 진화

18세기 말 영국에서 시작된 '산업혁명(Industrial Revolution)'으로 1인당 실질소득이 크게 증가함으로써 '경제적 가치 시대'가 본격적으로 열리게 되었다. 경제적 가치 시대의 서막을 알리는 1차 산업혁명은 영국에서 시작되었다. 근대 이론과학의 선구자인 아이작 뉴턴의 현대 과학을 기반으로 엔지니어인 제임스 와트(James Watt)가 스팀엔진을 개량하고 사업가인 매츄 볼턴(Matthew Bolton)이 와트와 함께 사업화한 것이 계기가 되었다. 애덤 스미스(Adam Smith)가 시장경제를 이론화함으로써 경제적 가치 시대가 영국에서 전 세계로 확산될 수 있는 논리적 기반이 마련되었다. 산업혁명의 물결이 시장 규모가 큰 미국으로 건너가면서 프레드릭 테일러(Frederick Taylor)에 의해 경제적 가치 창출 과정을 효율화하기 위한 경영학이 체계화되었고, 헨리 포드(Henry Ford)에 의해 양산체제인 포드시스템이 정립됨으로써 경제적 가치 시대는 급속한 발전의 길을 걷게 된다.

토마스 에디슨(Thomas Edison)의 전기 발명이 발단이 된 2차 산업혁명은 미국 동부를 중심으로 진행되었다. 1980년 이후 미국 서부 실리콘밸리에서 컴퓨터와 인터넷을 기반으로 시작된 3차 산업혁명은 경제적 가치 창출 시대를 완성하였고, 이로 인해 미국은 세계 경제와 정치를 주도하게 되었다. 한국 역시 1960년대 초부터 제조업을 중심으로 수출 산업을 성공적으로 육성해 산업혁명 대열에 본격적으로 참여하였다. 특히 1990년대에는 OECD 가입은 물론 원조 수혜국에서 공여국으로 도약하여 G20 회원국이 됨으로써 우리나라는 국제사회에서 명실공히 선진국으로 자리매김하게 되었다.

왜 사회적 가치인가?

매슬로(Maslow)의 '동기이론'[147]에 의하면 인간행동은 각자의 필요에 의해 유발된다고 한다. 이러한 인간의 동기에는 위계가 있으며 각 욕구는 하위 단계의 욕구가 어느 정도 충족되었을 때 지배적 욕구가 된다. 매슬로는 인간의 욕구를 생리적 욕구, 안전 욕구, 소속감 및 애정 욕구, 자존 욕구, 자아실현 욕구 등 다섯 단계로 구분하였다. 인간은 경제발전으로 물질적 수요를 어느 정도 충족하면, 자기만족을 위해 더 높은 차원의 욕구를 필요로 한다. 이는 인류사회가 '경제적 가치 시대'를 넘어 '사회적 가치 시대'로 진화하는 근본 원인이 되고 있다. 경제발전은 1단계 생리적 욕구와 2단계 안전 욕구 충족 과정에서는 필수 요건이 되나, 그 이상 단계에서는 결정적 요건이 되지 못한다.

UN은 2012년 이후 매년 『세계행복보고서(World Happiness

147 Abraham Maslow(1943), 『A Theory of Human Motivation』, 전게서 참조.

Report)』를 발표한다. 한국의 국가행복 순위는 2019년 세계 153개국 중 61위로 중위권이며, OECD 34개국 중에서는 32위로 최하위권이다. 한국인의 낮은 행복감은 세계에서 가장 높은 자살률과 가장 낮은 출산율로 확인되고 있다. 2018년 한국의 인구 10만 명 당 자살자 수는 26.6명으로 세계 최고 수준으로 OECD 평균 11.5명의 두 배 이상이다. 반면 2019년 한국의 합계출산율은 0.92명으로 OECD 국가 중 가장 낮은 것으로 집계되고 있다.

이처럼 낮은 행복감은 한국인의 가치관이 지나치게 물질적이고 사회적 신뢰도가 낮기 때문인 것으로 나타났다. 2019년 『세계가치관조사(World Value Survey)』에 의하면 한국인의 75.0%가 '경제 안정'을 가장 중요한 가치로 꼽았고, '인간적 사회'를 택한 응답자는 16.8%에 불과했다. 반면 프랑스와 스웨덴은 '경제 안정'을 지적한 응답자가 각각 25.7%, 38.8%에 머문 반면, '인간적 사회'를 선택한 응답자는 각각 36.2%, 27.2%로 한국에 비해 상대적으로 높다. 또한 '처음 만나는 사람을 신뢰하는가?'라는 항목에 대해 한국에서는 14.5%만이 긍정적으로 응답한 반면, 영국과 스웨덴에서는 각각 49.3%, 69.5%로 우리와는 비교가 안 될 정도로 높았다.

기술혁신 속도의 가속화와 세계화 추세가 분배를 악화시키고 있다는 사실 역시 경제적 가치 시대를 넘어 사회적 가치 시대로의 발전 필연성을 예고하는 지표가 되고 있다. 분배의 심각성을 처음으로 지적한 기관은 '선진국 클럽'인 OECD였다. OECD가 2008년[148]과 2011[149]년에 발간한 보고서에 따르면 선진국 빈부 격차는 세계화가 본격화된 1980년대 이후 지속적으로 확대되고 있으며, 그 원인으로 기술혁신의 속도가 빨라지면서 노동시장에서 임금 격차가 커지고 있다는 사실을 지적하고 있다. 이에 더해, 세계화 역시 개인 간 빈부 격차를 확대하는 요인이었으나, 중국 등 개도국이 세계화에 참여하면서 국가 간 빈부 격차는 오히려 감소하였다고 한다. 이러한 사실은 그 후 토마 피케티(Thomas Piketty)[150]와 브랑코 밀라노바츠(Branco Milanovic)[151]의 실증적 연구를 통해서도 확인되었다.

우리나라 역시 분배 문제로부터 자유롭지 못한 것이 사실이다. 우리나라는 1949년 실시된 농지개혁과 국민의 높은 교육열에 힘입어 분배가 매우 양호한 상태에서 1960년대 초부터 경제개발이 본격화되었다. 1960년대에는 수출산업이 노동집약적이었기 때문에 높은 경제성장과 소득분배의 개선을 동시에 이룰 수 있었다. 그러나 1970년대부터 주력 산업의 기술 및 자본 집약도가 높아지면서 임금 격차가 확대되기 시작하였다. 그럼에도 불구하고 한국의 소득분배 수준은 OECD 평균에 이르는 것으로 추계되고 있다. 예를 들어, 한국의 지니계수는 2016년 기준

---

148 OECD(2008), 『Growing Unequal』, 전게서 참조.

149 OECD(2011), 『Divided We Stand』, 전게서 참조.

150 Thomas Piketty(2014), 『Capital in the 21st Century』, 전게서 참조.

151 Branco Milanovic(2014), 『Global Inequality』, 전게서 참조.

0.355로 스웨덴 0.282보다 높으나 미국 0.391보다는 낮은 것으로 나타났다. 이와 같이 한국의 소득 격차는 대체로 OECD 평균치인 0.320에 근접해 있으나, 최상층의 소득점유율은 미국과 같이 계속 증가하는 것으로 김낙년[152]은 분석하고 있다.

사회적 가치 시대의 성공조건

다가오는 사회적 가치 시대를 성공적으로 맞이하기 위한 세 가지 조건은 다음과 같다. 첫째, 인간의 사회성을 이타심으로 승화시키고, 이를 다시 행복과 연결시키는 것이다. 인간이 만물의 영장으로 진화한 이유는 인간의 사회성 때문이라는 것이 인류학자들의 공통된 결론이다. 인간의 사회성에 기반 한 시민사회의 중요성은 아리스토텔레스 등 고대 그리스 철학자들에 의해 강조된 후 서양문화와 자유민주주의의 기본철학이 되어왔다. 시민정신의 여러 요소가 강조되고 있으나, 그 중 핵심은 자유민주주의와 사회공헌과 관련된 것이다. 따라서 대다수 선진국과 같이 민주주의가 이미 정착된 상황에서 사회공헌 활동은 시민정신의 핵심을 이룬다고 할 수 있다.

행복에 관한 다양한 연구결과를 종합해 보면, 대다수 사람은 자신이 보람된 일을 하고 있다고 생각할 때 행복을 느끼며, 봉사, 기부 등 남을 도와주는 사회공헌 활동을 통해 삶의 의미를 찾는다고 한다. 이러한 사

---

152 김낙년(2012), "한국의 소득집중도 추이와 국제비교", 『정세분석』, 한국은행.

실은 '사랑 호르몬'으로 알려진 옥시토신 실험을 통해서도 확인되고 있다. 이는 우리 한국인의 상대적으로 낮은 행복감은 사회공헌 활동의 활성화를 통해 개선될 수 있음을 의미한다.

둘째, 기업 활동의 사회적 가치를 제고함으로써 '사회적 가치 시대'로의 진화를 촉진할 수 있다. 기업의 사회적 책임(CSR: Corporate Social Responsibility)에 대한 연구결과를 종합하면 CSR 활동은 중장기적으로 기업의 경제적 이윤을 증가시킨다고 한다. 이러한 사고는 1953년 '기업인의 결정과 사고는 우리 삶에 직접적인 영향을 미친다'는 하워드 보웬(Howard Bowen)의 선구자적 분석에서 비롯되었다. 이는 기업이 주주는 물론 근로자, 고객, 공급자, 지역사회 등 다양한 이해당사자들의 욕구와 관심사를 고려하여 경영전략을 세우는 것이 길게 볼 때 기업에 이익이 된다는 시각으로 발전하게 되었다. 그래서 최근 경영전략 전문가들은 기업이 경제적 가치 창출과 동시에 사회적 가치를 창출할 수 있는 사업을 추진할 것을 권고하고 있다.

셋째, 개인과 기업이 사회공헌 활동에 힘쓰는 동안 정부는 사회적 가치 창출을 위한 생태계를 조성하는 데 최선을 다해야 한다. 이를 위해 정부는 4차 산업혁명 시대에 적합한 사회안전망을 구축함과 동시에 민간 차원의 사회공헌 활동이 사회적 성과를 극대화하도록 사회금융시장 육성에 적극 나서야 한다. 이에 더해, 정부, 시장과 공동체는 사회를 구성하는 세 가지 기둥이라는 인식을 바탕으로 이 중 상대적으로 가장 취약한 지역공동체 활성화를 위한 다양한 유인책을 마련하는 것도 정부의 핵심 역할이 되어야 한다.

포스트 코로나 시대의 새로운 경제 · 복지 패러다임

효율–형평, 혁신–안정 그리고 세계화–지역화 간 균형을 찾아서[153]

근대 세계사를 살펴보면 정책이 균형을 상실하면 위기가 발생하였고, 위기 극복 대책은 새로운 균형을 되찾으려는 노력의 일환이었다. 따라서 포스트 팬데믹 시대의 새로운 경제 · 복지 패러다임은 효율-형평, 혁신-안정 그리고 세계화-지역화 간 균형을 찾으려는 형태를 띨 것으로 전망된다.

근대 세계사를 살펴보면 정책이 균형을 상실하면 위기가 발생하였고, 위기 극복 대책은 새로운 균형을 되찾으려는 노력의 일환이었다는 사실을 잘 알 수 있다. 애덤 스미스의 국부론으로 대표되는 자유시장경제는 산업혁명이라는 인류 역사를 새로 쓰게 하는 성과를 거두었으나,

153 백세시대 기고문(2020. 8. 7.)

시장이 모든 문제를 해결해줄 것이라는 지나친 확신은 경제 대공황이라는 위기를 초래하였다. 대공황 극복 대책으로 내놓은 미국 루즈벨트 행정부의 이른바 '뉴딜(New Deal) 정책'은 크게 세 가지로 구성되었다. 첫째, 케인즈 경제학에 근거한 재정 확대책은 시장과 정부 기능 간 균형을 모색하는 시도였고, 둘째, 금융기관의 활동을 규제하고 예금자를 보호하는 조치들은 금융시장의 활력과 안정 간 균형을 이루려는 노력이었으며, 셋째, 사회보장법을 제정하고 근로자의 권익을 보호하려는 일련의 정책들은 새로운 사회안전망 구축을 통해 경제적 효율과 사회적 형평 간 균형을 추구하려는 조치였다고 할 수 있다.

1980년 이후 신자유주의가 세계를 지배하는 새로운 정책 패러다임으로 자리 잡으면서 2008년 세계금융 위기 그리고 2020년 팬데믹(Pandemic) 위기가 발생하였다. 이에 대한 대응 역시 1929년 경제대공황 때와 마찬가지로 다음 세 가지 측면에서 새로운 경제 사회적 균형을 찾는 방향으로 전개될 것으로 전망된다. 첫째는 경제적 효율과 사회적 형평 간 균형을 모색하는 것이다. 1980년 이후 세계화와 기술혁신의 속도가 가속화되면서 개인 간은 물론 국가 간 임금 격차와 소득 격차가 확대되고 있다는 것은 이미 잘 알려진 사실이다. 기술혁신 그리고 세계화의 물결을 잘 활용하는 개인 및 국가 그리고 그렇지 못한 개인 및 국가 간 임금 및 소득 격차가 확대되고 있기 때문이다. 설상가상으로 최근 코로나19로 인한 팬데믹 위기는 격차 확대에 따른 사회문제를 더욱 심화시키고 있다. 이에 대한 해결책으로 새로운 사회안전망을 구축할 필요가 있으며, 기본소득제(UBI)를 그 중심에 두어야 한다는 주장마저 최근 정치권을 중심으로 대두되고 있다.

둘째는 혁신과 안정 간 균형을 모색하는 것이다. 3차 산업혁명과 이를 이어 현재 진행되고 있는 4차 산업혁명의 키워드(keyword)는 '기술혁신'과 '사회혁신'이다. 일찍이 경제학자 슘페터(Schumpeter)는 시장경제의 특징을 지속적 혁신과정으로 정의하면서 이를 '창조적 파괴(Creative Destruction)'라고 불렀다. 이는 새로운 혁신이 일어나면 지금까지의 혁신적 아이디어는 무용지물이 되어 없어진다는 것을 의미하는데, 경제나 사회 전체로는 발전의 새로운 동력이 되나 파괴의 대상이 되는 기업이나 산업에는 보통 고통스러운 일이 아닐 것이다. 이 과정에서 승자와 패자 간 격차가 벌어지고 이로 인한 사회정치적 문제 발생이 불가피한데, 이에 대한 대책을 마련하는 것 역시 새로운 팬데믹 위기를 맞은 우리 모두의 당면 과제이다.

셋째는 세계화와 지역화 간 균형을 찾아가는 것이다. 1차 산업혁명 이후 지속된 세계화 추세는 IT혁명으로 온라인 거래가 활성화되면서 급속한 속도로 진전되고 있다. 특히 1980년대 이후 세계 금융시장에 대한 규제가 크게 완화되면서 금융시장이 새로운 세계화 물결의 진원지가 되었다. 이러한 세계화의 급진전을 토머스 프리드먼(Thomas Friedman)[154]은 '세계는 평평하다(The World Is Flat)'라고 표현하고 있다.

그러나 최근 코로나19라는 팬데믹 위기는 세계화 추세에 찬물을 끼얹는 결과를 초래하고 있다. 팬데믹으로 국가 간 인적 및 물적 교류가

---

154 Thomas Friedman(2007), 『The World Is Flat: A Brief History of the Twenty-first Century』, Picador.

어렵게 됨으로써 국제 교역과 협력에 기반한 세계 경제는 큰 타격을 입게 되었으나, 대기오염 문제는 경제활동이 둔화됨으로써 오히려 개선되고 있다. 또한 최근 팬데믹 위기는 미국 트럼프 대통령의 '미국 우선주의'와 영국 존슨 수상의 '브렉시트(Brexit)' 등 고립주의 정책에 힘을 실어주는 결과를 초래할 가능성이 높다. 이에 더해, 세계화에 대한 반작용으로 공동체 복원 등 지역화에 대한 수요 역시 크게 증가할 것으로 전망된다.

정부는 2020년 7월 14일 2025년까지 총사업비 160조 원을 투입해 일자리 190만1천 개를 창출하겠다는 '한국판 뉴딜' 정책을 발표하였다. 그 내용은 크게 디지털 뉴딜(재정투자 44조8천억 원, 일자리 90만3천 개), 그린뉴딜(재정투자 42조7천억 원, 일자리 65만9천 개), 안전망 강화(재정투자 26조6천억 원, 일자리 33만9천 개)의 세 분야로 구성되어 있다. '한국판 뉴딜'은 팬데믹 위기를 디지털 및 환경 분야에서 새로운 일자리를 만드는 기회로 활용하자는 정부 차원의 의지 표현이라고 할 수 있다. 일자리가 성장과 분배 문제를 동시에 달성할 수 있는 '묘책'이라는 측면에서 일자리와 사회안전망 강화에 역점을 둔 '한국판 뉴딜'이 단순한 '정치구호' 차원을 넘어 실효성 있는 '실천계획'이 되기를 기대한다.

THE AGE OF BALANCE